本书受国家社科基金重大项目"20世纪西方文论中的中国问题"（项目编号：16ZDA194）经费资助

国家文化战略研究

Study on National Cultural Strategies

刘方喜　等著

上海大学出版社

图书在版编目(CIP)数据

国家文化战略研究/刘方喜等著. —上海：上海大学出版社，2019.3
 ISBN 978-7-5671-3388-4

Ⅰ.①国… Ⅱ.①刘… Ⅲ.①文化事业—发展战略—研究—中国 Ⅳ.①G12

中国版本图书馆 CIP 数据核字(2019)第042473号

责任编辑　石伟丽
封面设计　缪炎栩
技术编辑　金　鑫　钱宇坤

国家文化战略研究
刘方喜　等著
上海大学出版社出版发行
(上海市上大路99号　邮政编码200444)
(http://www.shupress.cn　发行热线 021-66135112)
出版人　戴骏豪
*
南京展望文化发展有限公司排版
江阴金马印刷有限公司印刷　各地新华书店经销
开本 710mm×1000mm　1/16　印张17　字数304千
2019年4月第1版　2019年4月第1次印刷
ISBN 978-7-5671-3388-4/G·2904　定价　62.00元

内容提要

本书将有关文化战略方面的基础理论探讨与具体的实证研究充分结合在一起,并重视多学科交叉研究。

在基础理论方面,推进"文化战略学(Cultural Strategics)"建构非常必要,而这种建构,需立足于中国当下社会文化现实及国家已制定的相关文化战略措施和精神,整合西方当代文化理论资源和中国传统文化资源。本书《文化的生产性与社会财富的流转:马克思主义文化战略学初探》一文提出:突破把"文化"简单等同于"意识形态"的单一观念,以马克思跟社会财富(剩余价值)流转相关的"生产性"理论为立足点,建构"马克思主义文化战略学";《意识形态国家:马克思"意识形态阶层"论的文化战略学启示》将马克思的"意识形态阶层"范畴转化为"意识形态国家",以此对西方发达国家作文化战略定位,强调不仅从意识形态上,还要从文化发展方式、价值理念上全面、主动应对西方文化战略。多学科的研究非常重要,如果说以上侧重文化学与经济学的交叉研究的话,本书还做了文化学与政治学的交叉研究,通过对西方相关理论资源的梳理,揭示与性别、种族、年龄等相关的"文化政治",不同于跟社会制度等相关的"政治",作为一种"微观政治",跟日常生活相关的文化政治运作和影响机制,是文化战略研究应高度关注的一个方面(《文化政治的内涵构成与学理脉络》)。西方当代"文化研究"是应吸收的重要理论资源,本书提出超越西方现代性和后现代理论建构"全球对话主义"文化哲学的构想(《走向全球对话主义:超越"文化帝国主义"及其批判者》)。

在具体问题的探讨上,如何处理好文化产业与文化事业(公共文化服务体系)之间的关系至关重要,根据国家相关战略精神,本书把两者之间的关系概括为"对位协同"(《对位协同:中国特色文化融合发展的新形态》),强调充分调动政府和市场两种手段,共同推进社会主义公共文化服务的建设(《当前中国文化发展战略亟待厘清的几个问题》)。在社会层面,要努力推动公民个人日常生活层面的文化自觉和文化参与,真正让文化战略在公民的日常文化参与当中发挥作用(《文化自觉、文化战略与公民文化建设》)。在传统文化资源方面,本书《进退之间:当代儒学的意识形态之路》一文从民间、官方、知识精英三方面,概述了最近一个阶段以来儒学涉入当代政治及其与意识形态之间的纠葛,强调在多元语境中复兴儒学的重要性;《玄学"自化"论当代文化战略学意义初探》根据传统玄学相关理论,提出:在全球化迅猛发展的今天,一个不让他国文化自生、自化、自成的国家,其本身文化也很难自生、自化、自成。

在实证研究方面,本书通过梳理相关现实状况,提出:中国文化产业应实施在先进理念引导、夯实产业发展根基、保护文化传统基础上实现"弯道超车"的跨越式发展战略(《多重视域中的文化产业发展战略研究》)。通过相关数据分析,本书还揭示了我国当前整体文化产业布局中比较突出的结构性问题:地方政府在发展文化产业时对教育、交通等地缘性因素不够重视;文化产业界对技术开发的忽视;文化产业链的构建存在着明显的轻剧本质量、重周边产品开发的现象等(《文化产业战略布局的忧思与文化批评的责任》)。针对这些现实问题,本书多篇文章强调知识界介入文化产业领域批评的重要性。我们不仅应借鉴国外的理论,国外的相关实践同样应引起我们的高度关注,本书根据相关现实材料,分析和概括了日本、法国在实施文化产业战略上的有益经验(《简析日本文化产业战略》《数字时代与文化产业投资:简论法国文化产业发展思路》)。此外,本书还对"科学发展"理念在国际传播的可行性及重视现代各种传播技术等做了分析(《"中国声音"的世界价值》)。

本书为国家社科基金重大项目"20世纪西方文论中的中国问题"(项目编号:16ZDA194)的阶段性成果。

目 录 CONTENTS

【文化战略学基础理论研究】 001

文化的生产性与社会财富的流转：马克思主义文化战略学初探（刘方喜） 003

走向全球对话主义：超越"文化帝国主义"及其批判者（金惠敏） 055

意识形态国家：马克思"意识形态阶层"论的文化战略学启示（刘方喜） 071

【中国当代文化战略研究】 081

对位协同：中国特色文化融合发展的新形态（金元浦） 083

当前中国文化发展战略亟待厘清的几个问题（曾军） 090

文化自觉、文化战略与公民文化建设（孟登迎） 107

【中国传统与文化战略研究】 121

进退之间：当代儒学的意识形态之路（黄卓越） 123

玄学"自化"论当代文化战略学意义初探（刘方喜） 136

【国外文化战略研究】 151

简析日本文化产业战略（唐永亮） 153

数字时代与文化产业投资：简论法国文化产业发展思路（林青） 168

【文化产业战略研究】 175

文化产业战略布局的忧思与文化批评的责任(陈奇佳) 177

多重视域中的文化产业发展战略研究(范玉刚) 199

【文化战略的多学科研究】 219

文化政治的内涵构成与学理脉络(姚文放) 221

"中国声音"的世界价值(欧阳向英) 249

文化战略学基础理论研究

文化的生产性与社会财富的流转：
马克思主义文化战略学初探①

中国社会科学院文学研究所研究员　刘方喜

一、创建马克思主义文化战略学的基本思路及其意义

文化已成为当今国家整体发展战略中的一个重要环节，把文化基础理论上升到战略学的高度加以建构，已成为时代发展对哲学社会科学所提出的新的迫切要求，创建"马克思主义文化战略学"，适逢其时，意义重大。

其一，当代文化战略学（Cultural Strategics）的建构，首先要仰赖在文化基础理论或文化研究哲学基础等方面的突破——从马克思主义文化理论来看，又首先要突破把"文化"简单等同于"意识形态"的单一观念，在与此相关的"经济基础—上层建筑"理论框架外要有新的拓展——本文在"剩余价值（社会财富）的流转"框架中所揭示的文化的"生产性"，就力图在这些方面有所突破。而理论突破的动因是当下新的社会实际和文化实践状况，这其中突出而重要的一点是：使文化产业成为支柱产业，已成为中国国家整体发展战略的重要方向之一。文化产业作为一种"文化活动"，当然与意识形态密切相关，但是，传统单一的意识形态论，确实已无法充分而全面地揭示和把握产业化的文化活动的复杂特性，无法深入而全面地把握文化在国家整体发展战略格局中的地位和作用——通俗地说，意识形态论对于研究当今的文化现实来说，不是"不能"用（所以对文化意识形态论必须坚持），而是"不够"用（所以必须有新的拓展）。极一般地说，文化生产与物质生产的关系，乃是历史唯物主义文化哲学的基本立足点，但是，从不同的角度、在不同的分析框架中、通过不同的中介，这种关系又会呈现出不同的特性，从而文化也会呈现出不同的特性：文化的"意识形态性"是在文化生产与物质生产的关系中形成的，而文化的"生产性"也是在这种关系中但却是通过"剩余价值（社会财富）的流转"这一中介形成

---

① 本文完成于2015年10月。

的——这又集中体现在文化产业活动上。**"生产性"理论与传统的"意识形态性"理论，构成了马克思主义文化战略学不可或缺的两大柱石**。历史地看，毛泽东《在延安文艺座谈会上的讲话》可谓中国化马克思主义文化战略学的纲领性文献，其基本理论框架是"经济基础—上层建筑（意识形态）"，其中的基本原理和立场今天依然要坚持；而《中共中央关于深化文化体制改革推动社会主义文化大发展大繁荣若干重大问题的决定》（以下简称《决定》）则堪称当代中国化马克思主义文化战略学又一纲领性文件，正是在此纲领性文件中，包括文化产业在内的文化发展被提升到了国家整体发展战略的高度来加以定位，文化也不再被仅仅视为只是一种意识形态，其在社会财富流转中所形成的与经济等之间的关系日显重要。时代的发展，要求对文化理论的哲学基础分析框架有所突破和拓展，而文化基础理论的创新，又将有助于国家文化整体发展战略的研究乃至制定。本文的基本思路是：把《决定》的文化战略学方面的创新性的思想，与马克思相关的经典性的理论充分结合在一起加以研究，以夯实当代马克思主义文化战略学的理论基础，推进马克思主义文化理论创新体系建设。

其二，"国家"是文化战略学研究的基本单位和视角——这是"文化战略学"与一般以"个人""阶层"等为研究单位的"文化学"的一个重要区别，探讨在国家整体发展战略中文化与政治、经济等之间的关系这种相对于文化发展来说的"外部关系结构"，就构成了当今文化战略学的基本内容之一——在这方面，中共十八大提出的政治建设、经济建设、文化建设、社会建设、生态文明建设"五位一体"的理念，尤其具有方法论上的指导意义。

其三，"市场"是当今文化战略学研究的基本语境，是讨论当今文化发展方式的基本的现实框架，在市场框架下探讨文化发展方式的"产业化"与"非产业化"之间的关系、"文化产业"与工业、农业等产业之间的关系，就构成了文化战略学所要涉及的两个方面：《决定》有关"文化产业"与"文化事业"协调发展的理念具有重要指导意义——相对而言，这方面的内容关乎文化发展的"内部关系结构"，跟"五位一体"涉及的"外部关系结构"结合在一起，构成了马克思主义文化战略学连贯一体的分析框架。

其四，"国际"是当今文化战略学研究再一基本视角，全球化成为其再一重要的基本框架，在此框架下探讨文化在国内与国外之间的作用及两者之间的关系，构成了当今文化战略学再一基本内容。

其五，我们将从"社会财富（剩余价值）的流转"的角度考察以上几方面内容，在此基础上，进一步考察支撑社会财富流转方式与配置结构的价值观。这种价值观与财富观、发展观、文化观等密切相关，构成了马克思主义文化战略学研究又一基本内容。

文化在当代社会实践中获得了战略性地位，绝不意味着可以过分地夸大其作用，在这方面尤其需要坚持马克思历史唯物主义的基本立场，当然同时也需要创新和拓展历史唯物主义的基本研究思路与分析框架。"社会存在—社会意识"是历史唯物主义的基本分析框架之一，而"经济基础—上层建筑"框架则以这一框架为基础："经济基础"属于客观的"社会存在"，而所谓"经济基础"涉及的问题是社会财富的流转与配置，其中涉及的又主要是生产领域的社会财富流转方式和配置结构（生产资料所有制）——经济基础是由"生产关系的总和"构成的，而"生产关系"又是建立在社会财富（生产资料）配置结构上的，脱离客观的社会财富配置来谈"生产关系"，是不符合马克思历史唯物主义的基本立场的。马克思之后，社会财富的资本主义配置方式，发生了很多的变化：从社会生活领域来看，生产领域尤其直接的物质生产（实体经济）领域中的财富配置方式，在社会生活整体中所发挥的作用，呈现出弱化的趋势——这一趋势越到当代越被加剧。因此，局限于作为"（物质生产的）生产关系的总和"的"经济基础"，来讨论当今资本主义社会财富流转方式、配置结构，其局限性越来越明显，把社会财富配置方式由物质生产、狭义的经济基础拓展到更为广阔的社会生活领域，就成为在当代新的现实状况下，坚持和创新马克思历史唯物主义哲学的现实需要。

返本开新，从原始经典文献来看，马克思讨论社会财富流转、支出、配置，并未仅仅局限在物质生产和"经济基础—上层建筑"中；从文化理论来看，马克思在"经济基础—上层建筑"框架中揭示了文化的"意识形态性"，而在物质生产"必要劳动时间—剩余劳动时间"及"剩余价值的流转"框架中，则揭示了文化的另一基本特性，即"生产性"。马克思关于剩余价值（社会财富）动态流转的讨论，涉及物质生产以外更为广阔的社会生活领域，他的作为社会财富的剩余价值流转的理论，可以成为当今马克思主义文化战略学建构的重要理论基石之一；以"剩余价值（社会财富）的流转"为轴心，我们就可以把以上提到的文化战略学所要研究的几个方面贯通为一体：

其一，它首先可以成为讨论作为"非实体经济"的"文化产业"与作为"直接的物质生产"的"实体经济"之间的关系或者"文化建设"与"经济建设"之间的关系的非常恰切的立足点。物质生产创造剩余价值，从物质生产中流转、游离出来的剩余价值，乃是包括文化产业在内的非实体经济发展的物质基础：两者之间的财富配置，即把多少剩余价值从实体经济中游离出来用于文化产业等，把多少剩余价值重新投入实体经济以进一步提高物质生产的生产力水平、改善实体经济内部的关系结构,就成为两者协调发展的关键所在——这其中物质生产(实体经济)依然发挥着基础性作用,文化产业的发展会拉动实体经济的发展、促进产业转型,但是,如果不在大力发展文化产业的同时,不断地提高实体经济的发展水平,文化产业的过度片面发展必然使经济整体发展泡沫化——而两者间合理、均衡的社会财富配置,至关重要。进一步来看,文化产业与实体经济的协调发展,又关乎社会建设、政治建设、生态建设,是国家整体发展战略中的关节点之一。

其二,从社会财富配置的主体来看,在社会主义市场经济框架下,国家与市场,乃是社会财富配置的两大主体——落实到文化建设上,"文化产业"的财富配置主体是市场,而"文化事业"的财富配置主体则主要是国家(当然这两大主体又是可以相互配合的)。合理、均衡的财富配置结构,乃是文化产业与文化事业协调发展的客观基础,而两者的协调发展,还关乎如何在大力提高文化生产力的同时坚持文化发展乃至国家整体发展的社会主义方向这一大问题。西方发达国家的当代实际情况表明:市场化、产业化的发展方式,大大促进了文化生产力的发展——马克思曾经指出,资本主义在短时期所创造的生产力水平,大大超过了前资本主义社会在很长时间内所创造的生产力的总和——马克思主要指物质生产力,今天来看,用来描述当今资本主义的文化生产力也大致是准确的。但是,另一方面,大大促进生产力发展的资本主义物质生产方式,也同时存在难以克服的内在对抗性——这对当今的资本主义文化生产方式来说同样如此:在使大量的文化产品不断涌流出来的同时,单一的市场化、产业化发展方式也存在内在的对抗性。在大力发展文化产业的同时,高度重视非产业化、非营利性的文化事业的发展,高度重视文化产业与文化事业两大领域之间社会财富配置的合理、均衡,推动两者协调发展,对于探索中国特色社会主义文化发展道路至关重要。

其三,文化与其他社会生活、文化产业与文化事业之间的社会财富配置,一方面关乎国家整体发展战略,另一方面又关乎支撑国家整体发展战略的核心价值观——我们可以在拓展开的历史唯物主义框架中来看这两方面的关系:核心价值观属于"观念的上层建筑",其下是"制度的上层建筑",而最下的物质基础不仅包括狭义的"经济基础",还包括物质生产以外的广泛的社会生活之间的财富流转方式和配置结构。生产力水平决定着社会财富流转方式和配置结构的特性,各种社会制度建立在这种特性之上并维持着这种特性:尽管社会制度涉及社会生活的方方面面,但是,有关社会财富配置的制度,无疑是其他各种制度的基础——这应是历史唯物主义制度观的基本点之一。由于联系紧密,制度的上层建筑与社会财富的实际配置方式往往是一致的,比如资本主义社会基本制度与资本主义实际的财富流转、配置方式基本上是一致的;而"悬浮于空中"的"观念的上层建筑"则可能与社会财富实际的流转、配置方式并不一致,甚至相互背离:比如宣扬在凭借个人能力而追求、获得财富上人人平等,是资本主义的核心价值观(财富观)之一,但资本主义对社会财富的实际配置却是:社会财富更多流转向已占有较多"财富"(资本)的人或者说资本支出的主体,而极少流转向有所谓"能力"(劳动力)而无资本的人或者说劳动力支出的主体——这种价值观就成为恩格斯所谓的歪曲的意识形态,其掩盖的基本社会现实是,社会财富在"资本"支出主体与"劳动力"支出主体之间的配置,绝不平等。极一般地说,一种与社会财富实际配置方式相互背离的价值观,对社会大众必然缺乏感召力,从而不可能把大众真正团结在一起,社会也就不可能达到持续的稳定与和谐:社会关系结构的相对稳定,取决于社会财富配置结构的相对均衡,以此来看,经过改良、调整后的当代资本主义作为一种社会关系形态,之所以未能进入可持续的和谐稳定状态,是因为其社会财富的配置并不是均衡的——这应是历史唯物主义社会观的基本点之一。重视价值观、意识形态建设,同时又高度重视其与社会财富实际配置相互接近,这是历史唯物主义价值观的基本点之一。

其四,从国际的角度来看,一国建立在合理、均衡财富配置结构上并与社会财富实际配置相接近的核心价值观(财富观),对内有助于凝聚向心力、激发创造力,对外有助于塑造国家形象、推进和谐世界建设——这也是马克思主义文化战略学所要研究的重要内容之一。

其五,围绕"社会财富的流转"这一轴心,我们就可以更全面而准确地理解马克思所建构起来的不同于资本主义的社会主义(共产主义)价值观。马克思把"生产性"视为人的本质特性之一,这种"生产性"首先表现为:作为人的劳动力支出活动的物质生产活动,可以创造出超过生存需要的剩余产品(剩余价值),这些剩余产品(剩余价值、自由时间)流转、游离出物质生产,就成为包括文化生产在内的人的其他社会活动的物质基础,就可以转化为人的"生产性"本质得以充分自由实现的现实条件——资本主义生产方式的内在对抗性,恰恰表现为拒绝这种现实的"转化",或者说拒绝人的劳动力支出活动"分享"剩余价值,而能够分享到剩余价值或者说剩余价值的"可分享性",乃是人的劳动力支出活动获得自由的基本保障。拒绝分享剩余价值,体现了作为一种剩余价值支出方式的资本的排他性,而这种排他性的另一基本表现是:拒绝劳动力支出的主体分享剩余价值。与此针锋相对,人的"生产性"与剩余价值(社会财富)的"可分享性",就成为社会主义(共产主义)价值观的重要特性。

其六,落实到文化发展方式上,"文化产业"所遵循的市场逻辑具有"竞争性",

因而也一定程度上具有"排他性",而"文化事业"相对而言则具有"可分享性",是人民大众平等地分享文化产品或服务的保障。因此,文化产业与文化事业的协调、均衡发展,就关乎竞争性与可分享性这两种价值观之间的协调。再从生产与消费的关系来看:在文化产业活动中,人民大众主要是"消费者";而在文化事业活动中,人民大众则可以成为"生产者"——文化产业高度发达的当代西方资本主义则试图将人民大众仅仅限定为"消费者",这种限定有利于文化资本的无度增殖,却无助于人民大众文化创造力的充分自由发挥——与这种限定相配套的是文化"消费主义"意识形态或价值观在全球范围的大行其道,这种意识形态的泛滥,不仅产生负面的社会后果,而且还产生负面的生态后果——这是当代马克思主义文化战略学所应高度关注的一个方面。另一方面,在社会主义已有的发展史中,所谓"群众文化活动"实际上是鼓励人民大众以"生产者"身份积极主动参与文化创造的一种活动——这种文化上的社会主义传统,在今天依然具有重要意义。让劳动力支出主体分享剩余价值(社会财富)、平等地分享文化产品,有利于保障平等;让劳动力支出活动分享剩余价值、让人民大众以"生产者"身份积极主动参与文化创造,有利于促进自由——这些应成为当今社会主义核心价值观建设的重要内容,而这不仅关乎文化发展,而且关乎国家整体发展的社会主义方向,并且还一定程度上有利于中国在全球发展中处于价值制高点。

总之,在当今时代条件下,所谓"文化战略学"至少应包括两大方面的内容:① 探讨文化在社会生活整体中的地位和作用,尤其要探讨在当今市场框架下文化活动的"内部关系"与"外部关系"。"内部关系"主要涉及的是文化本身的"产业化"与"非产业化"两种不同发展方式之间的关系;"外部关系"主要包括文化建设与经济建设、政治建设、社会建设以及生态文明建设等之间的关系。② 探讨文化在国家的"内部关系"与"外部关系"中的地位和作用,尤其要探讨在当今全球化框架下支撑国家整体发展战略的对内凝聚向心力和激发创造力、对外塑造国家形象的核心价值观。马克思基于物质生产的"生产性"(productive)理论及与此相关的社会财富(剩余价值、自由时间等)流转、分割、支出、配置的理论,对于系统考察以上紧密联系在一起的几个方面有重要启示,而包括文化活动在内的不同社会活动之间的财富配置结构及支撑这种财富配置结构的核心价值观,就成为当代马克思主义文化战略学的两大基本课题:一个国家整体发展战略的设计和实施,必然涉及社会财富配置的结构或方式,而这往往是在某种价值观的支撑下形成的;另一方面,特定的财富配置结构或方式,反过来又会不断强化作为其支撑点的那种特定的核心价值观——文化的独特功能,就体现为可以为这种核心价值观的建构和形成发挥作用,进而可以在国家整体发展战略的设计与实施中也发挥重要作用。

二、"必要劳动时间—剩余劳动时间":文化的历史唯物主义分析框架的新拓展

马克思的文化哲学,对于我们当今的文化战略学建构,依然具有重要的指导作用,而这种指导作用要得以实际发挥,需要我们首先重新认识马克思文化哲学乃至整个历史唯物主义哲学及其基本分析框架——而重新认识的出发点,一是我们现在所面临的新的社会现实,二是与此相关的我们现在所面临的新的理论语境。

首先看我们所面临的新的理论语境。全球化的视野,对于文化战略研究来说是不可或缺的:置于当今国际理论潮流中来看,马克思主义文化战略学的建构,首先要突破流行甚广的西方文化理论和文化战略学的"文化决定论"(文化主义)的精致的历史唯心主义倾向——一种关于"文化"的战略学考察,并不应该过度夸大"文化"在社会发展及社会生活中的作用。迄今为止,能称得上"文化战略学"经典而影响力又极大的学术著述,大概要首推美国学者亨廷顿1996年出版的著作《文明的冲突与世界秩序的重建》。这部著作源于亨廷顿自己发表在1993年夏季号的美国《外交》季刊上的论文《文明的冲突?》,这篇论文引起了广泛而激烈的争论,因而也产生了极大的影响。从学科背景来看,亨廷顿首先是政治学教授,又主编了《外交政策》杂志,因此,《文明的冲突与世界秩序的重建》可以说首先是国际政治学方面的著作。我们关心的,首先不是亨廷顿对世界秩序及其发展大趋势的判断是否准确,而是其研究的基本方法论或所谓"范式"。《文明的冲突与世界秩序的重建》第一章"世界政治的新时代"之"引论"的题目是"旗帜与文化认同",亨廷顿认为,"在冷战后的世界中,人民之间最重要的区别不是意识形态的、政治或经济的,而是文化的区别","富国可能彼此进行贸易战;穷国可能彼此进行暴力战争;但是贫穷的南方和富裕的北方之间的国际阶级战争几乎像一个幸福和谐的世界一样远离现实"——在亨廷顿看来,"贫—富"这种传统的经济学范式,已不再适合用来解释当今国际关系——对于这种认识还是有批驳的声音的,比如福勒指出:"因权力、财富、影响分配不公以及大国不尊重小国引起的世界性冲突大大超过基督教、儒教与伊斯兰教之间的文明冲突。文化是表达冲突的载体,而非原因。"麦哲强调:"冲突的真正原因是社会经济,而不是文明。"[①]再如诺贝尔经济学奖获得者阿玛蒂亚·森也指出,亨廷顿的"单一身份分

[①] [美]塞缪尔·亨廷顿著,周琪等译:《文明的冲突与世界秩序的重建》,新华出版社2010年版,第5、11、336页。

类"法是想象出来的,"它不动声色地将人们强塞入了一组坚固的盒子。其他分类原则(比如富人与穷人、不同阶级和职业、不同国籍和居处、不同语言,等等)则被淹没在这种所谓的看待人类差异的基本视角之中"①。但从实际产生的影响效果来看,这些批驳的声音,显然被亨廷顿文明冲突论在全球范围内疯狂流行所掀起的声浪所淹没了。

当今世界状况,当然不是由"单一"力量而是由很多复杂交织在一起的力量决定的,但这些力量之间又并非均衡的,这其中资本的力量应该是最强大的——而过度渲染文化决定论和宽泛的多元决定论,可能会掩盖这一点。相对于宽泛模糊的"多元决定论","多元不均衡决定论"或许更能揭示当今全球化迅猛发展进程中国际社会的真实状况。美国官方的正式表述中当然不会出现文化、种族、宗教歧视的话语,但是,美国各种传媒海量的信息,却使世界人民相信:以美国为代表的西方与以中东为代表的东方之间的冲突,主要是一种"文明的冲突",而大众传媒所塑造的恐怖分子的形象,不断强化着这种认识——中国知识界的很多人恐怕都有意无意地接受了这种认识,更不用说普通大众——这似乎正是亨廷顿理论的胜利。我们不知道美国政府有没有非常自觉地制订这方面的方案或阴谋,但从实际的后果来看:过分强调乃至渲染肤色上黑白等的冲突、宗教上基伊(基督教与伊斯兰教)等的冲突,显然会有意无意间冲淡乃至掩盖经济上贫富分化的冲突——而这样的意识形态运作,显然符合美国国家利益——从这个意义上来说,亨廷顿文明冲突论的流行和胜利,也是符合美国国家利益和意识形态的"文化战略"的胜利。从基本的方法论来看,亨廷顿的意识形态终结论、文化决定论,存在着历史唯心主义倾向,而马克思主义文化战略学则应建立在历史唯物主义基础上,坚持和创新历史唯物主义理论,对于当代马克思主义文化战略学建构至关重要。

当然,创新和拓展文化理论的历史唯物主义分析框架更重要的动因,是我们现在所面临的新的社会文化现实,而这其中一个重要新现实,是文化产业将在中国产业体系中成为支柱产业:文化产品总蕴涵、传达一定的思想观念,从这个意义上说,文化产业确实也是一种意识形态活动;但另一方面,文化产业作为一种"产业形态"本身同时也是一种经济活动,如果把传统的物质生产称为"实体经济"的话,文化产业相对而言就是"符号经济",它与作为实体经济的物质生产之间的关系,就不能简单地用"意识形态"与"经济基础"的关系来直接阐释,因此,在传统的"经济基

---

① [印]阿玛蒂亚·森著,李风华、陈昌升、袁德良译:《身份与暴力——命运的幻象》,中国人民大学出版社 2009 年版,第 9—10 页。

础—上层建筑"框架外,需要有新的拓展。

另一方面,新的拓展首先也要有一定的原典基础。强调文化的"意识形态性",确实体现了文化理论的历史唯物主义性,这是当今马克思主义文化战略学所应坚持的一个方面;但在马克思经典理论中,"意识形态性"并非文化的唯一基本属性,我们看下面一段在传统研究中被忽视的马克思有关"文化"的重要论述:

> 既然在资本主义生产中,资本迫使工人超过他的必要劳动时间劳动,即超过他为满足自己作为工人的生活需要所必需的劳动时间劳动,那么,资本作为过去劳动对活劳动的统治的这样一种关系,创造、生产剩余劳动,从而创造、生产剩余价值。剩余劳动是工人的劳动,是单个人在他必不可少的需要的界限以外所完成的劳动,事实上是为社会的劳动,虽然这个剩余劳动在这里首先被资本家以社会的名义占为己有了。正如前面所说,**这种剩余劳动一方面是社会的自由时间的基础,从而另一方面是整个社会发展和全部文化的物质基础**。正是因为资本强迫社会的相当一部分人从事这种超过他们的直接需要的劳动,所以**资本创造文化**,执行一定的历史的社会的职能。这样就形成了整个社会的普遍勤劳,劳动超过了为满足工人本身身体上的直接需要所必需的时间界限。①

"资本创造文化",相对于"必要劳动(时间)"的"剩余劳动(时间)""剩余价值""自由时间"等乃是"全部文化"的"物质基础"——这显然不同于作为"生产关系总和"的狭义的"经济基础"——充分理解文化的不同于意识形态性的其他特性、探讨不同于"经济基础—上层建筑"的其他分析框架,又当重新全面、深入地理解马克思一生的思想发展脉络及其整体性的理论贡献。

恩格斯《在马克思墓前的讲话》概括了马克思一生的两大理论发现:一是"人们首先必须吃、喝、住、穿,然后才能从事政治、科学、艺术、宗教等等;所以,直接的物质的生活资料的生产,从而一个民族或一个时代的一定的经济发展阶段,便构成基础;人们的国家制度、法的观点、艺术以至宗教观念,就是从这个基础上发展起来的",二是对"剩余价值"的发现②——以此来看,"经济基础—上层建筑"分析框架直接与第一大发现有关,而马克思的这两大发现是紧密联系在一起的:以"物质生

---

① 《马克思恩格斯全集》第 47 卷,人民出版社 1979 年版,第 257 页。黑体为引者所加。
② 《马克思恩格斯全集》第 19 卷,人民出版社 1963 年版,第 374 - 375 页。

产"为参照点,我们可以一般性地把人类社会活动分为两大类——"物质生产活动"与"非物质生产活动",而连接这两类社会活动的纽带是作为社会财富的"剩余价值(自由时间等)"之流转。由此可以说:从社会财富流转的角度,考察人类社会及各种不同社会活动之间的关系,或者说,考察发生在人类不同社会活动之间的社会财富之流转、分割、支出、配置等,乃是马克思历史唯物主义哲学的核心脉络之一。这对于我们今天从战略的高度和广度,考察文化在社会活动整体中的地位和作用等具有重要指导作用。

"物质生产活动"与"非物质生产活动"的关系,涉及的是物质生产的"外部关系结构",而从逻辑的和系统的角度来看,以"物质生产"为逻辑起点,马克思历史唯物主义哲学第一层面的问题涉及的是物质生产的"内部关系结构",马克思用众所周知的分析框架对此进行了概括:

框架1:"生产力—生产关系"

而第二层面的问题才涉及物质生产的"外部关系结构":

框架2:"物质生产活动—非物质生产活动"

而关于框架2的一个众所周知的具体概括是:

框架2-1:"经济基础—上层建筑(意识形态)"

这一框架直接关联的是"生产关系":"经济基础"是由"生产关系"的总和构成的,那么,从逻辑的和系统的角度来看,除此之外,当还存在一种跟"生产力"有直接关联的分析框架。可以从不同方面来考量生产力水平,而衡量生产力水平的一个重要指标或指数,是物质生产的"时间结构",即"必要劳动时间—剩余劳动时间"结构——说这一结构直接关联"生产力",是因为"必要劳动时间—剩余劳动时间"的比例,随着生产力水平的提高而降低,或者说,其中"剩余劳动时间"所占比例的大小,体现了"生产力"水平的高低,因而也就成为衡量生产力水平的一个重要指标或指数:

框架2-2:物质生产的"必要劳动时间—剩余劳动时间"

框架2-1、框架2-2也可视为"生产关系—生产力"这一总框架下的两个分框架,或者说,两个分框架汇总、交汇于总框架——由此可见马克思历史唯物主义哲学的系统性。那么,框架2-2为什么可以用来分析"物质生产活动—非物质生产活动"这种"外部关系结构"呢?因为人的一切"非物质生产活动",乃是在物质生产的"剩余劳动时间"及其产物(剩余产品、剩余价值等)的基础上产生和发展起来的。马克思对此分析指出:

剩余劳动时间是劳动群众超出再生产他们自己的劳动能力、他们本身的存在所需要的量即超出必要劳动而劳动的时间，这一表现为剩余价值的剩余劳动时间，同时物化为剩余产品，并且这种剩余产品是除劳动阶级外的一切阶级存在的物质基础，是社会整个上层建筑存在的物质基础。同时，剩余产品把时间游离出来，给不劳动阶级提供了发展其他能力的自由支配的时间。因此，在一方产生剩余劳动时间，同时在另一方产生自由时间。整个人类的发展，就其超出对人的自然存在直接需要的发展来说，无非是对这种自由时间的运用，并且整个人类发展的前提就是把这种自由时间的运用作为必要的基础。①

再次强调的是：作为"除劳动阶级外的一切阶级存在的物质基础"和"社会整个上层建筑存在的物质基础"的"剩余产品""自由时间的运用"等，显然不同于作为"生产关系总和"的狭义的"经济基础"，"剩余产品""自由时间"的多少体现的是"生产力水平"的高低。满足"人的自然存在直接需要"的活动体现了人的存在的"自然性"，这种自然性的活动体现的是人的生命的"简单再生产"；而"超出"对人的自然存在直接需要的"发展"活动，则体现了人的存在的"文化性"，这种文化性活动体现的是人的生命的"扩大再生产"——它是在物质生产创造的"自由时间"（剩余价值）的基础上产生和发展起来的："文化活动"就是"运用"自由时间的活动，而"物质生产"则是"创造"自由时间的活动，或者说，"物质生产"是"产生"剩余价值的活动，而"文化活动"则是"支出"剩余价值的活动。"剩余产品把时间游离出来"，而从物质生产中游离出来的时间就是"自由时间"，因此，存在于"自由时间"中的"发展"活动，也就是存在于物质生产活动之外的"非物质生产活动"，而连接这种"发展"活动与物质生产活动的纽带就是"剩余产品"（剩余价值）。剩余产品、自由时间、剩余价值等可视为社会财富的不同表现形式或不同存在形态，"剩余产品把时间游离出来"揭示的就是社会财富的一种流转过程，这种游离、流转同时就意味着社会财富的一种配置、转化：作为"非物质生产活动"的文化活动，需要以物质生产所创造的"自由时间"（剩余价值）这种社会财富为必要基础，或者说需要"支出"一定的剩余价值——这就意味着社会要把物质生产创造的财富"配置"到物质生产之外的文化发展活动中去，"转化"为"发展其他能力"的现实手段或客观条件。如果说"物质生产"是剩余价值之"创造"活动的话，那么，作为"非物质生产"的文化活动则是剩余价值之"支出"活动：文化活动需要物质生产"支出"其所创造的剩余价值。

---

① 《马克思恩格斯全集》第47卷，人民出版社1979年版，第216页。

根据以上初步分析,我们大致可以用表 1 所示来勾勒马克思历史唯物主义文化哲学的分析框架。

表 1

框架 2	非物质生产活动	文　　化	
	↑ ↑ ↑ ↑ ↑	↑(观念反映) (意识形态) 上层建筑 ↑(框架 2-1) 经济基础	↑(财富支出) (剩余产品或价值) 剩余劳动时间 ↑(框架 2-2) 必要劳动时间
	物质生产活动	生产关系 (人与人的社会关系)	生产力 (人与物的自然关系)
		框架 1 (物质生产)	

(1) 在框架 2-2 中,作为"非物质生产活动"的文化活动与物质生产的关系,就是生产"文化性"物质资料与生产维持生存的"自然性"物质资料这两种不同"现实活动"之间的横向关系,这是一种"财富支出"的关系。

(2) 而在框架 2-1 中,作为"非物质生产活动"的文化,是"观念的上层建筑"即"意识形态",作为"悬浮于空中"的"观念活动"与作为"现实活动"的物质生产活动之间的关系,就是一种纵向关系,这是一种"观念反映"关系——在这种纵向关系中,文化主要是针对物质生产的"物质性"或"现实性"来确定自身特性(观念性)的。

(3) 综合上面两点来看:马克思文化理论的唯物性,不仅体现在强调客观的社会关系(生产关系的总和)对主观的文化活动的决定作用,而且也体现在强调客观的生产力的产物(剩余产品、剩余价值、自由时间等)对"非物质生产活动"的文化活动的决定作用。

(4) 在市场经济条件下,"文化产业"作为一种文化活动与物质生产活动之间的关系,就表现为作为"第三产业"的"非实体经济"与包括第一产业(农业)、第二产业(工业)在内的"实体经济"之间的关系,也就是市场经济"内部"两种不同经济活动之间的"横向"关系。

框架 2-1、框架 2-2 的相关分析,其实正符合对"文化"的一般理解。尽管中外有关"文化"的定义可谓众说纷纭,但大致说来有两种基本的理解:一是认为相对于物质的、现实的活动,文化是一种"观念活动";二是认为所谓"文化活动"是相对于自然的、动物的活动而言,即"文化性"是相对于"自然性"而言的,在此意义上,通常把人定义为"文化的动物"。马克思也是从这两个方面来理解"文化"的,而其理论最大的特点则是充分结合物质生产来考察:作为"观念活动"的文化,反映物质活动尤其物质生产活动中人与人的关系即生产关系(框架2-1);人的"文化性活动"是相对于"自然性活动"而言的,而连通这两种活动的纽带就是"剩余价值"(自由时间)之流转、转化(框架2-2)。在框架2-1中,文化活动具有"意识形态性";在框架2-2中,文化关乎物质生产的"生产性"(productive,德文 produktive)——这种"生产性"有助于我们对跟"市场"密切相关的"文化产业"作准确而清晰的定位。

"生产性"是马克思政治经济学中的一个重要范畴,马克思《剩余价值理论》(《资本论》第四卷)专章讨论了"生产性与非生产性"(produktive und unproduktive)劳动问题,并强调:"如马尔萨斯正确指出的,斯密对生产劳动和非生产劳动(produktiver und unproduktiver Arbeit)[①]的区分,仍然是全部资产阶级政治经济学的基础",可见这一问题在政治经济学理论中的重要性。在这一论题的讨论中,马克思分析了很多与文艺、文化相关的问题,尤其讨论了文化精神生产是否具有"生产性"的问题——这些重要文化思想在现有相关研究中被严重忽视了。马克思在该章讨论文艺、文化问题尤其讨论文化精神生产的"生产性"问题,显然主要不是在"经济基础—上层建筑"框架中展开的,而是在"剩余价值流转"这一框架中展开的:可以粗略地把"剩余价值流转"全过程分为"创造"(产生)与"支出"(运用)两大部分或环节——物质生产是剩余价值之"创造"活动,而文化精神生产则是剩余价值之"支出"活动——这所体现的就是文化精神生产与物质生产在"剩余价值流转"过程中所形成的关系。

在马克思和斯密的相关论述中,"生产性"是用来描述劳动与剩余价值的关系的:能"创造"或"增大"剩余价值的劳动,就具有"生产性"。劳动得以实际进行,需要客体与主体两方面的条件。自然物质是劳动客体条件的最终根源,但在人类不断地再生产特别是扩大再生产这种累积性发展过程中,这种"自然性物质"实际上越来越以"社会性财富"的形式存在,而"剩余价值"就是这样一种"社会性财富"——在此意义上,可以把劳动的客体条件表述为:总需要"支出"一定剩余价值——与此相关,劳动的主体条件是:总需要"支出"一定劳动力。而所谓"生产性"也就是用来描述这两种"支出"的特性的:支出剩余价值的劳动能增大剩余价值,所体现的就是剩余价值"生产性"的支出方式;另一方面,能增大剩余价值的劳

---

① 参见 *Karl Marx/Friedrich Engels Werk*, band 26/1, Dietz Verlag Berlin 1965, p.122,127。

动,所体现的就是劳动力"生产性"的支出方式。再来看物质生产与精神生产:能创造或增大剩余价值的物质生产,既体现了剩余价值的"生产性"支出,同时也体现了劳动力的"生产性"支出;那么,精神生产是否具有"生产性"呢?斯密对此不予讨论;马克思认为:文化精神生产是可以增大剩余价值并因而具有"生产性"的;同时,文化精神生产也可以超越"生产性",而体现剩余价值、劳动力的"非生产性"的支出——这种"非生产性"支出特性,对于我们讨论文化的"非产业化"发展及其社会意义至关重要。

我们首先看马克思以下几段极为重要的经典论述:

> 因为施托尔希不是历史地考察物质生产本身,他把物质生产当作一般的物质财富的生产来考察,而不是当作这种生产的一定的、历史地发展的和特殊的形式来考察,所以他就失去了理解的基础,而只有在这种基础上,才能够既理解统治阶级的**意识形态**组成部分[die ideologischen Bestandteile der herrschenden Klasse],也理解一定社会形态下**自由的精神生产**[die freie geistige Produktion dieser gegebnen Gesellschaftsformation begriffen werden kann]①。他没有能够超出泛泛的毫无内容的空谈。而且,这种关系本身也完全不象他原先设想的那样简单。例如资本主义生产就同某些精神生产部门如艺术和诗歌相敌对。不考虑这些,就会坠入莱辛巧妙地嘲笑过的十八世纪法国人的幻想。既然我们在力学等等方面已经远远超过了古代人,为什么我们不能也创作出自己的史诗来呢?于是出现了《亨利亚特》来代替《伊利亚特》。

> 作家所以是**生产**(produktive)**劳动者**,并不是因为他**生产出观念**,而是因为他使出版他的著作的书商发财,也就是说,只有在他作为某一资本家的雇佣劳动者的时候,他才是生产的(produktive)。

> 从上述一切可以看出,**生产**(produktive)**劳动**是对劳动所下的同劳动的一定内容,同劳动的特殊效用或劳动所借以表现的特殊使用价值绝对没有任何直接关系的定义。

> 同一种劳动可以是**生产**(produktive)**劳动**,也可以是**非生产**(unproduktive)**劳动**。

---

① 参见 *Karl Marx/Friedrich Engels Werk*, band 26/1, Dietz Verlag Berlin 1965, p. 257.

例如,密尔顿创作《失乐园》得到了 5 磅,他是非生产劳动者。相反,为书商提供工厂式劳动的作家,则是生产劳动者。密尔顿出于同春蚕吐丝一样的必要而创作《失乐园》,那是他的天性的能动表现。后来,他把作品卖了 5 镑。但是,在书商指示下编写书籍(例如政治经济学大纲)的莱比锡的一位无产者作家却是生产劳动者,因为他的产品一开始就属于资本,只是为了增加资本的价值才完成的。①

以上这三段论述,乃是马克思历史唯物主义文化理论的"总纲",而"意识形态"论只是其中的一个方面:"物质生产"是最终的"基础",(1)"生产出观念"的活动即"意识形态"活动;(2) 作家作为"生产劳动者""为了增加资本的价值"所进行的活动与当今所谓的"文化产业"相关,"生产性"可谓文化产业的基本特性;(3) 密尔顿创作《失乐园》虽然"卖了 5 镑",但由于"一开始"不是"为了增加资本的价值才完成的",因而是"非生产劳动",作为"他的天性的能动表现"的"出于同春蚕吐丝一样的必要而创作《失乐园》"的活动就是"自由的精神生产",而这种"非生产性"的"自由的精神生产"关乎文化的"非产业化"发展方式——要特别强调的是,判断一种文化精神生产是否具有"生产性",决不在于其产品是否可以出卖而获得金钱,或者说这种产品本身是否值钱而有一个价格(密尔顿的《失乐园》"卖了 5 镑"),而在于是否"为了增加资本的价值"才完成,用今天的话来表述:是否用商业化、产业化的方式运作;从文化产品的生产活动和生产主体来看:"为了增加资本的价值"才完成的作家的创作活动,是作家劳动力(体力和智力,生命力、创造力等)的"生产性"支出,而创作《失乐园》则是密尔顿劳动力的"非生产性"支出;从社会对剩余价值的配置、支出方式来看,"为了增加资本的价值"才完成的作家的创作活动,是剩余价值的一种"生产性"的支出方式,而密尔顿创作《失乐园》的活动则是剩余价值的一种"非生产性"的支出方式(因为这种活动没能"增加"剩余价值)。

从西方当代学界来看,"生产性"(形容词 productive,名词 productiveness)是受马克思理论影响的弗罗姆研究美国当代消费社会的著作《为自己的人》中的一个核心范畴。弗罗姆在该书的一个注释中指出:"一个有意义但不全面的分析生产性思考的努力是已出版的韦施梅尔的遗著《生产性思维》,姆斯特伯格、那托普、柏格森、詹姆士论述了生产性的某些方面;狄尔泰在艺术创作的分析中,胡塞尔在心理

---

① 《马克思恩格斯全集》第 26 卷第 1 册,人民出版社 1972 年版,第 296、149、432 页。黑体为引者所加。以下引文凡不特别注明出处者,均引自该书,只在正文中注明页码。

'行动'的分析中,施瓦茨在医学人类学中,都分析了这些问题,但所有这些著作都有一个问题,即没有对性格加以分析。"可见有关"生产性"的讨论,在当代西方学界还是有着极其广阔的多学科的学术背景的,而弗罗姆自己则用"生产性"范畴来分析人的性格,指出,人的性格"非生产性取向(nonproductive orientations),不同于生产性取向(the productive orientation)"①,并由此分析美国当代消费社会的种种状况。而在另一美国理论家理斯曼同样研究美国当代消费社会的重要著作《孤独的人群》中的核心范畴是"自主性"。理斯曼指出,他所使用的"自主性",受到了弗罗姆所谓"生产性"的一定影响:

……由于人们渴望积极参与到创造性的工作中去,而且生产性的技术问题也即将得以解决,所以,如何争取人的自主性和人格的"生产倾向"已成为当前最亟待解决的任务。

"生产倾向"是弗洛姆在《为自己的人》一书中使用的概念,用来指一种性格类型。具有生产倾向的人能够通过爱、人和事物发生联系,并且通过创造性的工作来征服世界。为了自主性的概念,我在此非正式地使用这一概念。②

由此可见,马克思的"生产性"理论,对于分析当代社会依然具有较强的适用性和阐释力,兹不多论。

三、生产性:在物质生产与精神生产之间

文化的"生产性"是在文化精神生产与物质生产的关系中通过"剩余价值的流转"这一中介形成的——马克思《资本论》第四卷关于"生产劳动与非生产劳动"的专章讨论,对此有集中分析,这也构成了我们在文化意识形态论以外对文化理论有所拓展的最集中的原典基础。下面首先对这一原始经典文献作一较为集中的分析。

总体来说,马克思首先是在"物质生产—非物质生产活动"这一框架中展开相关讨论的,而"精神生产"只是"非物质生产活动"中的一种活动,马克思还讨论了其

---

① [美]埃·弗罗姆著,孙依依译:《为自己的人》,生活·读书·新知三联书店1988年版,第94页注释1、第73页。
② [美]大卫·理斯曼著,孙依依译:《孤独的人群》,南京大学出版社2002年版,第266、277-278页注释1。

他的"非物质生产活动"——马克思与斯密的区别在于:后者不关注"非物质生产活动";斯密与其资产阶级批评者的区别在于:一些批评者认为一切不妨碍资本主义的"非物质生产活动"都可以具有"生产性"——在这一点上马克思是站在斯密一边的。

其一,关于"生产性"与物质生产的关系问题。

> ……生产劳动和非生产劳动的区分,对于斯密所考察的东西——物质财富的生产,而且是这种生产的一定形式即资本主义生产方式——具有决定性的意义。在精神生产中,表现为生产劳动的是另一种劳动,但斯密没有考察它。最后,两种生产的相互作用和内在联系,也不在斯密的考察范围之内;而且,物质生产只有从它本身的角度来考察,才不致流于空谈。如果说斯密曾谈到并非直接生产的劳动者,那只是因为这些人直接参加物质财富的消费,而不是参加物质财富的生产。(第295页)

在关于"生产性"的辨析中,斯密只考察物质财富、物质生产,而不考察精神财富、精神生产。这其中的一个关键问题是:物质生产并非单纯的体力劳动:"亚·斯密自然把直接耗费在物质生产中的各类脑力劳动,算作'固定和物化在可以出卖或交换的商品中'的劳动。斯密在这里不仅指直接的手工工人或机器工人的劳动,而且指监工、工程师、经理、伙计等等的劳动,总之,指在一定物质生产领域内为生产某一商品所需要的一切人员的劳动,这些人员的共同劳动(协作)是制造商品所必需的。"(第155-156页)马克思在后面还分析指出:

> 资本主义生产方式的特点,恰恰在于它把各种不同的劳动,因而也把脑力劳动和体力劳动,或者说,把以脑力劳动为主或者以体力劳动为主的各种劳动分离开来,分配给不同的人。但是,这一点并不妨碍物质产品是所有这些人的共同劳动的产品,或者说,并不妨碍他们的共同劳动的产品体现在物质财富中;另一方面,这一分离也丝毫不妨碍:这些人中的每一个人对资本的关系是雇佣劳动者的关系,是在这个特定意义上的生产工人的关系。所有这些人不仅直接从事物质财富的生产,并且用自己的劳动直接同作为资本的货币交换,因而不仅把自己的工资再生产出来,并且还直接为资本家创造剩余价值。他们的劳动是由有酬劳动加无酬的剩余劳动组成的。(第444页)

批评斯密的罗西说:"我决不认为只有靠生产棉布或制作靴子生活的人才是生产者。无论哪种劳动我都尊重……但这种尊重不应成为体力劳动者独占的特权。"马克思分析道:

> ……"服务"只要是直接加入生产的,亚·斯密就把它看作是物化在产品中的,不管这是体力劳动者的劳动,还是经理、店员、工程师的劳动,甚至学者的劳动(只要这个学者是个发明家,是在工场内或在工场外劳动的工场劳动者)。斯密在谈到分工的时候,曾说明这些业务如何在各种人员之间分配,并指出产品、商品是他们共同劳动的结果,不是其中某一个人劳动的结果。(第307-308页)

物质生产中人的体力和脑力都具有"生产性",或者说,人的哪种力量具有"生产性"与人的这种力量是体力、物质力量还是脑力、精神力量没有直接关系。此外,劳动是否具有"生产性"也与其是否有社会意义没有直接关系。"为什么'诱惑我的嗅觉的香水制造者'应当认为是生产劳动者,而'陶醉我的听觉'的音乐家应当是非生产劳动者呢?"马克思分析道:"斯密会回答说,因为一个提供物质产品,另一个不提供物质产品。道德和这两个人的'功绩'一样,同这里的区分毫无关系。"(第179页)马克思后面还分析道:"喝香槟酒虽然生产'头昏',但不是生产的消费,同样,听音乐虽然留下'回忆',但也不是生产的消费。如果音乐很好,听者也懂音乐,那末消费音乐就比消费香槟酒高尚,虽然香槟酒的生产是'生产劳动',而音乐的生产是非生产劳动。"(第312页)可见,说某种劳动活动是否具有生产性,与价值判断没有直接关系。总之,斯密判断劳动是否具有生产性,是紧紧围绕"物质生产"展开的。在他看来,直接影响物质生产的人的无论是体力还是脑力活动都是具有"生产性"的;或者说,他关注的主要是剩余价值的"创造",而非剩余价值的"运用""支出",他尤其没有关注剩余价值如何被运用于、支出到非物质生产活动中去的情况。

其二,关于"精神生产"的外延问题。

在相关讨论中,说物质生产具有"生产性"是基本上不存在争议的,容易产生争议的问题在于:在物质生产活动以外,人的哪些活动具有"生产性"?斯密基本上把与物质生产没有直接关系的其他活动都排除在"生产性"之外,而斯密之后许多经济学家则存在把物质生产之外的其他活动都纳入"生产性"之中的倾向——马克思分析指出:"在所有这些反驳亚·斯密的人那里,我们一方面看到他们对物质生产采取高傲态度,另一方面又看到他们力图为非物质生产——甚至根本不是生产,如象仆役的劳动——辩护,把它冒充物质生产。"(第212页)再者,"大多数反驳斯密关于生产劳动和非生产劳动的区分的著作家,都把消费看作对生产的必要刺激……因为所有这些非生产劳动者——他们的服务体现为有闲的富人的一部分支出——都有一个共同点,就是他们生产'非物质产品',但消费'物质产品'即生产工人的劳动产品。"(第291-292页)而斯密强调"生产性"意味着剩余价值的"创造","消费"则是剩余价值的"支出"。这里涉及的问题是"非物质生产活动—物质生产活动"的关系。前已初步指出,问题的复杂性在于,所谓"非物质生产活动"涵盖面极广:① 可指"非物质"的活动,这其中既包括"非物质性"的"观念活动",又包括不同于物质生产但同样生产出物质资料的"精神生产";② 可指"非生产"的活动如"消费"活动等。围绕"收入",我们也可以把人的活动分为"获得"收入的活动与"花费"收入的活动即个人消费活动。没有不断的个人消费,当然就不会有物质生产不断的发展,许多经济学家以此认为个人消费活动也具有"生产性"。而马克思"非生产劳动"理论重点讨论的则是在"获得"收入的活动中哪些活动具有"生产性":斯密认为直接凭借物质生产获得收入的产业工人、产业资本家等的活动具有"生产性",而后来反对斯密这种观点的经济学家则认为一切获得收入的活动即一切"职业"皆具有"生产性"——而精神生产劳动则是这些"职业"中的一种。

马克思强调"要研究精神生产和物质生产之间的联系"应注意三个方面:

> ……首先必须把这种物质生产本身不是当作一般范畴来考察,而是从一定的历史的形式来考察。例如,与资本主义生产方式相适应的精神生产,就和与中世纪生产方式相适应的精神生产不同。如果物质生产本身不从它的特殊的历史的形式来看,那就不可能理解与它相适应的精神生产的特征以及这两种生产的相互作用。……
>
> 其次,从物质生产的一定形式产生:第一,一定的社会结构;第二,人对自然的一定关系。人们的国家制度和人们的精神方式由这两者决定,因而人们的精神生产的性质也由这两者决定。
>
> 最后,施托尔希所理解的精神生产,还包括统治阶级中专门执行社会职能的各个阶层的职业活动。这些阶层的存在以及他们的职能,只有根据他们生产关系的一定的历史结构才能够理解。(第296页)

笔者认为,以上三方面可视为"研究精神生产和物质生产之间的联系"的三大基本原则:第一方面强调研究要有"历史"的眼光;第二方面揭示了研究的两个基本维度,这两方面涉及研究"精神生产"的"内涵"及其与物质生产的关系的方法论问题;第三方面则涉及"精神生产"的"外延"问题。这里先看精神生产的外延问题。马克思指出,认为一切活动皆具有"生产性"的说法,是一种"荒谬的说法","其实这种荒谬说法完全可以由下面各点来说明":

(1) 在资产阶级社会中,各种职能是互为前提的;

(2) 物质生产领域中的对立,使得由各个意识形态阶层构成的上层建筑成为必要,这些阶层的活动不管是好是坏,因为是必要的,所以总是好的;

(3) 一切职能都是为资本家服务,为资本家谋"福利";

(4) 连最高的精神生产,也只是由于被描绘为、被错误地解释为物质财富的直接生产者,才得到承认,在资产者眼中才成为可以原谅的。(第298页)

其中(2)与(4)涉及"精神生产"的外延或分类。在马克思看来,"最高的精神"不同于为统治阶级服务的"意识形态阶层"的活动;马克思在辨析"非生产劳动"时多次引用了斯密以下的论述:

某些最受尊敬的社会阶层的劳动,象家仆的劳动一样,不生产任何价值{它有价值,因而值一个等价,但不生产任何价值},不固定或不物化在任何耐久的对象或可以出卖的商品中……例如,君主和他的全部文武官员、全体陆海军,都是非生产劳动者。他们是社会的公仆,靠别人劳动的一部分年产品生活……应当列入这一类的,还有……教士、律师、医生、各种文人;演员、丑角、音乐家、歌唱家、舞蹈家等等。(第314页)

斯密所谓的"社会的公仆"的劳动,即施托尔希所谓的"统治阶级中专门执行社会职能的各个阶层的职业活动",马克思还把从事这些职业的人称为"政治的非生产劳动者"(第219页)。如果说"家仆的劳动"提供的是"个人服务"的话,那么,"社会的公仆""政治的非生产劳动者"的劳动提供的则是"公共服务";"教士、律师、医生"等人的劳动总体来说提供的也是"个人服务"——从最广义的精神生产是指物质生产以外的一切劳动来看,这些服务性的劳动也可归属于"精神生产",或者说宽泛意义上的"服务"与"精神生产"是相同的,而"各种文人"与"演员、丑角、音乐家、歌唱家、舞蹈家等等"所从事的劳动,可以说就是狭义的"精神生产"或"文化生产"——我们似可把从事这种生产的人称为"文化的非生产劳动者"。

马克思对斯密紧紧围绕物质生产来谈生产性问题是肯定的,但对斯密不考察精神生产及其与物质生产的"相互作用和内在联系"的做法,并未加以肯定;与此相对,施托尔希开始"把'内在财富即文明要素'同物质生产的组成部分——物质财富区别开来,'文明论'应该研究文明要素的生产规律"(第295页)。马克思对此还是比较肯定的,"在加尔涅之后,施托尔希事实上是第一个试图以新的论据来反驳斯密对生产劳动和非生产劳动的区分的人"(第295页),而"施托尔希在专门反对加尔涅这个最早对斯密进行这种反驳的人的时候,所强调指出的东西则是正确的。那就是:他强调指出反对斯密的人把问题完全弄错了"。接着马克思引用了施托尔希以下"正确的"说法:

> 批评斯密的人做些什么呢?他们完全没有弄清这种区分〈"非物质价值"和"财富"之间的区分〉,他们把这两种显然不同的价值完全混淆起来。〈他们硬说,精神产品的生产或服务的生产就是物质生产。〉他们把非物质劳动看做生产劳动,认为这种劳动生产〈即直接生产〉财富,即物质的、可交换的价值;其实,这种劳动只生产非物质的、直接的价值;批评斯密的人则根据这样的假定,即非物质劳动的产品也象物质劳动的产品一样,受同一规律支配;其实,支配前者的原则和支配后者的原则并不相同。(第296-297页)

而"精神产品的生产"与"服务的生产"也可视为"非物质生产"的两种不同形态。马克思还引用了施托尔希"常被后来的著作家抄引的论点":"因为内在财富有一部分是服务的产品,所以人们便断言,内在财富不比服务本身更耐久,它们必然是随生产随消费","原始的内在财富决不会因为它们被使用而消灭,它们会由于不断运用而增加并扩大起来,所以,它们的消费本身会增加它们的价值","内在财富也象一般财富一样,可以积累起来,能够形成资本,而这种资本可以用来进行再生产"等等,"在人们能够开始考虑非物质劳动的分工以前,必须先有物质劳动的分工和物质劳动产品的积累"。此外施托尔希还强调"精神资本"不同于"物质资本"——马克思认为"这一切只不过是精神财富和物质财富之间的最一般的表面的类比和对照"(第297页),这些分析虽然是"表面的",但并非错误的。斯密不考察精神财富问题,施托尔希强调创造精神财富(内在财富)的活动也具有"生产性",而其他一些"非物质生产——甚至根本不是生产,如象仆役的劳动",就是说提供"个人服务"的劳动是"非生产性"的;再看"公共服务",马克思以士兵提供的"保卫"这种公共服务为例分析指出:"士兵象很大一部分非生产劳动者一样,属于生产上的非生产费用,这些非生产劳动者,无论在精神生产领域还是在物质生产领域,都什么也不生产,他们只是由于社会结构的缺陷,才成为有用的和必要的,他们的存在,只能归因于社会的弊端"(第300—301页),提供其他公共服务的"非生产劳动者",总的来说既不直接创造物质财富,也不直接创造精神财富。马克思在分析"自由时间"的用法时指出:"其次是他们支配的自由时间,不管这一时间是用于闲暇,是用于从事非直接的生产活动(如战争、国家的管理),还是用于发展不追求任何实践目的的人的能力和社会的潜力(艺术等等,科学)"①,"非直接的生产活动(如战争、国家的管理)"即指"公共服务",而"发展不追求任何实践目的的人的能力和社会的潜力(艺术等等,科学)"则指"精神生产",两者皆是建立在对"自由时间"的"运用"或"剩余价值"的"支出"的基础上的。

总之,从文化理论的角度来看,在"物质生产活动—非物质生产活动"关系框架中,把同为剩余价值的支出活动的创造精神财富的狭义的"精神产品的生产"与提供其他的个人服务、公共服务的"服务的生产"两者区分开来,非常必要(尽管两者实际上是有交叉的),因为资产阶级社会对待这两种不同的"非物质生产"的态度是不同的:①"物质生产领域中的对立,使得由各个意识形态阶层构成的上层建筑成为必要,这些阶层的活动不管是好是坏,因为是必要的,所以总是好的";②"连最高的精神生产,也只是由于被描绘为、被错误地解释为物质财富的直接生产者,才得到承认,在资产者眼中才成为可以原谅的",反之,不直接生产物质财富或者说不直接为生产物质财富服务的"最高的精神生产",在资产者眼中不是能原谅的。"意识形态阶层"的活动总是必要的,而此外的"非生产劳动"(这种劳动是纯脑力劳动)可以是"必要的祸害","他(西斯蒙第)赞扬汉堡,因为在这个城市中人们正是这样解释脑力劳动的"②:脑力劳动不能直接增加剩余价值,至少也要有助于增加剩余价值,而无助于增加剩余价值、反而要消耗剩余价值的"最高的精神生产",就成为"不必要的"祸害了。

其三,关于"精神生产"的"生产性"问题。

总体来说,斯密对文化精神生产的"生产性"是不太重视的。马克思指出:"直到现在为止,我们看到,亚·斯密对一切问题的见解都具有二重性,他在区分生产劳动和非生产劳动时给生产劳动所下的定义也是如此。我们发现,在他的著作中,他称为生产劳动的东西总有两种定义混淆在一起"(第142页)。第一种定义"把生

---

① 《马克思恩格斯全集》第47卷,人民出版社1979年版,第215页。
② 《马克思恩格斯全集》第48卷,人民出版社1985年版,第517页。

产劳动看成同资本交换的劳动",这一定义"触及了问题的本质,抓住了要领",是斯密取得的"巨大科学功绩"(第148页);第二种定义则把"生产劳动"看成"物化在商品中的劳动"。马克思指出,"斯密对于生产劳动所阐述的第二种见解即错误的见解,同正确的见解完全交错在一起,以致这两种见解在同一段文字中接连交替出现"(第146页),于是就会出现一定混乱,如后来加尔涅提出的,"不是有许多非生产劳动者,例如演员、音乐家等等,在大多数情况下通过经理来取得自己的工资吗?而这些经理是从投入这类企业的资本中吸取利润的",马克思认为"这个意见是对的。但这不过表明,有一部分劳动者,即亚·斯密按照他的第二个定义称为非生产劳动者的,按照他的第一个定义却应当是生产劳动者"(第197页)——由此可见斯密的两个定义之间有时是会产生冲突的。

当然,马克思分析指出,斯密的第二个定义也是有部分道理的:"我叫到家里来缝制衬衣的女裁缝,或修理家具的工人,或清扫、收拾房子等等的仆人,或烹调肉食等等的女厨师"等人员"从可能性来讲,也生产了商品,把价值加到了自己的劳动对象上。但他们是非生产劳动者中极少的一部分人,那些适用于他们的说法,对广大家仆、牧师、政府官吏、士兵、音乐家等等则是不适用的"(第156页)——正因为在提供服务的非生产劳动者当中,"极少的一部分人"生产一定的物化的商品,绝大部分人不生产物品,所以,斯密用"非物化性"定义"非生产性"一定程度上是适用的——这也是当今把物质生产(农业、工业)以外的产业统称为"服务业"的原因所在。但是,另一方面,马克思强调:是否生产物化的商品或者说是否具有"物化性",不能成为判断劳动是否具有"生产性"的标准。"同一劳动可以是生产的,只要我作为资本家、作为生产者来购买它,为的是用它来为我增加价值;它也可以是非生产的,只要我作为消费者来购买它,只要我花费收入是为了消费它的(劳动的)使用价值,不管这个使用价值是随着劳动能力本身活动的停止而消失,还是物化、固定在某个物中。"(第156-157页)不生产"商品"的劳动可以生产"服务",而"使用价值随着劳动能力本身活动的停止而消失"的"服务"同样可以具有"生产性":

……剧院、歌舞场、妓院等等的老板,购买对演员、音乐家、妓女等等的劳动能力的暂时支配权(事实上通过了曲折的途径,这个途径只有从经济形式的观点来看才有意义,它不影响过程的结果);他们购买这种所谓"非生产劳动",它的"服务一经提供随即消失",不固定或不物化在一个"耐久的〈换句话说,'特殊的'〉对象或可以出卖的商品中"(在这些服务本身以外)。把这些服务出卖给公众,就为老板补偿工资并提供利润。

>……固然，国家不能出口这些服务本身；但它能出口提供这些服务的人。例如，法国出口舞蹈教员、厨师等等，德国出口学校教师。当然，随着舞蹈教员和学校教师的出口，也出口了他们的收入，可是舞鞋和书本的出口，却给国家提供了一笔补偿它们的价值。（第158页）

因此，"服务"也可以是"消费品"的一种形式，可以获得"交换价值"：

>难道任何时候市场上现有的商品的[总]价值，不是由于有"非生产劳动"而比没有这种劳动时要大吗？难道任何时候市场上除了小麦、肉类等等之外，不是还有妓女、律师、布道、歌舞场、剧院、士兵、政治家等等吗？这帮人得到谷物和其他生存资料或享乐并不是无代价的。为了得到这些东西，他们把自己的服务提供给或强加给别人，这些服务本身有使用价值，由于它们的生产费用，也有交换价值。任何时候，在消费品中，除了以商品形式存在的消费品以外，还包括一定量的以服务形式存在的消费品。（第160页）

>……虽然家仆的某些劳动完全可能表现为商品（从可能性来讲），从物质方面来看，甚至可能表现为同样的使用价值，但这不是生产劳动，因为实际上他们生产的不是"商品"，而是直接"使用价值"。而有些劳动，对它们的买者或雇主来说是生产的，例如演员的劳动对剧院老板来说是生产的，但这些劳动看起来象是非生产劳动，因为它们的买者不能以商品的形式，而只能以活动本身的形式把它们卖给观众。（第165页）

马克思充分考虑到了各种复杂情况，这其中的一个重要的复杂情况是，"服务"的"购买者"有不同的两类人，因而对这种"服务"的"消费"也有不同的两种方式：一类是老板、商人，购买这种"服务"是为了赚钱，进行的是一种"生产性"消费，或者说，这种"服务"对这类人来说就是"生产性"的，体现的是剩余价值的"生产性"支出；另一类是"观众"等，这类人进行的则是"个人消费"，对他们来说这种"服务"就是"非生产性"的，他们的花费则是一种"非生产性"支出。

总之，按照斯密的第二个定义，一切不生产商品的活动比如演员的表演、音乐表演家的演奏等都不具有"生产性"，如此，也就把很大一部分精神劳动排除在"生产性"之外。而马克思强调：斯密的第一个定义才是更为根本的，而按其第一个定义，许多不生产商品的精神劳动也是可以具有"生产性"的。从剩余价值流转的过程来看,斯密只关注剩余价值在人的物质生产活动中如何被"创造",而相对忽视剩余价值在人的非物质生产活动中如何被"支出"。

四、生产性:在剩余价值的"创造"与"支出"之间

"生产性"既关乎剩余价值如何在物质生产中被"创造",同时又关乎剩余价值如何被"支出"。当然,在再生产尤其是扩大再生产中,物质生产本身也需要剩余价值的"支出",这种"支出"没有改变剩余价值的形态,即剩余价值依然以通常所谓的"物质财富"的形态存在;而当剩余价值被"支出"到文化精神生产中,剩余价值改变了存在形态,即以通常所谓的"精神财富"的形态存在——整体来看,马克思更关注财富的"支出方式"及其特性,而非财富在形态上是"物质性"的还是"精神性"的。为简便计,在两者的相对关系中,我们不妨把物质生产视为剩余价值之"创造(产生)"活动,把文化精神生产视为剩余价值之"支出(运用)"活动。

首先,物质生产的"生产性"就表现为可以"创造(产生)"剩余价值。马克思强调:"资本主义制度下的生产劳动是创造剩余价值的劳动",也就是说,劳动的"生产性"表现为劳动能"创造"剩余价值——而这种"创造"又与劳动及其时间结构密切相关:"清楚地认识到剩余价值等于剩余劳动,剩余价值的比例表现为剩余劳动与必要劳动的比例是十分重要的","要使许多人有余暇,雇佣工人就得拼命干,或者说,社会上一部分人的自由时间,取决于工人的剩余劳动时间和必要劳动时间的比例"①——工人所从事的直接的物质生产的总的时间结构就是:"剩余劳动时间—必要劳动时间"——这是"生产性""剩余价值""自由时间"及"生产力"等理论的逻辑起点:"剩余价值"是由"剩余劳动时间"创造的;一种劳动时间全部由"必要劳动时间"构成的劳动就不具有"生产性",反之,只有在劳动总时间中包含一定"剩余劳动时间"的劳动才具有"生产性",简言之,正是"剩余劳动时间"确证着劳动的"生产性"。马克思在讨论"相对剩余价值"时较为集中地分析了这一时间结构,"我把通过缩短必要劳动时间、相应地改变工作日(物质生产的总时间)的两个组成部分(必要劳动时间和剩余劳动时间)的量的比例而生产的剩余价值,叫做相对剩余价值",而"相对剩余价值与劳动生产力成正比。它随着生产力的提高而提高,随着生产力的降低而降低"②,由此可见,物质生产的"剩余劳动时间—必要劳动时间"结构及其比例,是衡量劳动生产力水平高低的一个重要标准。

---

① 《马克思恩格斯全集》第26卷第1册,人民出版社1972年版,第202、261页。
② 《马克思恩格斯文集》第5卷,人民出版社2009年版,第366、371页。

其次,我们再看剩余价值是如何被"支出"到非物质生产活动去的。具有"生产性"的物质生产"创造"出了剩余价值,那么,人是如何处置这些剩余价值的呢?如果围绕物质生产来讨论,那么,不外有两种处置方式:把物质生产所创造的剩余价值重新"投入"或"支出"到物质生产中以进一步"增大"剩余价值——这是资本主义尤其是早期资本主义的处置方式;但也可以"游离"出物质生产、"支出"到非物质生产活动中去——对于这种处置、支出方式,马克思有很多讨论,如"整个人类的发展,就其超出对人的自然存在直接需要的发展来说,无非是对这种自由时间的运用,并且整个人类发展的前提就是把这种自由时间的运用作为必要的基础",马克思还强调"'可以自由支配的时间',也就是有真正的财富",因此,"自由时间"及与其相关的剩余劳动(必要劳动)、必要劳动时间(剩余劳动时间)、剩余产品、剩余人口、剩余价值等,构成了一个紧密联系在一起的跟社会财富相关的范畴系列:"剩余劳动时间""物化"为"剩余产品","剩余产品"把"时间"从直接的物质生产中"游离"出来,就可以成为"不劳动阶级"发展其他能力的"自由时间"——对于这一系列社会财富范畴之间的联系,马克思的描述是非常清晰的。在"剩余劳动的性质"的标题下,马克思分析了"文化"与"剩余价值""自由时间"等之间的关系:"这种剩余劳动一方面是社会的自由时间的基础,从而另一方面是整个社会发展和全部文化的物质基础。"马克思还指出:"既然所有自由时间都是供自由发展的时间,所以资本家是窃取了工人为社会创造的自由时间,即窃取了文明,从这个意义上说,威德认为资本等于文明,又是对的。"[①]——这其中所谓的"文化""文明",都是相对于维持生存的自然活动而言的,都与"自由时间"之"运用"、剩余价值向物质生产之外的"支出"有关——这其中的"文化""文明"显然与"经济基础—上层建筑"框架中的"意识形态"不尽相同。

那么,在物质生产活动之外,人类是如何"运用"自由时间、"支出"剩余价值的呢?马克思对此有具体说明:

> 其次是他们支配的自由时间,不管这一时间是用于闲暇,是用于从事非直接的生产活动(如战争、国家的管理),还是用于发展不追求任何直接实践目的的人的能力和社会的潜力(艺术等等,科学),——这一自由时间都是以劳动群众方面的剩余劳动为前提,也就是说,工人在物质生产中使用的时间必须多于

[①] 《马克思恩格斯全集》第46卷下册,人民出版社1980年版,第139页。

生产他们本身的物质生活所需要的时间。①

"用于发展不追求任何直接实践目的的人的能力和社会的潜力（艺术等等，科学）"即把"自由时间"用于狭义的"精神生产"，包括艺术、科学在内的精神生产，体现了"自由时间"这种社会财富的一种"运用"方式或用途——"自由时间都是供自由发展的时间"。如果把"自由发展"视为目的的话，那么，"自由时间"就是实现这个目的的客观条件，而当自由时间被实际"用于发展不追求任何直接实践目的的人的能力和社会的潜力（艺术等等，科学）"，就意味着自由时间被实际地"转化"为人的"自由的精神生产"的现实手段了。"用于发展不追求任何直接实践目的的人的能力和社会的潜力（艺术等等，科学）"所体现的就是剩余产品、剩余价值、自由时间的"非生产性支出"：

> ……古代人连想也没有想到把剩余产品变为资本。即使这样做过，至少规模也极有限。（古代人盛行本来意义上的财宝贮藏，这说明他们有许多剩余产品闲置不用。）他们把很大一部分剩余产品用于非生产性支出（unproductive expenditure）——用于艺术品，用于宗教的和公共的建筑。他们的生产更难说是建立在解放和发展物质生产力（即分工、机器、将自然力和科学应用于私人生产）的基础上。②

而当资本主义发展到"一切精神的或物质的东西都变成交换价值并到市场上去寻找最符合它的真正价值的评价的时期"③，包括艺术品在内的一切文化精神产品的生产，也被当作"增大"剩余价值的手段，因而也成为对剩余价值等社会财富的"生产性"的"支出"方式了——"同一种劳动可以是'生产劳动'，也可以是'非生产劳动'"，其中的关键就在于"剩余价值（自由时间等）"的"支出"方式的特性。

总之，马克思所谓的"生产性"，有三种紧密联系在一起的含义：① 描述物质生产的"余额性"，即能创造出剩余价值的物质生产就具有"生产性"；② 描述劳动力的"支出"方式的特性，为创造、增加剩余价值而进行的劳动力支出，就是一种"生产性"的支出方式，无论这种劳动力主要是体力还是智力，无论这种支出活动是物质生产还是精神生产；③ 描述剩余价值"支出"方式的特性，使已获得的剩余价值进

---

① 《马克思恩格斯全集》第47卷，人民出版社1979年版，第215页。
② 《马克思恩格斯全集》第26卷第2册，人民出版社1973年版，第603页。
③ 《马克思恩格斯全集》第4卷，人民出版社1958年版，第79-80页。

一步增大的支出方式,就是一种"生产性"的处置方式——从文化精神生产来看,文化精神生产是在物质生产所创造并从物质生产中流转出来的剩余价值的基础上发展起来的,如果文化精神生产能进一步"增大"剩余价值,就具有"生产性",从事这种文化精神生产的人的劳动力(尽管主要是智力)的支出方式,就是一种"生产性"的支出方式——这就是当今所谓的"文化产业";而在作为"自由的精神生产"的"非生产性"的文化生产活动中,剩余价值被"用于发展不追求任何直接实践目的的人的能力和社会的潜力(艺术等等,科学)",这种"支出"方式不仅不能"增大"剩余价值,而且还要"消耗"剩余价值,但这种"非生产性"的"消耗"恰恰是一种"转化",即把剩余价值(自由时间)转化为劳动力自由发挥也即人的自由发展的现实手段——而这关乎文化的"非生产性""非产业化"的发展方式——贯穿以上各种因素和环节的,是作为社会财富的剩余价值的流转。

五、社会财富的流转、分割、配置与产业转型:在文化产业与实体经济之间

下面首先从"剩余价值流转"的角度,来考察文化的产业化发展方式及其与经济建设的关系等。上面已分析指出:总体来说,文化产业活动是剩余价值的"生产性"支出,作为一种"生产性"支出,文化产业构成了社会产业体系的一元或整体产业链的一环。马克思有关社会财富(剩余价值、自由时间等)流转、分割、配置的理论,对于我们今天考察文化在国家整体发展中的战略地位、文化产业在国家产业体系中的战略地位及当代产业转型等,有重要理论启示。

作为当今马克思主义文化战略学建构的现实出发点,我们今天所面对的重要文化状况是:文化产业将在我国产业体系中成为支柱产业,而这跟现代社会的第二次重大产业转型密切相关。我们首先看现代社会第一次重大产业转型,即工业化转型,马克思实际上从自由时间(剩余价值、剩余人口等)流转的角度对此次转型作了考察。所谓"自由时间"是相对而言的:

> 正如植物以土地为生,动物以植物或者以食植物的动物为生一样,社会中占有自由时间(即不被生活资料的直接生产所占去的时间)的那部分人以工人的剩余劳动为生。

> 我们将看到,经济学家等等是怎样把这种对立作为自然的东西来考察的。因而,财富是自由时间。因为剩余价值首先表现在剩余产品中,而其他一切劳动同生活资料的生产中所使用的劳动时间相比,就已经成为自由时间,所以可

以了解,重农主义者为什么说剩余价值以农业中的剩余产品为基础,他们只是错误地把剩余产品看作纯粹的自然恩赐。①

"自由时间"就是相对于"生活资料的直接生产所占去的时间""生活资料的生产中所使用的劳动时间"而言的——这其中所谓的"生活资料"主要指必需品,而产品对于维持生活来说的必需性或必要性又是相对而言的,马克思接着分析指出:

> 在这里就已经可以指出下面一点:
> 生产商品的劳动部门按其必要性的程度而互相区别,这种程度取决于相对的必要性,由于这种相对必要性,这些部门创造的使用价值是[人的]物质存在所需要的。这种必要劳动与使用价值有关,与交换价值无关。也就是说,这里不涉及创造价值(它可以化为工人为了他的生存所必要的产品总量)所必要的劳动时间;这里涉及到各种不同劳动的产品所满足的需求的相对必要性。在这一方面,农业劳动(对此应理解为一切为了创造直接的食物所需要的劳动)是最必要的。正如斯图亚特所说,它首先为工业创造了"自由人手"。
> 但是,在这里必须进一步加以区别。当一个人把他的全部自由时间用在农业上的时候,另一个人可以把它用在工业上。发生了分工。但是,同样,其他一切部门中的剩余劳动以农业中的剩余劳动为基础,农业为所有这些部门提供原料。②

当今经济学界流行的所谓第一产业、第二产业、第三产业,其实正是按劳动的"必要性的程度"来区分的:在这种产业序列中,劳动的"必要性的程度"越来越降低。与此相关,马克思还分析指出:

> ……仅仅劳动时间越出即延长到超过它自然的或传统的界限,就将导致在新的生产部门中使用社会劳动。这是因为劳动时间被游离出来了;剩余劳动不仅创造了自由的时间,而且还把被束缚在某个生产部门中的劳动能力和劳动游离出来(这是问题的实质),使之投入新的生产部门。但是,由于人类自然发展的规律,一旦满足了某一范围的需要,又会游离出、创造出新的需要。因此,资本在促使劳动时间超出为满足工人身体上的需要所决定的限度时,也

---

① 《马克思恩格斯全集》第47卷,人民出版社1979年版,第217页。
② 《马克思恩格斯全集》第47卷,人民出版社1979年版,第217-218页。

使社会劳动即社会的总劳动划分得越来越多,生产越来越多样化,社会需要的范围和满足这些需要的资料的范围日益扩大,从而使人的生产能力得到发展,因而使人的才能在新的方面发挥作用。但是,如果说剩余劳动时间是自由时间的条件,那么,需要的范围和满足这些需要的资料的范围的扩大是以工人限于必要的生活需要为条件的。①

"把被束缚在某个生产部门中的劳动能力和劳动游离出来",乃是"产业转型"的前提:"工业转型"的前提就是农业(第一产业)能够为工业(第二产业)创造"自由人手"——随着生产力水平的提高,农业这种"必要性的程度"最高的物质生产的"剩余劳动时间—必要劳动时间"的比例不断提高,越来越多的"剩余劳动时间"创造越来越多的"剩余产品",而越来越多的"剩余产品"就可以把越来越多的"时间"从农业生产中"游离"出来,同时也就意味着可以把越来越多的"自由时间"或"剩余价值"也即"社会财富"及越来越多的"剩余人口"从农业生产中"游离"出来——这些从农业生产中游离出来的剩余社会财富及剩余人口等流转向工业生产,就促成了人类产业体系的"工业化转型"。

现代社会第二次重大产业转型是向包括文化产业在内的"第三产业"或"服务业"的转型,相对于"工业化转型",此次转型又被称为"后工业化转型",而文化产业成为支柱产业,乃是此次转型的重要标志之一。工业化转型与"分工"相关,而"分工只是从物质劳动和精神劳动分离的时候起才开始成为真实的分工"②。19世纪尚处在工业化转型之中,因此,马克思还不可能具体研究"后工业化转型",但他所揭示的产业转型的一般规律,是适用于分析当代这种产业转型的:"剩余劳动不仅创造了自由的时间,而且还把被束缚在某个生产部门中的劳动能力和劳动游离出来,使之投入新的生产部门",包括文化产业在内的第三产业可以说是当代的"新的生产部门",而它是在被束缚在农业(第一产业)、工业(第二产业)两大生产部门的劳动能力和劳动或劳动人口"游离"出来的基础上产生和发展起来的——研究这种转型的美国当代理论家丹尼尔·贝尔在其所著的《后工业社会的来临》中就指出:"到1956年,美国职业结构中白领工人的数目,在工业文明史上第一次超过了蓝领"——这是后工业化转型的重要标志,正如工业化转型的重要标志是:农业为工业创造出足够多的"自由人手"。

---

① 《马克思恩格斯全集》第47卷,人民出版社1979年版,第260页。
② 《马克思恩格斯全集》第3卷,人民出版社1960年版,第36页。

马克思在考察"非生产劳动"与"生产劳动"之间关系时分析指出:

> 假定劳动生产率大大提高,以前是2/3人口直接参加物质生产,现在只要1/3人口参加就行了。以前是2/3人口为3/3人口提供生活资料;现在是1/3人口为3/3人口提供生活资料。以前"纯收入"(和劳动者的收入不同)是1/3;现在是2/3。现在国民——撇开[阶级]对立不谈——应该用在直接生产上的时间,不再是以前的2/3,而是1/3。如果平均分配,所有的人就都会有更多的(即2/3的)非生产劳动时间和余暇。但是,在资本主义生产条件下,一切看来都是对抗的,而事实上也是这样。我们的假定并不意味着人口始终是停滞的。因为3/3在增长,1/3也会增长,所以按照数量来说,从事生产劳动的人数可能不断增加。但是相对地,按照同总人口的比例来说,他们还是比以前少50%。现在2/3的人口中一部分是利润和地租的所有者,一部分是非生产劳动者(由于竞争,非生产劳动者的报酬也差了),这些非生产劳动者帮助前者把收入吃掉,并且把服务作为等价提供给前者或者(例如政治的非生产劳动者)强加给前者。我们可以设想:除了家仆、士兵、水手、警察、下级官吏等等、姘妇、马夫、小丑和丑角之外,这些非生产劳动者一般会有比以前高的教育程度;并且,特别是报酬菲薄的艺术家、音乐家、律师、医生、学者、教师、发明家等等的人数将会增加。①

在以上分析中,马克思实际上把"生产劳动"看成就是包括农业、工业在内的"物质生产",而"非生产劳动"则是物质生产以外的广义的"服务业",其中小丑、丑角、艺术家、音乐家的活动与当今所谓的"文化产业"有关——要特别强调的是:马克思把他所处时代的包括文化生产在内的广义"服务业"总体上看成是"非生产性"的劳动,即服务业"消耗"而不是"增大"剩余价值,而当代服务业的最大特点则是"产业化",也即成为"增大"剩余价值的活动,成为"第三产业"——但无论是"消耗"还是"增大"剩余价值,服务业作为直接的物质生产以外的活动,都是在从物质生产中流转出的剩余价值的基础上发展起来的。按照以上分析,撇开余暇和第三产业以外的活动,"用在直接生产上的时间"也即直接的物质生产的时间作为"生产劳动时间"与"第三产业"或广义的"服务业"的时间之比就是1∶2,与时间相互对应的是价值、财富,而对这种"1∶2"的比例可以有两种不同的分析方法:一是"加法",直接的物质生产创造1个单位的财富,服务业创造2个单位的财富;二是"减法",直

---

① 《马克思恩格斯全集》第26卷第1册,人民出版社1972年版,第218-219页。

接的物质生产创造3个单位财富,而其承担者只拥有或分割到1个单位的财富,2个单位的财富游离出物质生产而流转向服务业,或者说服务业分割到或"扣除"掉2个单位的财富——这两种"算法"都不改变社会财富的总量3,但揭示的关系与产生的影响非常不同:如果用"加法",包括第一、第二产业在内的物质生产(即当今所谓的"实体经济")与第三产业或服务业各自创造社会财富,似乎可以各自为政,互不相关,两者之间的比例就不是个特别重要的问题;而如果用"减法",则表明第三产业是在实体经济创造并从实体经济流转出来的财富的基础上发展起来的,社会财富在实体经济与第三产业之间的分配比例,就相对而言是个特别重要的问题了——马克思倾向于用"减法",他指出:在剩余价值总量一定的情况下,"花在资本所生产的商品上的收入(工资和利润)愈多,能用来购买非生产劳动者的服务的收入就愈少,反过来也是一样"①——这对于我们今天深入分析和准确把握包括文化产业在内的"非实体经济"与农业、工业等"实体经济"之间的关系,如何协调好文化产业与实体经济、文化建设与经济建设之间的社会财富配置等,具有重要启示。

下面再从"社会的总生产"的角度来看不同产业之间财富配置均衡的重要性。"生产商品的劳动部门按其必要性的程度而互相区别",而社会是按照这种"必要性的程度"并按照一定"比例"来在各种生产领域之间"分配"劳动量的:

> 任何一个民族,如果停止劳动,不用说一年,就是几个星期,也要灭亡,这是每一个小孩都知道的。小孩子同样知道,要想得到与各种不同的需要量相适应的产品量,就要付出各种不同的和一定数量的社会总劳动量。这种按一定比例分配社会劳动的必要性,决不可能被社会生产的一定形式所取消,而可能改变的只是它的表现形式,这是不言而喻的。自然规律是根本不能取消的。在不同的历史条件下能够发生变化的,只是这些规律借以实现的形式。②

而劳动量的按比例分配,也就是"时间"的按比例分配:

> 如果共同生产已成为前提,时间的规定当然仍有重要意义。社会为生产小麦、牲畜等等所需要的时间越少,它所赢得的从事其他生产,物质的或精神的生产的时间就越多。正象单个人的情况一样,社会发展、社会享用和社会活

---

① 《马克思恩格斯全集》第26卷第1册,人民出版社1972年版,第149-150页。
② 《马克思恩格斯文集》第10卷,人民出版社2009年版,第289页。

动的全面性,都取决于时间的节省。一切节约归根到底都是时间的节约。正象单个人必须正确地分配自己的时间,才能以适当的比例获得知识或满足对他的活动所提出的各种要求,社会必须合理地分配自己的时间,才能实现符合社会全部需要的生产。因此,时间的节约,以及劳动时间在不同的生产部门之间有计划的分配,在共同生产的基础上仍然是首要的经济规律。这甚至在更加高得多的程度上成为规律。①

"社会为生产小麦、牲畜等等所需要的时间"就是最严格意义上的"必要劳动时间",这种时间越少,则"剩余劳动时间"就越多,若从这种生产"游离"出去,"从事其他生产,物质的或精神的生产的时间"也即"自由时间"就越多:生产必要性的递减,与社会总生产的"必要劳动时间—剩余劳动时间"比例的递减是同步的,或者说,前者正是后者的体现。"社会必须合理地分配自己的时间",这对于社会的均衡、可持续发展至关重要,而"自由时间,可以支配的时间,就是财富本身","时间"按比例地分配,也就是"财富"按比例地配置——从这个意义上说,社会财富的配置结构,乃是马克思考察社会结构发展状况的一个重要的基本立足点。

在第一产业→第二产业→第三产业序列中,生产的必要性在递减,同时生产中的"自然性"因素也在递减,结合"必要劳动时间—剩余劳动时间"分析框架,我们大致可以勾勒出表2。

表2

时 间	必要劳动时间	剩余劳动时间			
因 素	自然因素	非自然因素			技 术
		文 化			
		产业文化化	文化产业化	文化非产业化	
资本形态	流动资本			固定资本	
				活固定资本	固定资本
生产目的	直接消费			非直接消费	
	物质消费	文化消费			
特 性	非生产性			生产性	
				人的生产性	物的生产性

---

① 《马克思恩格斯全集》第46卷上册,人民出版社1979年版,第120页。

（1）在后工业化转型过程中，"文化性"因素在产业体系中的增多，并不仅仅体现在文化产业成为支柱产业上，同时也体现为传统实体经济中"文化性"因素的增多——如果说前者涉及的是"文化的产业化"的话，那么，后者涉及的则是"产业的文化化"，这种"文化化"在生产领域表现为产品设计因素的增多，在流通领域表现为广告等支出的大幅度增多，等等。因此，过分机械地划分和割裂三大产业，无助于真正了解当代产业体系的整体特征——而马克思的"社会的总劳动""社会的总生产"理论，则有助于这方面的分析：相对于工业化转型，后工业化转型的特征就是"社会的总生产"中"文化性"因素的大幅度增多，相应的，"自然性"因素大幅度减少；当然，另一方面是"技术性"因素尤其高新技术因素的大幅度增多。

（2）在当代社会总生产力高度发达的产业体系中，"自然因素"的减少只是从"价值"上来说的，而不是从"物质材料"上来说的，即自然物质在资本总收益中所得份额在减少。整个产业体系中文化性因素的增多，似乎可以相应地减少自然性因素——但是，从西方当代现实来看，与包括文化产业成为支柱产业在内的后工业转型或消费社会转型紧密相伴随的，是全球生态问题的日趋严峻。从理论上来看，割裂地看，实体经济直接消耗自然资源较多，而作为"符号经济"的文化产业直接消耗的自然资源较少；但是，整体地看，文化符号经济与实体经济在当代"产业体系"中已连通为"一体"而成为无法割断的"产业链"，文化产业的发展必然会对实体经济产生连带作用。从西方已有教训来看，造成自然生态问题的过度消费，跟"文化（产品）消费"不无关联，如果片面追求文化产业利润的增大而过分刺激消费，在连为一体的消费链中，最终必然带来对物品的过度消费，从而影响自然生态——马克思的"社会的总生产"理论，对于我们充分认识和准确把握文化建设与生态建设之间的关系等有重要启示。

（3）文化符号经济的发展，必须建立在实体经济生产力水平不断提高的基础上，而从"社会的总生产"的角度来看：实体经济（农业、工业）相对于"社会"而言就是处于"必要劳动时间"中的生产，"非实体经济"则是处于"剩余劳动时间"中的生产，但对于实体经济的生产者来说，其劳动依然分成"必要劳动（时间）—剩余劳动（时间）"两部分，而"非实体经济"所需"剩余劳动时间"来自"实体经济"中的"剩余劳动时间"——非实体经济的发展，意味着社会总生产中"剩余劳动时间"的增大，而这首先要求实体经济中"剩余劳动时间"增大，也就要求实体经济生产力水平不断提高。社会总生产力水平的提高，必然会增大文化符号经济与实体经济之间财富配置的比例，而这种比例的增大如果是建立在实体经济本身生产力水平提高基础上的，就会在动态发展中达到新的均衡，反之则会打破两者之间的均衡。

以上强调的是：文化符号经济不能配置过多的社会财富，否则就会打破社会总生产比例的均衡——但这决不意味着配置到实体经济的社会财富越多越好，这种配置过多，也会打破社会总生产的比例平衡，而所产生的后果是"生产过剩"，即当今所谓的"产能过剩"。

（4）马克思关于"社会的总生产"的著名论述是"两大部类"说，"社会的总产品，从而社会的总生产，分成两大部类"——"生产资料"与"消费资料"，而消费资料又可分成"两大分部类"：(a)"必要消费资料"，(b)"奢侈消费资料。它们只进入资本家阶级的消费，所以只能和花费的剩余价值交换，而剩余价值是绝对到不了工人手中的"，"只要存在这种收缩或这种均衡过程，在生活资料的价格提高的情况下，从奢侈品的生产部门中抽出的资本，就会不断地追加到生活资料的生产上，一直到需求饱和为止。这时重新出现平衡，而整个过程的结果是，社会资本，从而货币资本，会按改变了的比例在必要生活资料的生产和奢侈品的生产之间进行分配"①——两个分部类之间社会资本（社会财富）的配置比例的平衡非常重要。马克思分析指出："要使劳动资料和生活资料作为按一定的利润率剥削工人的手段起作用，劳动资料和生活资料就周期地生产得太多了。要使商品中包含的价值和剩余价值能够在资本主义生产所决定的分配条件和消费关系下实现并再转化为新的资本，就是说，要使这个过程能够进行下去，不至于不断地发生爆炸，商品就生产得太多了"，而周期性生产得太多的"生活资料""商品"很大程度就是指"必要消费资料"，周期性生产得太多导致的后果是周期性的经济危机，而"一切现实的危机的最终根源，总是群众的贫穷和他们的消费受到限制"②，而根源又在：工人群众的"收入"只局限于再生产他们劳动力（生命力）也即维持基本生存的"工资"，而"剩余价值是绝对到不了工人手中的"，工人作为劳动力支出的主体不能分享到剩余价值，如此"奢侈消费资料"就"只进入资本家阶级的消费"。

生产力水平的提高，社会总生产"必要劳动时间—剩余劳动时间"比例的递减，在"消费资料"的生产上就表现为"必要消费资料—奢侈消费资料"及其生产之间比例的递减，也就是说，总生产中"剩余劳动时间"的增多，要求更多的社会财富转移、配置到"奢侈消费资料"的生产中去（撇开"生产资料"而论）——而当奢侈消费资料"只进入资本家阶级的消费"时，这种转移就受到了阻碍，过多的社会财富就会滞留在"必要消费资料"生产中，进而就会导致这种生产的过剩，最终导致经济危机——

---

① 《马克思恩格斯文集》第6卷，人民出版社2009年版，第448、377页。
② 《马克思恩格斯文集》第7卷，人民出版社2009年版，第287、548页。

那么，如何使社会财富游离出"必要消费资料"的生产而转移、流转到"奢侈消费资料"的生产中去呢？只能是扩大奢侈消费资料消费的人口，把工人群众中的一部分人口也纳入其中，而这就意味着这部分工人群众的"总收入"除了维持生存的"工资"外还能分享到一部分的"剩余价值"——从西方发达国家当代后工业转型的实际情况来看也正是如此，而工人大众也参与到奢侈消费中，就使"必要消费资料—奢侈消费资料"及其生产之间比例在递减中获得一种新平衡，一定程度上克服了必要消费资料的生产过剩及由此而来的周期性经济危机。

因此，当代中国使文化产业成为支柱产业的文化发展战略，是符合当代产业转型一般规律的——这也表明这不仅只是个文化问题，同时也是个重要的经济问题而关乎国家经济发展的整体战略。相对于维持基本生存的"必要消费资料"，文化产品是"非必要（非必需）"的"奢侈消费资料"，文化生产的大发展，必然要求社会成员中越来越多的人的"总收入"能够超过维持基本生存的"工资"——中国要想真正使文化产业成为支柱产业，同样要做到这一点。马克思强调，生产过剩的危机绝不仅仅只是经济问题，同时也是社会问题、政治问题；同样，克服生产过剩危机也就不仅具有经济意义，同时也具有社会意义、政治意义——这对当代中国文化产业的发展同样有重要启示。

六、剩余价值的支出：在"物"的生产性与"人"的生产性之间

下面再围绕"剩余价值的流转"，讨论文化的"非产业化"发展方式及其与生命价值观的关系等。在这方面，马克思有关"物"与"人"的生产性理论，对于我们今天考察文化的"非产业化"发展方式及其战略意义及产业转型中的技术性升级与文化性升级的关系等有重要启示。

前面指出，文化精神生产具有"生产性"的体现是可以使资本增加价值——这可以说体现的是"资本"的生产性，而马克思还强调了这一问题的另一方面：

> ……假定不存在任何资本，而工人自己占有自己的剩余劳动，即他创造的价值超过他消费的价值的余额。只有在这种情况下才可以说，这种工人的劳动是真正生产的（productive），也就是说，它创造新价值。①

在"不存在任何资本"的情况下，劳动本身的"生产性"所体现的就是人的劳动力本

---

① 《马克思恩格斯全集》第26卷第1册，人民出版社1972年版，第143页。

身的"生产性"——我们可以将以上这段论述与以下两段论述"互训"：

> 因为，首先，劳动这种生命活动、这种生产（productive）生活本身对人说来不过是满足他的需要即维持肉体生存的需要的手段。而生产（productive）生活本来就是类生活。这是产生生命的生活。一个种的整体特性、种的类特性就在于生命活动的性质，而人的类特性恰恰就是自由的自觉的活动……
>
> ……动物只是在直接的肉体需要的支配下生产，而人甚至不受肉体需要的支配也进行生产，并且只有不受这种需要的支配时才进行真正的生产……
>
> ……这种生产是人的能动的类生活……①

> 资产阶级经济学家受一定的社会历史发展阶段的观念的严重束缚，在他们看来，劳动的社会权力物化的必然性是跟这些权力同活劳动相异化的必然性分不开的。但是随着作为单纯单个劳动或者单纯内部的或单纯外部的一般劳动的活劳动的直接性质被扬弃，随着个人的活动被确立为直接的一般活动或社会活动，生产的物的要素也就摆脱这种异化形式；这样一来，这些物的要素就变成作为单个人的个人，不过是作为社会的单个人的个人借以再生产自身的财产，即有机的社会躯体。使个人在他们的生命的再生产过程中，在他们的生产性的生命过程（productive life's process）中处于上述状况的那些条件，只有通过历史的经济过程本身才能创造出来；这些条件既有客观的条件，也有主观的条件，它们只不过是同一些条件的两种不同的形式。②

"创造的价值超过他消费的价值的余额"中所谓的"消费"，就是指工人满足"直接的肉体需要"也即维持生存需要的对"直接需要的东西"的消费。如果工人的生产活动除了只能满足这种生存消费需要外而没有"余额"，其劳动就不具有"生产性"——也正是在此意义上，没有"余额"的动物的"生产"也是不具有"生产性"的。而这种没有余额、不具有生产性的劳动，就只是"生命的再生产"，或者准确地说就是动物式的生命的"简单的再生产"，即"动物只生产自身"；有"余额"因而也就不再是仅仅为了满足"直接的肉体需要"的人的生产才具有"生产性"，人"只有不受这种需要的支配时才进行真正的生产"也就表明：有"余额"、具有"生产性"的生产，对

---

① 《马克思恩格斯全集》第42卷，人民出版社1979年版，第96—97页。
② 《马克思恩格斯全集》第46卷下册，人民出版社1980年版，第361页。

于人来说才是"真正的生产",这种"生产性的生命过程"乃是人的生命的一种"扩大再生产"——从这个意义上来说,人的生命活动的"余额性""生产性"所体现的也是人的"种的类特性"或人不同于动物的本质所在,而且,这种余额意义上的"生产性",乃是人的生命的"自由的有意识"的特性不断发展起来的现实基础,或者说,人的生命活动的"生产性"恰恰是其"自由的有意识"的特性的基础,因而更具本源性。马克思把与作为实际劳动的"活劳动"相对的"资本"称为"死劳动",因此,劳动本身的"生产性"可以说是"活劳动"也即生命本身的"生产性",如果说不能产生"余额"的劳动只能是人的生命本身的"简单再生产"的话,那么,有"余额"的"生产性"劳动所体现的就是人的生命本身不断的"扩大再生产"的生生不息的过程。

顺带强调的是,在以上论述中,马克思实际上把"生产性"也视为人的本质特性,而这种"生产性"与"社会性",乃是马克思人学理论缺一不可的两大柱石:"生产性"是在人与物的自然关系中形成的,而"社会性"则是在人与人之间的关系中形成的;围绕物质生产活动来看,"生产性"与"生产力"相关,而"社会性"与"生产关系"相关——"生产性"理论在马克思历史唯物主义理论中至关重要。从两者关系来看,"生产性"其实是更具决定性的因素:动物也具有初步的"社会性",但正是由于其生命活动不具有"生产性",其"社会性"就不可能得到提升和发展;而正是人的"生产性"或人的生命活动的"生产性",使人的"社会性"得到不断的提升和发展——马克思对此其实是有很多相关具体分析的:人的"生产性"本质,具体表现为其劳动可以创造出剩余产品,剩余产品用于交换,就扩大了人的社会联系;不断提升的人的生产性,不断创造出更多的剩余产品,更多的剩余产品用于交换,人的社会联系也就随之不断扩大,人的社会性随之不断提升和发展。兹不多论。

马克思在讨论固定资本时也分析了"人"的生产性,"社会的生产力是用固定资本来衡量的,它以物的形式存在于固定资本中"①——另一方面,从某种意义上说,"人"也是某种"物","人作为自然存在物,而且作为有生命的自然存在物,一方面具有自然力、生命力,是能动的自然存在物;这些力量作为天赋和才能、作为欲望存在于人身上"②,社会的生产力也以"生命力""天赋和才能"的形式存在于人身上。马克思在讨论固定资本中穿插了对自由时间的分析,并提出人也是一种"固定资本":

真正的经济——节约——是劳动时间的节约(生产费用的最低限度——

---

① 《马克思恩格斯全集》第46卷下册,人民出版社1980年版,第210页。
② 《马克思恩格斯全集》第42卷,人民出版社1979年版,第167页。

和降到最低限度)。而这种节约就等于发展生产力。……

节约劳动时间等于增加自由时间,即增加使个人得到充分发展的时间,而个人的充分发展又作为最大的生产力反作用于劳动生产力。从直接生产过程的角度来看,节约劳动时间可以看作生产固定资本,这种固定资本就是人本身。

此外,直接的劳动时间本身不可能象从资产阶级经济学的观点出发所看到的那样永远同自由时间处于抽象对立中,这是不言而喻的。劳动不可能象傅立叶所希望的那样成为游戏,——不过,他能宣布最终目的不是把分配,而是把生产方式本身提到更高的形式,这依然是他的一大功绩。自由时间——不论是闲暇时间还是从事较高级活动的时间——自然要把占有它的人变为另一主体,于是他作为这另一主体又加入直接生产过程。对于正在成长的人来说,这个直接生产过程就是训练,而对于头脑里具有积累起来的社会知识的成年人来说,这个过程就是[知识的]运用,实验科学,有物质创造力的和物化中的科学。对于这两种人来说,由于劳动要求实际动手和自由活动,就象在农业中那样,这个过程同时就是身体锻炼。①

在此意义上,也可把"人"称为"活固定资本","人"这种"活固定资本"同样是"衡量"社会的生产力的一个重要标准(参见表2)。"个人的充分发展又作为最大的生产力反作用于劳动生产力"从而提高物质生产的生产力,使物质生产本身的"质量"和自由度得到大大提高:

不言而喻,随着雇主和工人之间的社会对立的消灭等等,劳动时间本身——由于限制在正常长度之内,其次,由于不再用于别人而是用于我自己——将作为真正的社会劳动,最后,作为自由时间的基础,而取得完全不同的、更自由的性质,这种同时作为拥有自由时间的人的劳动时间,必将比役畜的劳动时间具有高得多的质量。②

那么,把"人"这种"活固定资本"与"死固定资本"联系在一起的东西是什么?是"时间"。关于"死固定资本"与"时间"的关系,马克思分析指出:

---

① 《马克思恩格斯全集》第46卷下册,人民出版社1980年版,第225-226页。
② 《马克思恩格斯全集》第26卷第3册,人民出版社1974年版,第282页。

再从另一方面看,固定资本的发展也表明一般财富发展的程度,或者说资本发展的程度。直接以使用价值为目的的生产,以及直接以交换价值为目的的生产,其对象都是供消费用的产品本身。生产固定资本的那部分生产既不生产直接的消费品,也不生产直接的交换价值,至少不生产可以直接实现的交换价值。因此,越来越大的一部分生产时间耗费在生产资料的生产上,这种情况取决于已经达到的生产率水平,取决于用一部分生产时间就足以满足直接生产的需要。

这就要求社会能够等待;能够把相当大一部分已经创造出来的财富从直接的享受中,也从以直接享受为目的的生产中抽出来,以便(在物质生产过程本身内部)把这一部分财富用到非直接生产的劳动上去。①

"文化产业"某种程度上就是以"直接享受为目的"的生产——尽管是为了文化精神享受,因而属于"消费资料"生产这一部类(在马克思两大部类理论中又属于相对于必需品的奢侈消费资料范畴)。因此,文化产业与固定资本尤其是技术含量高的机器体系的生产之间的平衡也非常重要。前已指出,当代产业转型既体现为文化性因素的增加(产业的文化性升级),也体现为技术性因素的增加(产业的技术性升级),而技术性因素的增加关乎固定资本的生产。进一步说,固定资本又直接跟实体经济相关,固定资本尤其是技术含量高的机器体系的不断发展,会不断提高实体经济的生产力水平,而实体经济生产力水平的提高,则是包括文化产业在内的非实体经济发展的必要基础。从社会财富配置的角度来看,过多财富配置到提高社会总生产中的文化性因素,就会相应地减少提高技术性因素所需的社会财富——在产业升级中,这两者之间的社会财富配置比例至关重要:为了增加当代产业体系中的技术性因素,就不能片面过度地发展文化产业,而这同样"要求社会能够等待"——马克思的这句警语,对于我们今天认识和把握产业转型中的技术性升级与文化性升级、文化符号经济与实体经济之间的关系及相关的社会财富配置等关乎国家整体发展战略的问题,有重要启示。

七、"人"的生产性、个人的发达的生产力:在财富观与价值观之间

"人"的生产性,不仅关乎文化的"非产业化"方式,而且还关乎一种独特的生命价值观。以上主要考察了发生在文化活动与包括物质生产在内的其他社会活动之间的社会财富(剩余价值、自由时间等)的流转、配置,而财富配置的方式或结构,又

---

① 《马克思恩格斯全集》第 46 卷下册,人民出版社 1980 年版,第 220 页。

往往是在某种价值观支撑下形成的——从这个角度来说,马克思所揭示的资本主义社会的对抗性,也表现为社会财富配置方式或结构的对抗性,而支撑资本主义社会财富配置的是一种独特的财富观或价值观——马克思在批判性分析这种对抗性的财富观或价值观的基础上,也提出了建立在"人"的生产性基础上的支撑社会发展的合理的财富观或价值观——这对于我们探讨文化的"非产业化"发展方式的战略意义、当今国家整体发展战略中社会主义核心价值观的建构等,有重要启示。

我们先回到《资本论》第四卷对"生产性"的辨析中来——马克思在辨析斯密第二种定义即把"生产劳动"看成是"物化在商品中的劳动"的定义时分析指出:

> ……整个"商品"世界可以分为两大部分:第一,劳动能力;第二,不同于劳动能力本身的商品。有一些服务是训练、保持劳动能力,使劳动能力改变形态等等的,总之,是使劳动能力具有专门性,或者仅仅使劳动能力保持下去的,例如学校教师的服务(只要他是"产业上必要的"或有用的)、医生的服务(只要他能保护健康,保持一切价值的源泉即劳动能力本身)——购买这些服务,也就是购买提供"可以出卖的商品等等",即提供劳动能力本身来代替自己的服务,这些服务应加入劳动能力的生产费用或再生产费用。……医生和教师的劳动不直接创造用来支付他们报酬的基金,尽管他们的劳动加入一般说来是创造一切价值的那个基金的生产费用,即加入劳动能力的生产费用。①

马克思指出:"斯密本应承认,生产劳动或者是生产商品的劳动,或者是直接把劳动能力本身生产、训练、发展、维持、再生产出来的劳动。亚·斯密把后一种劳动从他的生产劳动项目中除去了。""把劳动能力本身生产、训练、发展、维持、再生产出来的劳动",马克思也称之为"创造劳动能力本身的劳动"②,而"自由时间"可以"用于发展不追求任何直接实践目的的人的能力和社会的潜力(艺术等等,科学)",因此,除了教育、医疗卫生等活动外,存在于"自由时间"中的作为"自由的精神生产"的艺术活动等,也具有"创造""发展"或培育"劳动能力本身"的功能——而这是以斯密为代表的资产阶级经济学家所没有认识到的。

那么,斯密为什么会把"创造劳动力本身的劳动"从"生产劳动项目中"除去了呢?这跟斯密对"劳动"的社会意义的基本认识也即其基本的"劳动观"有关。马克

---

① 《马克思恩格斯全集》第26卷第1册,人民出版社1972年版,第159-160页。
② 《马克思恩格斯全集》第26卷第1册,人民出版社1972年版,第164页。

思在分析"亚·斯密把工人劳动看作牺牲的观点。剥削的社会中劳动的对抗性质和共产主义制度下真正自由的劳动"时指出：

>……一个人"在通常的健康、体力、精神、技能、技巧的状况下"，也有从事一份正常的劳动和停止安逸的需求，这在斯密看来是完全不能理解的。诚然，劳动尺度本身在这里是由外面提供的，是由必须达到的目的和为达到这个目的而必须由劳动来克服的那些障碍所提供的。但是克服这种障碍本身，就是自由的实现，而且进一步说，外在目的失掉了单纯外在必然性的外观，被看作个人自己自我提出的目的，因而被看作自我实现，主体的物化，也就是实在的自由，——而这种自由见之于活动恰恰就是劳动，——这些也是亚·斯密料想不到的。
>
>不过，斯密在下面这点上是对的：在奴隶劳动、徭役劳动、雇佣劳动这样一些劳动的历史形式下，劳动始终是令人厌恶的事情，始终是外在的强制劳动，而与此相反，不劳动却是"自由和幸福"。这里可以从两个方面来谈：一方面是这种对立的劳动；另一方面与此有关，是这样的劳动，这种劳动还没有为自己创造出（或者同牧人等等的状况相比，是丧失了）这样一些主观的和客观的条件，在这些条件下劳动会成为吸引人的劳动，成为个人的自我实现，但这决不是说，劳动不过是一种娱乐，一种消遣，就象傅立叶完全以一个浪漫女郎的方式极其天真地理解的那样。真正自由的劳动，例如作曲，同时也是非常严肃，极其紧张的事情。
>
>……
>
>不过，斯密所想到的仅仅是资本的奴隶。例如，甚至中世纪的半艺术性质的劳动者也不能列入他的定义。……纯粹消极的东西什么也不创造。例如，如果劳动使工人愉快，——正象西尼耳所说的节欲无疑会使守财奴得到愉快一样，——那么，产品不会失掉丝毫价值。
>
>……
>
>亚·斯密是从心理方面来考察劳动的，是从劳动使个人愉快或不愉快这方面来考察的。但是除了个人对自己的活动在情绪方面的关系以外，劳动毕竟还是某种别的东西，首先，对他人来说是这样，因为 A 的单纯牺牲，对 B 没有什么好处；其次，是个人本身对他所加工的物和对他自己的劳动才能的一定关系。劳动是积极的、创造性的活动。①

---

① 《马克思恩格斯全集》第 46 卷下册，人民出版社 1980 年版，第 111-116 页。

以上论述可见马克思与以斯密为代表的资产阶级经济学家的"劳动"观在多种层面的差异:

首先是在心理学或人性需求论上的差异。马克思认为,"人作为自然存在物,而且作为有生命的自然存在物,一方面具有自然力、生命力,是能动的自然存在物;这些力量作为天赋和才能、作为欲望存在于人身上",在"人和自然之间的物质变换"这种劳动过程中发挥出自身的作为"天赋和才能"的"自然力、生命力",乃是人的一种"欲望"或"需求",也正是在此意义上,"我的劳动是自由的生命表现,因此是生活的乐趣",而异化劳动使人"放弃生产的欢乐和对产品的享受"①。马克思还强调,在劳动活动需要某种"有目的的注意",人"越是不能把劳动当作自己体力和精神力的活动来享受,这种注意越是必要"——反过来说,人是可以把自己的劳动当作"自己体力和精神力的活动"来"享受"的——恩格斯就直接指出:"自愿的生产活动是我们所知道的最高的享受"②,"生产劳动给每一个提供全面发展和表现自己全部的即体力和脑力的能力的机会,这样,生产劳动就不再是奴役人的手段,而成了解放人的手段,因此,生产劳动就从一种负担变成一种快乐"③——而凡此种种"在斯密看来是完全不能理解的"。从劳动活动的驱动力来看,马克思、恩格斯认为,劳动本身就是人的一种"欲望"或"需求"——可称之为"生产性需求",而这种"生产性需求"本身就可以成为劳动活动的驱动力;而在斯密看来,工人劳动是一种"牺牲",而驱使工人不得不从事这种作为牺牲的劳动的动力,来自"利益性需求",即获得工资以满足维持生存的消费需求。

其次,人性需求论的差异又跟自由观的差异密切相关。在马克思看来,劳动本身就可以是人的一种"自由的实现",或者说,劳动活动本身就可以体现人的一种"实在的自由"——我们可以将这种存在于劳动之"内"的"实在的自由"称为"生产性自由"——"这些也是亚·斯密料想不到的",斯密以降,资产阶级思想家不断标榜各种自由,但他们所标榜的各种"自由"往往存在于劳动之"外"。兹不多论。

再次,更为重要的是,以上劳动观的不同,也体现了社会发展观的不同。马克思强调:"只要社会还没有围绕着劳动这个太阳旋转,它就绝不可能达到均衡。"④而马克思也正是紧紧围绕"劳动"来考察社会发展状况的:"这种劳动还没有为自己创造出(或者同牧人等等的状况相比,是丧失了)这样一些主观的和客观的

---

① 《马克思恩格斯全集》第42卷,人民出版社1979年版,第167、38、99页。
② 《马克思恩格斯全集》第2卷,人民出版社1957年版,第404页。
③ 《马克思恩格斯全集》第20卷,人民出版社1971年版,第318页。
④ 《马克思恩格斯全集》第18卷,人民出版社1964年版,第627页。

条件,在这些条件下劳动会成为吸引人的劳动,成为个人的自我实现",当然也是"自由的实现"。前面还引用了马克思这样的论述:"使个人在他们的生命的再生产过程中,在他们的生产性的生命过程(productive life's process)中处于上述状况的那些条件,只有通过历史的经济过程本身才能创造出来;这些条件既有客观的条件,也有主观的条件,它们只不过是同一些条件的两种不同的形式"——这些论述体现了马克思基本的社会发展观:在马克思看来,使作为"生产性的生命过程"的"劳动",成为"吸引人的劳动""个人的自我实现"和"自由的实现",乃是人类社会发展的"目的",而这种"目的"单凭人的主观愿望是不能实现的,而需要通过发展生产力来为实现这种"目的"不断地创造"主观的和客观的条件"——资本主义生产方式的历史进步性,就表现在它是创造这些"主观的和客观的条件"的最高效的方式,而其历史对抗性又表明:"人们还处于创造自己社会生活条件的过程中,而不是从这种条件出发去开始他们的社会生活","全面发展的个人——他们的社会关系作为他们自己的共同的关系,也是服从于他们自己的共同的控制的——不是自然的产物,而是历史的产物。要使这种个性成为可能,能力的发展就要达到一定的程度和全面性,这正是以建立在交换价值基础上的生产为前提的,这种生产才在产生出个人同自己和同别人的普遍异化的同时,也产生出个人关系和个人能力的普遍性和全面性。"[①]"能力的发展就要达到一定的程度和全面性",一方面是主观条件,即"人"的生产性的全面提升,另一方面要拥有这种主观条件同时也需要创造一定程度的客观条件,即"物"的生产性的全面提升。

最后,马克思的社会发展观,又与其财富观、价值观密切相关。一方面,马克思对资本主义生产方式在创造财富上的历史进步性有充分的肯定:

> 李嘉图把资本主义生产方式看作最有利于生产、最有利于创造财富的生产方式,对于他那个时代来说,李嘉图是完全正确的。他希望为生产而生产,这是正确的。如果象李嘉图的感伤主义的反对者那样,断言生产本身不是目的本身,那就忘记了,为生产而生产无非就是发展人类的生产力,也就是发展人类天性的财富这种目的本身。[②]

"发展人类天性的财富"就是提升"人"的生产性。另一方面,马克思对采取"狭隘的

---

① 《马克思恩格斯全集》第46卷上册,人民出版社1979年版,第108-109页。
② 《马克思恩格斯全集》第26卷第2册,人民出版社1973年版,第124页。

资产阶级形式"的财富观的历史对抗性也有充分的揭示:"如果抛掉狭隘的资产阶级形式","财富岂不正是人的创造天赋的绝对发挥吗？这种发挥,除了先前的历史发展之外没有任何其他前提,而先前的历史发展使这种全面的发展,即不以旧有的尺度来衡量的人类全部力量的全面发展成为目的本身",而"在资产阶级经济以及与之相适应的生产时期中,人的内在本质的这种充分发挥……则表现为为了某种纯粹外在的目的而牺牲自己的目的本身"①。"人的创造天赋的绝对发挥"就是"人"的生产性的绝对提升。马克思强调:"真正的财富就是所有个人的发达的生产力","个人的发达的生产力"是"个人的自我实现"和"自由的实现"的"主观条件",除此之外还需要"客观条件"——也可以说:"个人的发达的生产力"这种"人的内在本质"的充分发挥、"人"的生产性的全面提升,乃是人类社会发展的"目的",而实现这种目的需要"客观条件"——通常所谓的"物质财富"就是指这种"客观条件",这是实现"人类力量的全面发展"这一"目的"的"手段",而资本主义生产方式却为了"物质财富"这种"纯粹外在的目的"而牺牲"人类力量的全面发展"这种"目的本身",或者说,为了提升"物"的生产性,恰恰压抑"人"的生产性全面、充分提升——这在价值观上就表现为"拜物教"或"拜金主义"——这表明人们"不是从这种条件出发去开始他们的社会生活",也就是说:不是把物质财富"转化"为自己充分发挥个人发达生产力这种社会生活的现实手段,反而以物质财富本身为目的,而作为目的的个人发达生产力的发挥反而成为增加物质财富的手段。另一方面,马克思又反复强调"自由时间,可以支配的时间,就是财富本身",而"自由时间都是供自由发展的时间",如果说"自由发展"是目的的话,那么,自由时间这种财富就是实现这一目的的客观条件:

> ……自由时间,可以支配的时间,就是财富本身:一部分用于消费产品,一部分用于从事自由活动,这种自由活动不象劳动那样是在必须实现的外在目的的压力下决定的,而这种外在目的的实现是自然的必然性,或者说社会义务——怎么说都行。②

自由时间这种财富被用于"从事自由活动",也就被"转化"为"自由发展"的现实手段:这种自由发展活动不是在"外在目的"的压力下决定,就是以自由发展本身为

---

① 《马克思恩格斯全集》第46卷上册,人民出版社1979年版,第486页。
② 《马克思恩格斯全集》第26卷第3册,人民出版社1974年版,第282页。

"内在目的"——资本主义生产方式以物质财富为目的,"人的内在本质的这种充分发挥"就表现为"为了某种纯粹外在的目的而牺牲自己的目的本身",或者说,为了提升"物"的生产性而牺牲"人"的生产性。

人类文明和思想史上不乏对"拜物教"或"拜金主义"的批判,而马克思批判的独特性在于其是紧紧围绕"劳动"这种"生产性的生命过程"来展开的。与拜金主义相关的是享乐主义,在这方面应注意两点:① 尽管两者密切相关,但是,相对于享乐主义,拜金主义更能体现资本主义的独特本质;② 拜金主义关乎生产,而享乐主义关乎消费——马克思并不否定人在消费活动中获得享受的价值,但是更强调在劳动这种"生产性的生命过程"中所获得的享受——前者可称为"消费性"享受,后者则是"生产性"享受,以此来看,作为资本主义价值观的享乐主义的问题不是在"享乐"本身,而在是否弃"生产性"享受而片面鼓吹"消费性"享受。

八、文化战略与价值观的社会主义特性:在"生产性"与"可分享性"之间

价值观其实也是随着社会的发展而有所变化的,我们对社会主义价值观或者价值观的社会主义特性的认识,也应随着时代的发展而有所调整和拓展。"只要社会还没有围绕着劳动这个太阳旋转,它就绝不可能达到均衡",我们考察价值观,同样要围绕着"劳动这个太阳"展开:劳动的实际进行,需要客体与主体两方面条件,在人类不断地再生产和累积性发展过程中,劳动的客体条件越来越不是主要表现为自然性的物质,而是主要表现为社会性的财富——尤其到了以扩大再生产为生存条件的资本主义,劳动的客体条件更是越来越表现为是社会财富即"剩余价值"——在此状况下,劳动的客体条件可以一般性地表述为:总需要社会"支出"一定的剩余价值;而劳动的主体条件可以一般性地表述为:总需要个人"支出"一定的劳动力。因此,我们考察"劳动"的特性,也就可以从剩余价值"支出"方式的特性、劳动力"支出"方式的特性两方面展开,这其中,前者又首先决定后者:当支出剩余价值是为了获得更多剩余价值时,这种"生产性"的支出方式,就决定着在此条件下进行的劳动力的支出必然是"生产性"支出——这就是资本主义的剩余价值的支出方式,同时也是在资本主义条件下劳动力的支出方式;但是,人类社会早已存在而且资本主义后人类社会还将更大规模地存在劳动力"非生产性"的支出方式,这其中就包括马克思所谓的"自由的精神生产""真正自由的劳动",而劳动力非生产性支出又取决于剩余价值的非生产性支出,或者说,要让劳动力支出活动能够"分享"到一定剩余价值——我们可以从此出发来讨论价值观问题,尤其是支撑社会整体发展的价值观问题。

前文已指出,拜金主义是资本主义(资产阶级)的价值观,与之相关的还有所谓"个人主义"——与此针锋相对,我们曾把社会主义的价值观之一表述为"集体主义"。再如,倡导自由、平等、竞争等,也被资本主义社会标榜为自己的价值观:其所倡导的平等实际上是有限制的(只强调人格、形式上的平等);似乎倡导无限制的自由、无限制的竞争的"自由主义"则成为资本主义的主流意识形态之一。"只要社会还没有围绕着劳动这个太阳旋转,它就绝不可能达到均衡":资产阶级所倡导的个人主义、自由主义是建立在拜金主义基础上的,所强调的是对作为"劳动"的客观条件、体现"物"的生产性的社会财富的个人占有的自由,牺牲掉的则是个人在"劳动"这种"生产性的生命过程"充分而全面发挥出自身劳动力也即生命创造力的自由,简而言之,鼓吹的只是"物"的生产性的自由,牺牲的是"人"的生产性的自由。那么,个人如何才能获得生产性自由呢?那就需要个人所从事的"劳动"这种"生产性的生命过程"能"分享"到作为社会财富的剩余价值(自由时间等)——这种紧密联系在一起的"分享性"与"生产性",可以成为我们在当代时代条件下认识和把握社会主义价值观、积极应对全球流布的资本主义价值观的重要立足点:让劳动力支出的主体分享剩余价值,让劳动力支出的活动分享剩余价值,似可成为当今社会主义价值观的核心表述的两个基本方面。关于社会财富的分享,常常主要指发生在人与人之间的分享,而"围绕着劳动这个太阳旋转",社会财富(剩余价值等)的分享也可发生在人的活动与活动之间:如果说发生在人与人之间的财富分享有利于保障平等的话,那么,发生在活动与活动之间的财富分享则有利于促进自由——这些可以成为当今资本全球化进程中社会主义的价值制高点。

片面重视"物"的生产性,在价值观上就形成了所谓拜物教或拜金主义,这种价值观伴随着私有制的产生而早就产生了,但只有到了资本主义时期才成为支撑其社会发展的核心价值观。当然,资本主义配置财富的方式及其价值观也是不断有所调整、有所发展的。当代资本主义核心价值观重要调整的一个突出例子,当是1941年美国总统富兰克林·罗斯福致国会的年度咨文中提出的所谓的"四大自由",尤其是其中的"免于匮乏的自由":在这四大自由中,"第一是言论和表达思想的自由","第二是每个人以自己的方式表达信仰的自由"——这两种自由都是传统自由主义曾强调过的——"第四是免于恐惧的自由",主要指避免战争等;"第三是免于匮乏的自由",即"需要保障的人得到保障","我们应该让更多的人享有养老金和失业保险金","我们应该扩大充分医陪护理的机会"[①]——这种"免于匮乏的自

---

① [美]约翰·杜威等著,欧阳梦云等译:《自由主义》,世界知识出版社2007年版,第63-64页。

由",却是传统自由主义所没有甚至反对的。美国经济学家加耳布雷思分析指出:

> ……虽然绝少有人把斯密和下列观念等同起来,但这是在社会评论史上也许是最有影响而且肯定是最令人沮丧的格言的一个开端——这观念是:人民大众(所有借某种工作来谋生而不问其在工业部门还是在农业部门的工作者)的收入不能够在很长时期内大大地高过必需维持种族生存的最低水平。这是不朽的(工资)铁律,由李嘉图加以肯定,再有马克思加以改装,最后成为在意识形态上向资本主义进攻的主要武器。
>
> ……
>
> 马尔萨斯和李嘉图所留给普通人的经济展望是非常暗淡的。他的正常希望是生活在饥饿的边缘上。比这更好的任何事情都是不正常的。经济进步将增加一般说来早已富裕者的财富,而不是大众的财富。我们对此无能为力。而这些已是超过他们这两位大师的荒唐结论了。这些结论可以被认作近代经济思想所赖以建立的命题。①

马克思对此有很多分析:

> 本质的关系是,工人不占有产品中的任何份额,他同资本家的交换,不是使他能分享产品,却是根本排斥他去分享产品本身……②

> 当一切经济学家谈论资本和雇佣劳动、利润和工资的现存关系,并向工人证明,工人无权分享取得利润的机会的时候,当他们想劝慰工人安于对资本家的从属地位的时候,他们总是向工人指出,工人与资本家正好相反,工人取得收入的某种固定性,这在或大或小的程度上并不为资本的巨大冒险行为所左右。③

对拒绝分享剩余价值的工资铁律进行辩护的基本依据,是市场交易的"公平"原则:工人出卖的只是劳动力,因此获得自然就只能是作为再生产劳动力的费用的"工资",如能"分享"利润(剩余价值),其收入就超过"工资",这就有违市场交易的"公

---

① [美]加耳布雷思著,徐世平译:《丰裕社会》,上海人民出版社1965年版,第22、29页。
② 《马克思恩格斯全集》第47卷,人民出版社1979年版,第625页。
③ 《马克思恩格斯全集》第46卷上册,人民出版社1979年版,第15页。

平"原则,而为了维持这种"公平"交易原则,就必须始终让工人只能获得维持基本生存的工资——在当代资本主义社会中,工人大众的收入超过了维持基本生存的水平——这表明:工人大众或者说劳动力支出的主体一定程度上"分享"到了一部分剩余价值,传统的"工资铁律"被突破了,甚至市场交易原则的公平性也一定程度上被打破——我们可以把这种突破视为两大原则 Share vs Fare 之中 Share 原则所取得的胜利——这种"公平"原则的被打破,至今依然让市场自由主义者或"市场原教旨主义者"耿耿于怀。

马克思《工人议会》一文指出:"工人除了具有分享企业主的利润的不可争辩的权利之外,还具有另一种更加不可争辩的权利,即成为自己劳动的支配者的权利。"① "分享"利润(剩余价值)乃是工人"不可争辩的权利",罗斯福所谓"免于匮乏的自由",就是建立在工人"分享企业主的利润"基础上的——传统自由主义会把言论自由、信仰自由等看作基本人权,却不会把这种工人分享利润而有违市场公平交易原则的"免于匮乏的自由"视为基本人权。当今西方发达国家通过建立社会福利保障制度等使工人大众实际地获得了"免于匮乏的自由",这至少体现了紧密联系在一起的几方面的突破:一是一定程度上摆脱了人类历史上一直没能摆脱的普遍性贫困;二是一定程度上摆脱了传统资本主义由生产过剩所引发的经济危机的周期性困扰;三是与传统资本主义相比,社会财富配置的"主体"不再仅仅只是市场,国家(政府)也成为配置财富的主体②。从美国第二次世界大战前后的实际情况来看,与此相关的自由价值观,不仅是"说"出来的,同时也是"做"出来的。这种实际地"做"出来的价值观,对于社会大众就具有较大的凝聚力和感召力,对于美国最终取得反法西斯战争的胜利及在第二次世界大战后的大发展,起到了重要作用——这对我们今天的价值观建设当有一定启示。

但是,自我改良、调整后的当代资本主义依然存在着内在的对抗性。"免于匮乏的自由"是指一种"消费(性)自由"(consumptive freedom),在这里需要引入恩格斯的三大生活资料说:"把动物社会的生活规律直接搬到人类社会中来是不行的。一有了生产,所谓生存斗争便不再围绕着单纯的生存资料进行,而要围绕着享受资料和发展资料进行。在这里——在社会地生产发展资料的情况下——从动物界来的范畴完全不能应用了。"③ 仅仅只能消费"单纯的生存资料"的消费活动是不自由

---

① 《马克思恩格斯全集》第10卷,人民出版社1962年版,第138页。
② 这方面的相关分析,参见拙作《超越"历史周期律"与"资本周期律":重启改革的底线共识》,《探索与争鸣》2013年第2期,第40—45页。
③ 《马克思恩格斯全集》第20卷,人民出版社1971年版,第652—653页。

的,而消费"享受资料"的消费活动则相对而言是自由的;我们把不再是为了维持"单纯的生存"而可以使用"发展资料"的生产活动的自由,称为"生产性自由"(productive freedom)——这种"生产性自由"与通常所说的"劳动的权利""工作的权利"有关,即也是一种基本人权,但这一概念还强调要通过改善劳动、工作方式使劳动、工作本身逐步变得自由而有意义。相对于罗斯福所谓的"四大自由",我们不妨把这种"生产性自由"称为"第五大自由"。摆脱普遍贫困后,当代资本主义社会成为普遍富裕的消费社会,工人大众一定程度上获得了"消费性自由"即"免于匮乏的自由",但又产生了新的问题:工人大众依然没有获得"生产性自由",由此产生了一系列相关问题——解决问题的路径是:让大众获得"第五大自由"即"生产性自由"——而这意味着不仅仅要让劳动力支出的主体、让大众的消费活动"分享"剩余价值,还要让大众生产活动也即劳动力支出的活动也"分享"剩余价值,即对剩余价值之可分享性原则的进一步拓展——这一点对当代西方社会的实际状况特别具有针对性:蓝领产业工人数在总人口中所占比例日趋减小,股份制使即使收入较少的蓝领工人也可以成为"小股东"而获得资本(财产)收益,单纯靠支出劳动力而获得收入的传统意义上的纯粹"工人"日趋减少——但是,严重不均衡依然存在:富人们如企业高管也支出劳动力而获得收益,但在其总收益中是微不足道的,或者说其总收益远远超过其所支出的劳动力的价值;另一方面,蓝领工人等依然主要靠支出劳动力获得收益,其作为"小股东"的资本收益是微不足道的——因此,提出让劳动力支出的主体分享剩余价值,就依然具有现实针对性;而白领阶层分享到了较多剩余价值,但其以赚钱为目的的劳动力支出活动本身依然没有分享到剩余价值,提出让劳动力支出的"活动"分享剩余价值,就同样具有现实针对性,甚至具有更普遍的针对性。

最后回到当代中国特色社会主义文化战略上来。作为当代中国化马克思主义文化战略学的纲领性文件,《中共中央关于深化文化体制改革推动社会主义文化大发展大繁荣若干重大问题的决定》强调了文化战略与"人的全面发展""社会主义核心价值观"等的密切联系。与片面重视"物"的生产性的拜物教或拜金主义价值观相对,重视"人"的生产性,保障平等,促进自由,应成为当代中国社会主义核心价值观之一——而这正是"以人为本"的科学发展观,在社会发展动力论和人生价值观上的体现或落实;在文化发展方式上,"非营利性"的"文化事业"与"营利性"的文化产业并重,则是这种核心价值观在国家文化发展战略中的落实。从与经济建设的关系来看,非营利性的文化事业的发展,不仅不"增加"而且还要"消耗"社会财富,但这种"消耗"恰恰是一种"转化":首先是转化为保障平等的现实手段,即"保障人民基本文化权益"平等的现实手段,在物质需要基本满足之后,文化权益上的平等将变得越来越重要——而这表明文化事业的发展,不仅仅是文化建设问题,同时也关乎社会建设、政治建设等;其次是转化为促进自由的现实手段,即转化为激发"全民族文化创造活力持续迸发"、促进"人的全面发展"或全面提升"人"的生产性的现实手段。直接提升"人"的生产性,还关乎社会生产的内涵式发展:通过提升"人"的生产性而非过度消耗自然资源来增加社会财富——这在全球能源危机、生态危机的现实状况下具有特别重要的意义。文化"内部关系"上文化事业、文化产业这两种发展方式之间的协调,跟文化"外部关系"上文化建设与经济建设、政治建设、社会建设及生态建设之间的协调,是相互贯通的,这些内外关系的协调、贯通,只能建立在社会财富合理、均衡的配置结构上——而重视"人"的生产性的核心价值观,则可以成为这种合理、均衡的财富配置结构形成的一个重要支撑点——凡此种种既关乎文化发展战略,同时也关乎国家整体发展战略。①

随着美国等西方发达国家步入更为成熟的丰裕消费社会,更多的人获得了免于匮乏的自由,而跟过度消费相关的"消费主义"价值观,也随着全球化的迅猛发展而广为流布、大行其道,并产生了一系列的社会、政治、经济、文化及生态后果②。马克思认为,个人在"劳动"这种"生产性的生命过程"中自由而充分地发挥出自身创造力,乃是个人实现自身生命价值、生活意义的重要途径之一——这其中存在的自由就是人的"生产性自由"。而相对而言,"免于匮乏的自由"主要是指人的"消费性自由":如果说当代资本主义已较为成功地使人获得消费性自由的话,那么,它还能进一步使人获得生产性自由吗?这对高度发达的当代资本主义来说应是一个极具挑战性的问题,而《共产党宣言》中"每个人的自由发展是一切人的自由发展的条件"这一命题所体现出的自由价值观,对当代资本主义就依然具有挑战性。人的消费性自由,确实是人的自由的一个不可或缺的组成部分,但当今不见趋缓的全球贫富分化、生态冲突,显然跟片面鼓吹人的消费性自由从而刺激过度消费这种价值观密切相关——坚定选择社会主义发展道路的当今中国,在对这种全球流布的消费主义价值观的主动应对、有所矫正上,当可以有所作为,而这方面的价值观建设,不仅有利于中国的和谐、可持续发展,对于世界的和谐、可持续发展也有重要启示。

总之,弘扬重视"人"的生产性和财富的可分享性以保障平等、促进自由的核心

---

① 这方面的详细阐述,参见拙作《协调文化发展内外关系关乎科学发展大势》,中国社会科学网,http://www.cssn.cn/sf/bwsf_wh/201312/t20131205_895502.shtml。
② 这方面的详细分析,参见拙作《消费主义的后果分析》,《长江师范学院学报》2010年第6期,第1-7页。

价值观,并通过社会财富合理的战略性配置来落实这种价值观,对内有助于凝聚向心力、激发创造力,对外则有利于在价值和道义的制高点上塑造和展现社会主义中国的国家形象、推进和谐世界建设——对这些方面的问题加以深入、系统的探讨,应成为当代中国马克思主义文化战略学研究重要的时代使命。

走向全球对话主义：超越"文化帝国主义"及其批判者①

中国社会科学院文学研究所研究员　金惠敏

一、全球化作为一种新的哲学

学界正在认识到，全球化不仅是我们必须面对的一个对象，它就在我们眼前，似乎伸手可及，而且也必须成为我们考察一切现象所由以出发的一个视点。这就是说，在全球化的诸类后果之中，还有一个日益明晰下来的哲学后果：全球化将作为一个超越了现代性与后现代性之对立的新的哲学概念。它是现代性，也是后现代性，更重要的是，它同时就是这二者，以及这二者之间复杂的动态关系。

这一或许本应由哲学家来提炼的时代命题，现在却是由社会学家为我们暗示出来的。吉登斯在其《现代性的后果》一书之末章概括指出："现代性的根本后果之一是全球化。它远不止是西方制度向全世界的弥漫，其他文化由此而被摧毁；全球化不是一平衡发展的过程，它在粉碎，也在整合，它开启了世界相互依赖的新形式，其中'他者'再一次地不存在了。……从其全球化之趋势看，能说现代性特别地就是西方的吗？不能。它不可能如此，因为我们在此所谈论的，是世界相互依赖的新兴形式与全球性意识。"②吉登斯没有否认全球化的现代性方面，即将西方制度向全世界推广的帝国主义计划，但他更倾向于看到这一帝国主义计划在实施过程中的失败以及由此所带来的各民族和国家的相互依赖——与吉登斯不同，我们称此为全球化的"后现代性"维度，这也是他在别处所断言的，全球化将导致一个"失控的世界"③。

关于全球化之为"后现代性"，汤姆林森的激进立场可能令每一位严肃的学者瞠目结舌。他那本轰动一时的《文化帝国主义》(该书初版于1991年)专论，对于全球化之为"现代性"的观点，大有将其赶尽杀绝之势："全球化之有别于帝国主义之

---

① 本文完成于 2013 年 10 月。
② Anthony Giddens, *The Consequences of Modernity*, Stanford: Stanford University Press, 1990, p. 175.
③ Anthony Giddens, *Runaway World: How Globalisation Is Reshaping Our Lives*, London: Profile Books, 2002, p. xxxi.

处可以说在于它是一个远不那么前后一致的或在文化上被有意引导的过程。帝国主义这个概念虽然在经济的与政治的含义间游移不定,但它至少意指一个目标明确的计划:有意将一种社会制度从一个权力中心推向全球。而'全球化'的意思则是说全球所有地区以一种远不那么目标明确的方式所发生的相互联结和相互依赖。它是作为经济和文化实践的结果而出现的,这些实践就其本身而言并无目的于全球整合,但它们还是生产出这样的结果。更关键的是,全球化的效果将削弱所有单个民族国家的文化一致性,包括那些经济大国,即前一时代的'帝国主义列强'。"①但是,汤姆林森无法向我们稍微证明,且不论其后果如何,难道全球化是一个没有推动者的自然过程吗?若此,全球化除非与人无关。显然,汤姆林森的错误是用"后果"否定"意图",他似乎不知道"意图"是主观的,而"后果"则是客观的。全球化既然是由人来推动的,那么其"现代性"便不容否定。看来,还是吉登斯的"失控的世界"意味深长,它既肯定有人控制,又看见其于结果上的无法控制。

借用一个日语词(*dochakuka*),罗伯森将全球化描述为"球域化"(glocalize/globalization)②,即是说,全球化是"全球"与"地域"的双向互动,"其核心动力学包含了普遍的特殊化与特殊的普遍化这一双重的过程"③。罗伯森的全球化研究多从宗教、意识形态和文化入手,因而也更多地具有哲学的相关性。在一个全球化时代,我们既无法坚守地域性,也不能以全球性完全吞噬地域性,它们是一个普遍性与特殊性的哲学问题,体现在任何一个具体的事例之中。④

---

① John Tomlinson, *Cultural Imperialism: A Critical Introduction*, London/New York: Continuum, 2001, p. 175.
② Roland Robertson, *Globalization: Social Theory and Global Culture*, London: Sage, 1992, pp. 173 - 174. 后来他也使用其名词形式: *glocalization*,并做了进一步的考辨,见 Roland Robertson, "Glocalization: Time-Space and Homogeneity-Heterogeneity", in: Mike Featherstone, Scott Lash & Roland Robertson (eds), *Global Modernities*, London: Sage, 1995, pp. 25 - 44.
③ Ibid., pp. 177 - 178.
④ 英文版此处添加了如下内容:
Comparably with Robertson's 'glocalization', Mimi Sheller and John Urry see that 'All the world seems to be on the move' (Sheller and Urry, 2006: 207; also see Urry, 2000) and then propose a 'Mobilities Paradigm' for the traditionally 'static' social sciences they identify. This paradigm, as they present it, is 'aimed at going beyond the imagery of "terrains" as spatially fixed geographical containers for social processes, and calling into question scalar logics such as local/global as descriptors of regional extent' (209). However, it is not 'simply a claim that nation-state sovereignty has been replaced by a single system of mobile power, of "empire": a "smooth world", deterritorialised and decentred, without a centre of power, with no fixed boundaries or barriers' (209) as imagined by Hardt and Negri (2000). The philosophical implication of this paradigm of sociology is to break a sedentarism loosely derived from the *philosopher* Heidegger who locates dwelling (*wohnen*) place 'as the fundamental basis of human identity and experience and as the basic units of social research human identity' (208 - 209); simply put, the subject, or broadly, the modernity, which is based upon 'place', is coming to its demise. In a global context of, say, 'mobilities', or the 'liquid modernity' (Bauman, 2000), or, in a 'glocalization' 'on the move' as said previously, a sociologist can no longer speak only of the local, nor can s/he replace the local with the global, the dialectic of which indicates a philosophical question of universality and particularity reified in any specific instance.

更明确地说,社会学视野中的全球化已经为我们勾勒出一幅完整的现代性与后现代性之复杂关系的哲学图谱:现代性就是自笛卡儿以来的主体性哲学,后现代性则是胡塞尔意识到主体性哲学的唯我论缺陷之后所提出的"主体间性"概念,是后来为哈贝马斯由此所发展的"交往理性"。不管是否采用"后现代性"一语,凡是对现代性主体哲学的批判,都可以视为一种超越了现代性的"后现代性"意识。"后现代性"曾被一般人误认作一种虚无主义,包括吉登斯、哈贝马斯等,其实它不过是一种较为激进的胡塞尔主义,例如在德里达那儿,它提醒,我们的意识,我们的语言、我们的文化等等一切属人的东西是如何遮蔽了我们应该追求的真实,它们应该被"悬置"起来,以进行"现象学还原"。因而,后现代性就是一种穿越了现代性迷雾的新的认识论和新的反思性。如果说"后现代性"由于过分投入对理性的批判而使人误以为它连理性所对应的真理一并抛弃,那么全球化作为一种新的哲学则既坚持现代性的主体、理性、普遍、终极,但同时也将这一切置于与他者、身体、特殊、过程的质疑之中。或者反过来说,全球化既不简单地认同现代性,也不那么地肯定后现代性,而是站在它们之间无穷无尽的矛盾、对抗之上,一个永不确定的表接(articulation)之上。缺少其中任何一个维度,都不是"全球化",都将无法正确认识全球化这个新的对象,以及发生在全球化时代的任何现象。

二、全球化时代的"全球性文化研究"

文化研究的英国史,即使仅从威廉斯之发表《文化与社会》的 1958 年算起,也已经跨越整整半个世纪的年头了。文化研究最初是一项英国国内的事业,致力于解决其国内的文化政治问题,如大众媒介、流行文化、青年亚文化、消费社会,其中马克思主义、意识形态、霸权、抵抗、链接一直是其关键词,如果也可以说是其灵魂的话。大约从 20 世纪 90 年代以来,文化研究的议题迅速国际化。霍尔开始高频率地谈论身份、混杂、新族性、英国性、全球化,尽管他早年也不时有此讨论。检视莫利的话题史,80 年代不出"全国"(受众)、"家庭"(电视),那么 90 年代就转向了"全球媒介、电子图景、文化疆界"等这些显然只有全球化时代才有的课题。近些年,"全球文化""全球公民""全球公共空间"等等"叫词"(buzzwords),还有从美国响起的对"全球化文化研究"(globalizing cultural studies)的径直呼喊[1],则更是将文化研究的全球性渲染得姹紫嫣红、春意盎然。《国际文化研究》的创刊(1998

---

[1] See Cameron McCarthy, et al. (eds), *Globalizing Cultural Studies: Ethnographic Interventions in Theory, Method, and Policy*, New York & Washington, D. C.: Peter Lang, 2007.

年),文化研究课程和系科在全世界的遍地开花,加之也多有以"国际文化研究"相标榜的研究和教学机构的出现,终于从体制上将文化研究纳入了全球化语境之中。

种种迹象表明,文化研究已经自觉地进入了一个全球化时代。但是这并不必然是说,文化研究就已经取得了正确的"全球意识"。没有谁会否认,未来的文化研究必定是全球性的,但这同时也是一个更深层的要求:全球化时代的文化研究必须以一个与时俱进的如上被翻新了的作为哲学概念的"全球化"或者"全球性"为其理论,为其胸怀,为其眼界,否则就仍旧是"现代性"的文化研究,或"后现代性"的文化研究,而不是综合和超越了现代性与后现代哲学的"全球文化研究"或"全球性文化研究"。

以下,我们将以关于"文化帝国主义"的论争为例,分别阐明何谓"现代性"的文化研究,何谓"后现代性"的文化研究,其各自的问题是什么;最后,以"全球性"这一被更新了的哲学概念,我们愿意将其凸显为"全球对话主义",重新审视"文化帝国主义"论争所指涉的文化流动现象——这现象可不是今天才有的,也许我们甚至能够说,它自遥远的柏拉图时代或孔子时代就开始了。文化从未停止过流动,文化"们"总是在碰撞,在裂变,在融合,在寻找新的融合。今日所有的民族文化都不是天生独一的,就连民族本身也并不是单一来源的。不过,全球化则使这一古老的现象以其从未有过的速度和规模向我们呈现出新的迫切性和问题性。对此,我们不能不急切地面对。

三、"后现代性"文化研究不承认"文化帝国主义"

现在,我们先考察"后现代性"文化研究、其主要表现和存在的问题。

如果我们可以将汤姆林森的《文化帝国主义》一书归纳为"后现代性"文化研究的话,那么在这一视点上它对"文化帝国主义"话语的批判堪称范例。它系统、深入、思辨,对其论敌具有极大的杀伤力。自此以后,"文化帝国主义"似乎一蹶不振,在文化理论界再也没有过出头露面的日子。

所谓"文化帝国主义"论题,简单说,就是认为一种文化——当然是西方文化,或者,美国文化——完全征服和重组了另一种文化——当然是弱势文化,尤其是第三世界文化——结果将形成某种单一的"帝国"文化。对此论调,汤姆林森使用的"武器"有多种,其中比较有力的,应属来自解释学或者接受美学的文本与读者的互动理论。汤姆林森并非视而不见,以迪斯尼卡通、好莱坞大片、麦当劳快餐、牛仔裤等为表征的美国文化之大量地出现于其他文化,这是谁也无法否认的事实;但是,汤姆林森话锋一转,提出质疑:"难道这种出现就代表了文化帝国主义?"他认为,

"单是这一纯粹的出现并不能说明什么",原因是:"一个文本除非被阅读就不会发生文化上的意义,一个文本在被阅读之前无异于一张进口的白纸:仅有物质的和经济的意义,而无直接的文化的意义。在这一层次上进行分析,那么,阅读帝国主义文本在判别文化帝国主义上就成为至关重要的问题了。"①在汤姆林森所理解的阅读理论看来,所谓"文化帝国主义"的文本,在被阅读之前,几乎毫无意义可言;而一经阅读,即便说它有意义,那也不再是原有的意义。文本的文化意义是接受者后来创造的。

汤姆林森选择泰玛·利贝斯和埃利胡·卡茨对电视剧《达拉斯》(*Dallas*)的效果研究来支持他对"文化帝国主义"的否定。据利贝斯和卡兹描述:"《达拉斯》这一名字在20世纪80年代成为一部美国电视连续剧征服全世界的象征。《达拉斯》意味着一次全球观众的集会(历史上最大的集会之一),人们每周一次地聚集在一起,以追随尤因王朝的传奇——它的人际关系与商业事务。"②这一《达拉斯》效应通常被视为一个典型的"文化帝国主义"事件,是美帝国主义"文化意义"的输出和接受,按照"文化帝国主义理论家们"的观点,其流程是:"……霸权信息在洛杉矶被预先包装,然后被运往地球村,最后在每一个天真的心灵中被解开。"③对于"文化帝国主义"论者的观点,利贝斯和卡兹试图通过自己对观众实际反应的调查研究予以检验。汤姆林森十分欣喜地看到,他们的实证研究表明,"观众比许多媒介理论家所假定的都要更加活跃、更加富于批判精神,他们的反应都要更复杂、更带反思意识,他们的文化价值对于操纵和'入侵'都要更具抵制力"④。确实,利贝斯和卡兹的效果研究证实"解码活动是观众文化与生产者文化之间的一个对话的过程"⑤,这因而也就是颠覆了前引"文化帝国主义理论家们"关于文本意义之"文化帝国主义"性即视其为一个线性传输过程的假定。

但是汤姆林森忘记了,或许就不知道,解释学或接受美学属于现象学,而非简单的"后现代"。意义是文本与读者互动的结果,它产生在文本与读者之间,而非仅

---

① John Tomlinson, *Cultural Imperialism: A Critical Introduction*, London/New York: Continuum, 2001, p. 42.
② [英]泰玛·利贝斯、埃利胡·卡茨著,刘自雄译:《意义的输出:〈达拉斯〉的跨文化解读》,华夏出版社2003年版,第3—4页。
③ [英]泰玛·利贝斯、埃利胡·卡茨著,刘自雄译:《意义的输出:〈达拉斯〉的跨文化解读》,华夏出版社2003年版,"前言"第1页。
④ John Tomlinson, *Cultural Imperialism: A Critical Introduction*, London/New York: Continuum, 2001, pp. 49–50.
⑤ [英]泰玛·利贝斯、埃利胡·卡茨著,刘自雄译:《意义的输出:〈达拉斯〉的跨文化解读》,华夏出版社2003年版,"1993年版导言"第5页。

在读者一极。任谁,只要他多少涉猎过伽达默尔和伊瑟尔、尧斯的著作,都不会创造出这样无意义的误解。而即使"后现代",那些严肃的"后现代"理论,对于文本,也决不是"怎么都行"的,例如在德里达的解构那里,倒是"汤氏后现代"是个例外。

不过,倘使它只是一个孤例也就罢了,严重的是这种通过解释学阅读而否定"文化帝国主义"的论调,经过汤姆林森看似雄辩有力的论证,如今仿佛已成媒介研究领域的一个权威观点,而"文化帝国主义"话语的头颅则被高悬城门,在寒风烈烈中,向过往行人宣示"后现代性"文化研究之不可冒犯的正义和统治。

我们深感惊讶,就在近些年,也就在有深厚现象学传统的德国,竟然有学者跟随汤姆林森的偏激和肤浅而加强并突进对全球文化的后现代理解。慕尼黑大学社会学教授乌尔里希·贝克在一篇文章①中指出,"美国化(Americanization)这一概念建基于对全球化的一个民族式的理解之上",他批评,这是"方法论的民族主义"(methodological nationalism)。作为一种替代方案,他主张,全球化必须被理解为"能够反映一个新的超民族(transnational)世界"的"全域化"(cosmopolitanizaion)②。据他考证,该词的核心部分 cosmopolitan 由两个词根合并而成——"cosmos"和"polis",前者的意思是"自然"(nature),后者是"城/邦"(city/state)。"全域"(cosmopolitan)一词表明,人类个体生来就扎根于两个世界:一个是自然,一个是不同的城市、疆域、种族、宗教。全球化作为"全域化"的原则不是"非此即彼"(either/or),而是"亦此亦彼"(this-as-well-as-that)。"全域主义生产出一种非排他性对立的逻辑",据此,"自然与社会相接,客体是主体的组成部分,他者的他性被包括在一个人本身的自我身份和自我界定之中,于是排他性对立的逻辑就被抛弃了",取而代之的是"内涵式对立"(inclusive oppositions),即一切对立都被包含在一个更大的框架之中,这个更大的框架就是"自然",或"宇宙",或"大全"(universe),贝克生怕被误解为一种改头换面的普遍主义,于是赶在"全域主义"之前加上"有根的"(rooted)一词而成"有根的全域主义",以突出这种"大全"对差异、

---

① Ulrich Beck, "Rooted Cosmopolitanism: Emerging from a Rivalry of Distinctions", in: Ulrich Beck, Natan Sznaider & Rainer Winter (eds), *Global America? The Cultural Consequences of Globalization*, Liverpool: Liverpool University Press, 2003, pp. 15 - 29. 贝克在其他地方,如《世界风险社会》(Ulrich Beck, *World Risk Society*, Cambrideg: Polity, 2000)、《全球化时代的权力》(Ulrich Beck, *Power in the Global Age*, trans. Kathleen Cross, Cambridge: Polity, 2005)和《贝克谈话录》(Ulrich Beck and Johannes Willms, *Conversations with Ulrich Beck*, Cambridge: Polity, 2003)等,对"全域主义"也有阐述,但以此文最为集中、鲜明和系统,故本文讨论以此为本,除非另有注明,引用的贝克的言论均出自此文。

② 该词旧译"世界化",同源派生词有"世界主义"等,但现代汉语的"世界"不含地方性的意思,这与其英文和德文的对应词(world, Welt)是一样的。"世界"总是在总括的意义上说的,如歌德和马克思的"世界文学"(Weltliteratur)概念,其中地方性是要被排除的。现改译为"全域化",以将原词的合成含义表达出来。

对立、个体性和地方性的容纳。由于强调"大全",强调"大全"对多元的统摄,贝克就不容许把全球化想象成为一种民族与民族作为独立单元的相互联系,例如英国社会学家大卫·黑尔德的"相互连接"(interconnectedness)概念,更不必说我们早已习惯了的"国际"(international)一词,必须被当作"方法论的民族主义"而唾弃。

但是贝克的难题在于:第一,这种"大全"不过是一种"想象的共同体",即使它真有,也一定要通过"有根"的个体通过想象来建构。它不能不是地域的、历史的、民族的和意识形态的,因而就难以纯粹,难以客观,难以获得全体个体之认同。这就是说,第二,在其最终的意义上,个体不可能被废弃,因为一个简单的道理是,任何意识,比如"大全"意识,必须有所寄寓;意识是个体的意识,若是没有个体,那谁来想象"大全"? 即使将来真有一天,世界大同了,个体的个体性、独一无二性也不会在这大同中消失。

通过赋予新义的"全域主义",贝克否定了以民族为单元思维的"美国化",这也是对同样性质的"文化帝国主义"的拒绝,但是,"全域主义"仍然假定有民族、地方之间的矛盾和对立存在其内,那么如果其中各方不是势均力敌、旗鼓相当,则一定就是有优势的一方对另一方或其他各方发挥较大的作用,无论这作用是柔性的葛兰西的"霸权"或者列宁的暴力专政,都将有"文化/帝国主义"的存在。不错,"美国化"或"文化帝国主义"是以一个对全球化的民族式理解为其前提的,但是要去掉这一前提,除非无视全球交往所产生的民族矛盾和冲突,除非将个体解除,将人类解除,如此方可回到原始的、洪荒的、天地不分的"大全"。在一个全球化的时代,"文化帝国主义"仍然具备的有效性在于,它假定了民族、地方在全球交往中的不可祛除性,更进一步地,也假定了个体存在的永恒性。"第二次现代化"的"超民族性"不可能终结"第一次现代化"的"民族性"——至少在目前,在可见的未来。"现代性"将穿过"后现代性"而进入"全球性",它当然会在对后现代状况的适应中对自身进行重新定位。

必须注意,贝克的"全域主义"虽然于其表面上似乎仍然承认对立、差异、民族、个体,但由于他将这一切都"囊括进"(include into)一个"自然"(cosmos),一个"大全"之内,而使这一切都成了所谓的"内涵式对立"(inclusive oppositions),即是说,这些对立元素已经失去其先前的意义,它们不再是其自身。在贝克,"全域主义"的另一表述是"超民族性"(transnationality)。同理,虽然在超民族的逻辑中仍然有民族,但由于这些民族相互之间不再是"一对一的应和关系"(one-to-one correspondence),它们不仅相互说话,而且都要跟一个"大全"说话,其先前的相互说话被提升为同时即是跟"大全"说话,即超越民族自身而与"大全"对话,接受"大全"的规范和制约。民族被超民族化,被全域化,这结果也就是"去民族化",即民族的消失。具体说,甚至"一旦引进欧元",一旦涉及"欧洲"概念,个别的欧洲国家如德国、法国和意大利等便无复存在了。①贝克争辩,"全域主义"作为一个位于更高抽象级别的概念,其"在此前提是,民族的不再是民族的",它是对各个具体民族的抽象、超越,因而否定。进入"全域",进入"全球",就意味着放弃民族或国家的"主权"和"自主性",——一个全球化时代的"国将不国"现象。

在这一点上,可以说,贝克是非常地"后现代",他通过后现代哲学一个惯常的做法,即将现代性"主体"置入"结构",更准确地说,置入德里达"无中心之结构",而取消其"主体性",其对他者的压制和整合,在社会学的意义上便取消了"美国化"以及"文化帝国主义"。"结构",我们知道,总是"超越"于"个体"或"主体"的。借着这样的"结构",贝克"超越"性地否定了"民族"或"国家"作为个别的实体存在。贝克终于可以祭出狠狠的一剑了,他一剑封喉:既然连"民族"或"国家"都不存在了,哪里还有什么"美国化"?哪里还有什么"文化帝国主义"?因为,在"全域主义"看来,压根儿就缺少实行"美国化"的那一主体"美国",那一实行"文化帝国主义"的"民族"!"全域主义"不承认"美国",不承认任何独立自主意义上的"国家"概念。顺便指出,在汤姆林森取消"文化帝国主义"的诸多理由中,前文无暇顾及,也有这么一个釜底抽薪的后现代做法,即把"民族""民族国家""个体"和"主体"先行删除,让"无以/谁""美国化","无以/谁"进行"文化帝国主义"。

如果说贝克是通过取消哲学的"主体"和社会学的"民族"而取消了"美国化"或"文化帝国主义",那么,令人困惑的是,德语界著名文化理论家赖纳·温特教授则是通过对"主体""个体""语境"——总之,一个笔者愿称之为的"解释学情境"——的认定而取消了"文化帝国主义"。"道"不同,何以相为谋?要知道,此"道"者,非彼寻常之"术"也。

在其与贝克出现于同一文集的一篇论文②里,针对有人之担忧以美国为主导的大众文化将带来文化的标准化和刻板化,以及地域文化之特殊性的消解,温特旁征博引各种文化研究资源,以《兰博》《达拉斯》,尤其是他个人所调查的被美国文化工业极力推销的 hip hop 音乐之传播和接受为例,证明这些全球媒介产品并未导致

---

① Ulrich Beck, *Power in the Global Age*, trans. Kathleen Cross, Cambridge: Polity, 2005, p. xi.
② Rainer Winter, "Global Media, Cultural Change and Transformation of the Local: The Contribution of Cultural Studies to a Sociology of Hybrid Formations", in: Ulrich Beck, Natan Sznaider & Rainer Winter (eds), *Global America? The Cultural Consequences of Globalization*, pp. 206-221. 下引的温特的言论均出自此文,除非另有注明。

如上担忧的情况出现,正相反,他援用了阿俊·阿帕杜莱一个有名的观察,"大众媒介在全世界的消费所激起的常常是抵抗、嘲讽、选择,以及总起来说,能动性(agency)"[①]。温特坚信,去消费,就是进入"解域、调和与杂交的过程";去接受,就是去挪用(appropriate),去表达,去生产,去实践。对所谓"文化帝国主义"文本的消费和接受,让温特感兴趣的是,呈现为一个积极的反向过程,一个反客为主的自我建构过程。这就是"全球化的辩证法",或者,如他(与另一作者在该文集导言中)所称的,"全球化的文化后果"——"开始于美国化这种现象",而继之以"全球化的文化后果"[②]。对此,温特和其他文化社会学家都已经通过大量的实地调查做了充分的令人信服的展示,但是,笔者以为,或许在理论上应该予以确认的是,我们需要刨根究底,"文化帝国主义"何以会产生如此始料不及的后果呢?能够对"文化帝国主义"进行抵抗的力量究竟来自何处?文中温特没有直接回答这类问题,但仔细推敲其行文,我们似可从中引申出如下几点:第一,消费者是一"主体"或者"个体",再或者,"个体主体",他是有自己利益和智识的个人。第二,消费者有自己的"语境"和"地方",而且这"语境"和"地方"决不只是他赖以活动的外部环境,它们早已内化为消费者作为"个体主体"最本己的生命存在。第三,消费者有自己的语码系统,但更有自己的日常生活实践。归结起来,消费者必须被认作"个体"。正是在这一根本的意义上,温特从自己的人种志调查中得出结论,hip hoppers 使用 hip hop 这种音乐风格来"界定他们自己的个人身份,因而也就是为了**个体化**(individualization)"(黑体为引者所加)。对温特当不言而喻的是,消费者只有作为"个体"才能对媒介商品进行"个体化"。

对于贝克之以"全域主义"解除"文化帝国主义",我们可以毫不犹豫地称其为"后现代性文化研究",因为他解构了作为现代价值之核心的"个体主体"观念;而对于温特和他援引的一些同道者,也包括有时也站在这一"解释学情境"之上的汤姆林森,我们便不可笼统论之了。区分说来,对文本与接受两方,温特们使用了不同的研究视角:为了寻找对于"文化帝国主义"文本之改造、抵抗或颠覆的力量,他们对消费者做了"现代性"的认定,即把消费者作为自在和自觉的"个体"或"文化个体";而对"文化帝国主义者"作为编码者一方之同样应该作为"个体主体",温特们则只字不提,倒是热衷于"后现代地"将其置于一种"主体间性",或者对于贝克,毋

---

① Arjun Appadurai, *Modernity at Large, Cultural Dimensions of Globalization*, Minneapolis & London: University of Minnesota Press, 1996, p. 7. 不过,阿帕杜莱也同时指出:"这并不意味着消费者是自由的能动者。"(Ibid.)

② Natan Sznaider and Rainer Winter, "Introduction", in: Ulrich Beck, Natan Sznaider & Rainer Winter (eds), *Global America? The Cultural Consequences of Globalization*, p. 2.

宁说是"超主体性",从而对其进行了"去主体化"的处理。

因而对于温特们来说,只要像对待消费者那样对待"文化帝国主义者",那么结果就必然是走向对"现代性"文化研究的承认。但是,困难在于——

四、有"现代性"文化研究,便有"文化帝国主义"

这是一个铁的逻辑。或许温特们不是忽略了"文化帝国主义者"之应该作为"个体主体",而是一旦如此,其反"文化帝国主义"的理论便面临着瓦解的危险。但是,我们不能为着一个理论的完整性而否认一个事实的完整。在全球化时代的文化研究中,我们还不能轻易放弃"现代性"文化研究,应该看到,它自有其不可全盘否定的依据。

对于"现代性"文化研究,其实简单的是,只要承认全球编码者与地方解码者分别都是有限的"文化个体",承认他们各自作为"民族"的存在,那么就势必存在"美国化"或"文化帝国主义"。

贝克乞灵于一个"自然"来瓦解"城/邦",一个"超民族性"来解除"民族性";但是,站在"现代性"文化研究立场上的学者却常常能够成功地指出"自然""超民族"和其他一切打着"普遍主义"旗号的理论的虚妄。马克思主义者坚持,社会存在决定社会意识,经济基础决定上层建筑,不管它们之间有多少曲折的环节,普列汉诺夫说"社会心理",威廉斯说"文化",但都改变不了前者对后者之最终的决定性。因而,可以认为,任何试图超越一定社会存在和经济基础的理论、主张,说到底,都不过是对其所由以产生的社会存在和经济基础的某种反映,都是"意识形态"。经典马克思主义者,早就揭穿了资产阶级"自由""平等""博爱"的虚伪;而今,在一个全球化时代,"马克思的幽灵们"(德里达语),无论在中国这样的第三世界或者在英法这样的发达国家,都在证明美国和西方所标榜的"普世文化"的美国性、西方性,简言之,"地方性",进一步,都在戳穿所谓"全球价值"不过就是"全球利益","全球价值"总是被作为"全球战略"的一个棋子。这当然不是什么秘密了,在国际外交中,没有人不知道或不理解、不接受"国家利益至上"的原则;而"国际"外交决不等于什么"国际主义",它根本上不过就是在与他国的协调中达到自身利益的最大化。耶稣说,你的钱在哪里,你的心就在哪里;而我们要说,你的钱在哪里,你就在哪里说话。一切围绕着利益,话语也不例外。

在这一点上,或许我们能够指出,与马克思主义临时结盟的尼采和20世纪的后现代理论家们,也早已将"解释"与"事实"、"话语"与"真理"、"叙述"与"历史"、"能指"与"所指"、"文化"与"自然"等分开看待了。他们发现,存在于前者与后者之间的错位和矛盾是先天性的因而也是无法克服的,而其中福柯更是历史地证实,"话语"本质上就是"权力",是"权力意志",是"生命意志",与"真理"并无必然之应和关系。按照叔本华的观点,表象不过是意志的自我表象。叔本华的"表象"被福柯的"话语"复活了。一切都是欲望在说话,借着"话语"在说话。

  英国文化研究与后现代理论的关系一直比较暧昧。似乎在对高雅文化的解构上,在对差异和杂交的强调上,在对西方中心主义的批判上,在对"文化工业"概念的拒绝上,等等,英国文化研究与后现代理论同气相求、互为知音,但是必须看到二者这种目标相同所掩盖着的出发点的相异:后现代理论的主要来源是索绪尔的符号学,特别是其中所蕴含的对于"主体性"进行解构的倾向,能指只能达及作为观念的所指,而无法进入现实,能指所指向的不过是另一能指,意指活动不过是一条纯粹由能指所构成的漂浮的链条,即能指链,因而所谓的"主体"在言说结果就成了被言说——被能指所言说,被文化所言说,被传统所言说,等等,它是代言人,代他人言说而不能自己言说或者言说自己。在现代性哲学中,如在康德那儿,主体之决定客体,因而它才是"主体性",被后现代理论翻转为被客体所决定,主体于是便不再是主体了。是否承认主体性是现代性与后现代性在哲学上最基本的分野。而英国文化研究,虽然并非总是如此(因其对理论的实用主义态度而导致不太注意理论本身的内在统一性),但至少就其与"文化帝国主义"相关的媒介受众研究而言,其最重要的理论支撑则是对主体性的坚持,具体说,就是将媒介受众作为话语主体,更关键的是,作为个体主体。后来以"积极受众"而名世的大卫·莫利早在20世纪70年代初期就指出:"我们不能将受众视为一个不加区别的大众,相反,它是一个复杂的结构,由一些相互重叠的亚群体构成,每一群体都有其自身的历史和文化传统。"[1]他要求去调查受众的"在阶级结构中的位置""地区所在""种族来源""年龄"和"性别"等这些作为社会学基础的要素。[2]这也就是说,他需要一个更加具体的"受众"概念。虽然受霍尔的直接影响,间接的是受阿尔都塞的影响,年轻的莫利不是十分赞同把受众进一步作为个别的个体[3],但在他后来的"全国受众"和"家庭电视"研究中,他实际上已经把社会学分析与个体分析结合了起来。更重要的是,他将受众的接受语境本体化,即作为受众的本体存在。对于私人化阅读,霍尔是坚决

---

  [1] Dave Morley, "Reconceptualising the Media Audience: Towards an Ethnography of Audiences", Stenciled Occasional Paper, CCCS, University of Birmingham, 1974, p. 8.
  [2] See ibid., pp. 8-9.
  [3] See ibid., p. 1.

反对的①,但当他说"不同的人群和阶级将实施不同的阐释框架"②时,他无疑是已经把受众作为"社会个体"或者"个体集合"了。在莫利的媒介受众研究上,在霍尔的编码/解码理论上,在他们将受众作为"主体"上,可以说,英国文化研究就是"现代性"文化研究。

如果将早期(20世纪70年代)英国文化研究的受众理论从其国内语境移向对于全球媒介的观察,也就是温特所做的,将文化研究置于研究当代杂交形式的社会学,那么它一定就是反对"文化帝国主义"的。但是,这种对"文化帝国主义"的"挪用"和"抵抗"是完全不同于贝克和汤姆林森以解构"主体性"为前提的"后现代性"文化研究的。霍尔总也没有放弃阿尔都塞的"结构",传播中的一切协商性和对抗性的解码都在这样或那样地接受"传播结构"的制约:"电视信息的生产和接受……并不一致,但它们是相联系的:它们是处在由完整的传播过程所构成的整体性(totality)之内的不同时刻。"③后来进入对"全球大众文化"的考察,霍尔仍是早年的结构观④,他看到,一方面,"它以西方为中心,它总是讲英语",而另一方面,这种英语又不再是"女王英语"或"博雅(highbrow)英语",它是"一种全然不同的国际语言",英语被涣散了;进一步,"它是文化再现的一种同质化形式,具有极大的吸收力,然而这种同质化却从未绝对地完成过,它就不能完成"⑤。霍尔也将此结构——阿尔都塞之"结构",称为葛兰西的"霸权",是有"霸权"企图将一切都包括进自身,但"霸权"从未完全实现过。⑥同理,对于霍尔来说,如温特所注意到的,霍尔一方面尽管并不认为符号、信息和图像的全球流动会生产出一种标准化的文化,而另一方面却也看到一种新型的同质化正在通过全球商业化过程而浮现出来。显

---

① See Stuart Hall, "Encoding and Decoding in the Television Discourse", Stenciled Occasional Paper, CCCS, University of Birmingham, 1973, p. 14 and p. 15.

② Stuart Hall, "The 'Structured Communication' of Events", Stenciled Occasional Paper, CCCS, University of Birmingham, 1973, p. 12.

③ Stuart Hall, "Encoding and Decoding in the Television Discourse", Stenciled Occasional Paper, CCCS, p. 3.

④ 麦克罗比在霍尔特别赞赏的一篇评论文章中就使用了"全球化的'控制结构'"(the "structure in dominance of globalisation", from Angela McRobbie, "Stuart Hall and the Inventiveness of Cultural Studies", in her book *The Uses of Cultural Studies*, London: Sage, 2005, p. 29)一语,这说明她也看到了霍尔将早年电视研究的理论框架运用到全球化研究上来了。

⑤ See Stuart Hall, "The Local and the Global: Globalization and Ethnicity", in Anthony D. King (ed.), *Culture, Globalization and the World-System, Contemporary Conditions for the Representation of Identity*, Department of Art And Art History, State University of New York at Binghamton and Macmillan Education Ltd., 1991, p. 28.

⑥ See Stuart Hall, "Old and New Identities, Old and New Ethnicities", in Anthony D. King (ed.), *Culture, Globalization and the World-System, Contemporary Conditions for the Representation of Identity*, p. 68.

然，在"结构"、在"霸权"或者在霍尔的另一说法"全球文化的新的辩证法"①并不遥远的背后，就灼灼有霍尔对于现代性"主体"哲学的顽强信念。这一点与阿尔都塞有所不同，霍尔在借来的"结构"中赋予了差异、矛盾、斗争因而也就是结构的无终结的开放性，——他以现代性而"解构"了后现代指向的"结构—解构"。霍尔预言，在全球化的各种新形式中，仍是一如既往的控制和反控制——"那个古老的辩证法没有终结。全球化不会将它终结掉。"②究个中原因，乃是控制者与反控制者作为"有根的"个体的永恒存在。"个体""主体"只要一天不能被根除，那么"现代性"文化研究就一天不会停止其"抵抗"和"斗争"的理论。

霍尔的"结构"文化观规定了英国文化研究的方向，即作为"现代性"的文化研究，具体说，也规定了莫利的"积极受众"的性质，但我们暂且搁下霍尔，先来讲莫利吧！不错，莫利的"积极受众"之平移于全球媒介，确也可以成为一种反对"文化帝国主义"的理论，但是它所面临的问题有二：第一，它只是从其效果上，而不能从其意图上，去否定"文化帝国主义"的存在，因为"文化帝国主义"的推动者也如受众一样是地域的、个体的和主体的，对于他们，我们不能设想有"文化帝国主义"行动而无"文化帝国主义"意图，这既违背人是理性的动物的命题，也不符合事实——无论历史的或者当前的。因而，"积极受众"就必须承认在国内层面上"文化工业"的资本主义图谋，与在国际层面上"资本帝国主义"的文化战略，都是为利益驱动的文化战略。换言之，"积极受众"既不能取代"文化工业"，也不能完全否认"文化帝国主义"。

第二，在理论上更根本的是，必须将它所坚持的"个体"或"主体"，置于"主体间性"的框架。只要将编码者也作为主体，接受就一定是一种"主体间性"事件；而一个主体只要进入"主体间性"，进入与另一主体的对话过程，那它就一定会不同程度地发生改变。而且，这不是一个主观上愿意与否的事情，另一主体或者一个他者的出现将客观地改变前一主体的存在环境，而环境是生命本体性的。符号学地说，"文本间性"的出现将一个"背景文本"（context，通译为"语境"）给予"文本"，于是文本的自足性就被打破了，即文本不再是从前的文本了。编码者的"全球"文本与受众的"地方"文本也存在同样的关系。

---

① Stuart Hall, "The Local and the Global: Globalization and Ethnicity", in Anthony D. King (ed.), *Culture, Globalization and the World-System, Contemporary Conditions for the Representation of Identity*, p. 19.
② Stuart Hall, "The Local and the Global: Globalization and Ethnicity", in Anthony D. King (ed.), *Culture, Globalization and the World-System, Contemporary Conditions for the Representation of Identity*, p. 39.

我们回头再看霍尔。比莫利沉稳和老练的是,霍尔在一个动态的"结构"概念中将文化帝国主义与对它的抵抗、将全球与地方相互间的辩证运动一次性地包容了进来,并预见了未来文化的形态,以他说的现代音乐为例,就是"杂交的美学,交叉的美学,流散的美学,克里奥耳化的美学"①。霍尔对全球文化的文化研究,就其对主体性原则的坚持和贯彻而言,是归属于现代性哲学一边的,我们高兴地看到,他在一个"结构"概念中将现代性对于全球文化的洞见发挥到了它的极限处,即是说,在一个现代性框架之内,预言了文化帝国主义计划的最终破产,这因而也就是超越了现代性而具有了后现代性的色彩,当然这不是法国后结构主义者那样的后现代。

不过,对于更广大范围的全球化来说,霍尔的视域可能就嫌狭小了一些,他在一个殖民化的过程中——这是现代化进程的一种表现形式,看见了在前殖民地和前宗主国所出现的种种混合文化;那么,在其他国家和地区呢?尤其是那些走着不同现代化道路的国家和地区呢?这种有限的视域,即后殖民主义的视域,将带来且实际上已经带来对未来文化形态的某种盲视,例如说,混合仅仅是作为一种完成态吗?在一些前殖民地可能如此,在美国这个最大的前殖民地可能部分地如此,但在宗主国就未必如此了,在中国、日本这样的国家,霍尔的"杂交"甚至可能具有完全不同的意义。但对我们最有帮助的是,霍尔已经强烈地暗示了一种超越现代性与后现代性的全球化理论。感谢霍尔!

我们必须超越"现代性"文化研究,霍尔已经有所尝试了;我们也必须超越"后现代性"文化研究,贝克和汤姆林森代表了其明显的局限;我们必须汲取他们的经验教训而探索走向一个新的理论阶段的可能性。

结语:走向全球对话主义

全球化内在地同时就是现代性的与后现代性的,即是说,它同时超越了现代性和后现代性,因而可成一新的哲学概念。罗伯森的"球域性"、贝克的"全域主义"和汤姆林森对于"文化帝国主义"的专题批判,都在努力概念化我们这个全新的时代——笔者赞赏他们的努力。作为对他们的一个回应,笔者这里与他们的区别在于:第一,对于全球化之现代性维度的坚持,在此笔者赞成霍尔对矛盾和斗争的坚持;第二,由此,笔者所看到的后现代性就是现代性的后现代性,为现代性所约制的

---

① Stuart Hall, "The Local and the Global: Globalization and Ethnicity", in Anthony D. King (ed.), *Culture, Globalization and the World-System, Contemporary Conditions for the Representation of Identity*, pp. 38 - 39. 其中"克里奥耳",原指出生于美洲的欧洲人,也指其与黑人的混血儿,霍尔借指文化间的混合。

后现代性;第三,必然的是,笔者将不会看到在后现代性的全球化中个体或主体的彻底消失,它只是在与另一主体的对话中,在一个"主体间性"中改变自身;第四,我们于是也就不能去预先设定什么在我们作为"国民"之上的"大全"。由于主体的不可消除,因而"民族"也不可消除,"国际间性"(internationality)、"地域间性"(interlocality)①就不可能被"全域主义"或者一个意在"全球整体"的"球域性"所取代②;在一个全球化的时代,每个民族,每种文化,都有话说,我们不能预先就规定他们说什么——这涉及一个更复杂的哲学问题:我们能否进行没有前提的对话?一个简短的回答是,只要个体不能被彻底地象征化(拉康)、意识形态化(阿尔都塞)、殖民化(斯皮瓦克),我们就只能承认无前提的对话。在当代理论中,这种观点几乎不可思议,但在两千五百多年前的孔夫子却早已是一个人际交往的基本原则了。孔夫子不想什么"宏大"前提,他只想虚席以待他者的出现。

将他者作为他者,将自己也作为他者,即作为有限的主体,将"主体间性"更推进为"他者间性",推进为本体性的"文化间性",——唯如此,全球化时代的文化研究才可能筹划一场真正意义上的"对话",而此对话的效果则是对话者对自己的"不断"超越,对自己的"不断"否定,对自己的"不断"重构。之所以是"不断",是因为对话者永远保留有无法被表述的本己,无论经过多少轮的对话,一方对话者都不可能变成另一方的对话者。君不见,即使长在一棵树上的叶子,经过百年、千年的"对话",它们又何尝变得一模一样了呢?自然教导我们,在终极的意义上,人归属于自然。人"文化地"对话,但人也"自然地"拒绝对话,以其"自然"而拒绝对话。

我们拟以"全球对话主义"作为我们的结语。其中,第一,作为"他者"的对话参与者是其根本;第二,"全球"不是对话的前提,甚至也不是目的,它是对话之可期待也无法期待的结果,因为这样的"全球"以他者为根基,是"他者间性"之进入"主体间性",是他者之间的主体间性的相互探险和协商,没有任何先于对话过程的可由某一方单独设计的前提;然则,第三,"他者"一旦进入对话,就已经不再是"绝对的他者"了,对话赋予"绝对的他者"以主体性的维度,我们知道,就其定义说,所谓"主体性"就是有能力去改变客体,而同时也将被客体所改变,顺便指出,"主体间性"的一个主要意思就是对主体之间相互改变的承认。回到本文的开头,全球化作为"全

---

① See Huimin Jin, "Redefining Global Knowledge", in: *Theory, Culture and Society*, London: Sage, vol. 24, 7/8, 2007, pp. 276 - 280.
② 对于全球化时代所出现的"球域化"现象可以有多种解释,例如霍尔就提供了一种不放弃差异和多元的立场(See Stuart Hall, "The Local and the Global: Globalization and Ethnicity" and "Old and New Identities, Old and New Ethnicities", in Anthony D. King (ed.), *Culture, Globalization and the World-System*, London: Macmillan, 1991),而罗伯森的"球域性"概念则期待全球整合,将全球作为一个整体。

球对话主义",将既包含了现代性,也开放了后现代性,它是对二者的综合和超越。"全球化"是一种新的哲学,如果需要再给它一个名字的话,"全球对话主义"将是一个选择。

未来的文化研究是否将以"全球对话主义"为其理论基础,我们不能预先提出要求,这不符合"全球对话主义"精神,但是,目前可以肯定的是,"全球对话主义"至少在解决例如"文化帝国主义"这样的全球时代文化研究的重大问题时,将能够同时避免"大全"("全域主义")和"整体"("球域化")的文化帝国主义嫌疑,以及由于对受众能动性的强调而导致的对"文化帝国主义"的全然无视。甚至,或许也不是不可以期待在霍尔之后重新阐释"文化间性"尤其是它在未来的种种新的可能性。[①]

---

① 英文版在此添加了如下内容:

Finally, it is paramount that we maintain the distinction between *global dialogism* and the 'dialogism' of Mikhail Bakhtin. For Bakhtin, 'dialogism' is essentially an outgrowth of poetic or literary theory, one that concerns the relation between double or multiple *voices*, and *texts*. If you wish, it may be regarded as 'a philosophy of *language*' (Clark and Holquist, 1984: 212. My emphasis), or, applied to 'relationships between distinct cultural and ideological units', and 'conflicts between nations or religions' (de Man, 1989: 109) — in this regard, it is a toolbox for cultural analysis, functioning much like *global dialogism*, as demonstrated above. However, according to Bakhtin's dialogism, it is only at the discursive level that dialogue can be achieved. It is then reasonable for Julia Kristeva and Tzvetan Todorov to develop Bakhtin's dialogism into their term 'intertextuality' which 'belongs to discourse' (Todorov, 1984: 61). As Todorov quoted from Bakhtin, 'Dialogical relations are (*semantic*) relations between all the *utterances* within *verbal communication*' (Quoted in Todorov, 1984: 61. My emphasis). Although Bakhtin does not overlook the author or creator of the utterance, and therefore 'the dialogical reaction endows with personhood the utterance to which it reacts' (Quoted in Todorov, 1984: 61), Todorov insists, 'this does not mean, [⋯] that the utterance gives expression to the inimitable individuality of its author. The utterance at hand is perceived rather as the manifestation of a conception of the world, while the absent one as that of another conception; the dialogue takes place between the two.' (Todorov, 1984: 61) Bakhtin's concept of '*Exotropy*', or, 'outsideness' (Morson and Emerson, 1989: 52), radical as it may be, and as much as it may lead us 'from the intralinguistic to intracultural relationships' (de Man, 1989: 109), remains dialogical and therefore discursive. In sum, the dialogue, in terms of Bakhtin's dialogism, is *discursive*, which appears only between discourses, conceptions, or in Sausure's terminology, signifiers. While Bakhtin's dialogism is basically linguistic and epistemological, *global dialogism* goes beyond perception, signification, interpretation, and is based upon a life-ontology. It is a philosophical approach in which voices or texts involved in dialogue are understood as individual subjects that are constituted not only by discourses, and ideology, as Althusser would have it, but also by their material existence, and their *réel* as Lacan would remind us, and which can never be fully penetrated by discourses. To repeat, the *global dialogism* is based on both modernity and postmodernity, both subjectivity and intersubjectivity, on their dynamic relations, and ultimately, their dialectical synthesis.

意识形态国家：马克思"意识形态阶层"论的文化战略学启示①

中国社会科学院文学研究所研究员　刘方喜

当代社会生产力的高速发展和全球消费社会转型，使全球总生产中的"自然实体性因素"与"文化符号性因素"之间的比例逐渐减小，其中，西方发达国家把自己生产中的"自然实体性因素"转移到发展中国家，而自己控制全球生产中的"文化符号性因素"——这是作为最大的发展中国家和"世界工厂"的中国在全球化进程中所面对的基本状况。在此状况下，中国如何对自己做恰当的文化战略定位，是跟对其他国家尤其西方发达国家做恰当的文化战略定位密切相关的。联合国教科文组织先发布《世界文化多样性宣言》，后通过《保护和促进文化表现形式多样性公约》（以下简称《公约》），而美国是全球拒绝加入该公约的两个国家之一，其拒绝的理由看上去是出于"经济"上的考量，即认为《公约》的多边贸易保护主义色彩会影响美国文化商品和服务的全球自由流通，而往深里说，《公约》其实确实触动了美国的核心价值观之一，即"市场自由化"——而我们要对美国进行恰当的文化战略定位，就要结合"经济"和"价值观"或"文化"两方面来进行——这需要从文化基础理论上加以厘清。从国内相关研究现状来看，在文化基础理论研究方面，往往只片面地跟着西方所谓"文化研究"说，只讲"文化""认同""意识形态"等，而忽视当代西方文化商业化的经济运作方式及其影响（尤其是负面影响）；在文化战略研究方面，"中国特色社会主义文化"不同于"西方资本主义文化"，而我们的相关研究，或者只讲政治意识形态而忽视文化的民族性，或者只强调民族性而忽视政治意识形态上的社会主义性。这种割裂性和片面性，不利于中国特色社会主义的文化战略筹划，而马克思的"意识形态阶层"论对这方面的研究有针对性的指导意义：将"意识形态阶层"转化为"意识形态国家"，有助于我们从政治、经济等多方面对欧美发达资本主义国家做较为准确而全面的文化战略定位，反过来也有助于对我们社会主义中国对自

---

① 本文完成于2017年6月。

已做准确而全面的文化战略定位。

一、从"文明冲突""文化帝国主义"到"意识形态国家"

全球化的视野,对于文化战略研究来说是不可或缺的:置于当今国际理论潮流中来看,马克思主义文化战略学的建构,首先要突破流行甚广的西方文化理论和文化战略学的"文化决定论"(文化主义)等精致的历史唯心主义倾向:一种关于"文化"的战略学考察,并不应该过度夸大"文化"在社会发展及社会生活中的作用。

迄今为止,能称得上"文化战略学"经典而影响力又极大的学术著述,大概要首推美国学者塞缪尔·亨廷顿1996年出版的著作《文明的冲突与世界秩序的重建》。尽管不乏争议,但这部著作大体能体现美国主流的文化战略观,即认为当今国与国之间的冲突主要是"文明"或"文化"上的冲突,而非"经济"等方面的冲突①。

在文化战略学领域另一影响颇大的著述,是同为美国学者的约瑟夫·奈的《软实力》。奈认为,当今信息时代存在三种实力(权力)类型:"硬实力""软实力"及两者结合而形成的"巧实力"。"硬实力"主要包括"军事实力"和"经济实力"等,而"国家软实力主要来自三方面:文化(在其能发挥魅力的地方)、政治价值观(无论国内外都能付诸实践)、外交政策(当其被视为合法,并具有道德权威时)"。尽管在《软实力》中文版序中,奈对中国软实力颇有溢美之词,但在该书具体内容中充斥的,是对美国意识形态和政治价值观的过度自负。尽管没有像亨廷顿一样宣布"意识形态的终结",但奈所谓的"意识形态"内涵已发生了变化:"与共产主义和法西斯主义不同,伊斯兰意识形态的吸引力仅限于伊斯兰社会内部"——意识形态的政治内涵已转变为宗教文化内涵;另一方面,奈对文化在政治意识形态的上的影响并不遮掩:"高雅文化为美国制造了客观的软实力",而通俗、流行的大众文化也发挥过重要作用:"苏联曾经试图阻挠摇滚乐的发展,但即便如此摇滚乐依然在冷战中发挥了政治作用","当20世纪80年代中期这一代人(戈尔巴乔夫等)终于上台后,美国流行文化对苏联人的自信心和意识形态所产生的腐蚀效果,已经一目了然了","美国之所以能靠遏制战略获得冷战的胜利,凭借的不只是军事威慑,而是像著名外交家乔治·凯南设计的那样,用软实力帮助苏联从内部开始转变"。更为重要的是,奈指出:西方国家的"主导文化和理想"更加接近"流行的全球规范(当前强调的是自由主义、多元论和自治)","只要官方的内政外交中包含了民主、人权、开放、尊重

---

① 参见本书第9-10页的相关分析。

他人意见等元素,美国就能从信息时代的发展趋势中受益",对美国政治价值观的过度自负昭然若揭,"而政府不但需要拥有美国之音、富布莱特基金等项目,更重要的是要避免让政策带上傲慢的面具,而要立足于为他人所仰慕的价值观",奈所谓的"软实力""巧实力",不过是通过更为巧妙的方式,更好地兜售、推行美国包括市场自由主义在内的政治、经济价值观而已——我们在文化战略筹划和研究中,当然可以充分利用其"软实力"理论的分析方法,但不应忽视其暗含的政治意识形态诉求。

当然,我们没有必要把美国本质化而作铁板一块的理解,其内部其实也确有不同声音,比如美国传播政治经济学研究者赫伯特·席勒就用"文化帝国主义"对美国进行批判性的定位,并且不同于亨廷顿,这种定位是同时结合"文化"和"经济"两方面来进行的。奈提到了"美帝国"这个概念:"虽然美国和其他弱国之间仍存在着一些不平等关系,也很容易被人利用,但如果缺乏正规的政治控制,'帝国'这个词就会产生误导作用。接纳这个说法,会对美国外交政策产生灾难性的指导作用。"[①]而这个概念正是席勒所强调的。席勒指出,奈"公开确认了1969年出版的《大众传播与美利坚帝国》一书所叙述的内容。两种分析的不同在于:奈建议使用文化帝国主义、'软实力'这些工具来维持美国在全球的统治地位,然而《大众传播与美利坚帝国》试图支持那些反对美国全球统治的力量",而奈其实是试图掩饰美国与弱国的在经济等各方面的不平等以维护美国的全球统治。根据列宁的"帝国主义论"和沃勒斯坦"世界体系理论"中的"依附理论"等,席勒《传播与文化支配》一书提炼出"文化帝国主义"这一概念来描述美国,或者说对美国做文化战略定位。席勒所著《大众传播与美利坚帝国》一书,在对美国广播电视等现代大众传媒发展史的具体研究中揭示其在国内和国际上的巨大影响。在国内,受经济利益驱动的统治阶级,把大众传播纳入资本主义运作体系中,操控相关文化和传播等政策的制定:军事化的政府部门与军事—工业团队形成其国内的"传播联合体",压制"叛乱"的异己力量;在国外,仰仗其政治、军事、市场等方面的超强实力,实行"广播的国际商业化"和"全球电子入侵",在全球范围内强力兜售、推行美国文化,使发展中国家处于"电子包围"之中;并以"信息自由流通"和市场自由化等为幌子,通过美国通信卫星公司与国际通信卫星组织等机构,将其国内相关政策强加于世界,如上所述的拒绝加入联合国教科文组织发布的《世界文化多样性宣言》和《公约》等等——

---

① [美]约瑟夫·奈著,马娟娟译:《软实力》,中信出版社2013年版,第15-16、30-31、61、68、194、42、143、183页。

如此形成的文化霸权冲击着许多国家尤其是第三世界国家的文化,使之依附于美国文化——要特别强调的是:在以上这些分析中,席勒没有就传播谈传播、就文化论文化,而是揭露在这些文化传播背后美国的军事—工业联合体这一强大利益集团的超强的操控力量。

席勒一直坚持着这一批判性的研究思路,并始终坚持结合"经济"和"军事"等来分析传播与文化:"美国仍然是一个(唯一的)军事超级大国;它的经济虽然在下滑(相对于其主要竞争对手),但其经济实力仍然十分强大","目前美国维持其全球地位的主要支柱就是军队和文化",更为难能可贵的是,席勒还揭示这些背后的经济上的市场自由化价值观:

"目前,几乎世界各国的领导者们都兴高采烈地认可'自由市场'理论,这是否意味着'旧的'市场力量的延伸?它曾经造成的后果被人们彻底遗忘了吗?许多西欧工业家的'新思想'听上去非常耳熟。例如,德国大众汽车公司董事长卡尔·H. 哈恩向工人们说过这样的话:'西欧的劳动者正在根据本世纪上半叶的状况思考问题……我们必须摆脱西方现存的某种社会主义的羁绊,尽管社会主义在东方已经垮掉。'"

"这段话是否可以解释为呼吁复辟 19 世纪资本主义及其对劳动力的无情剥削?""这种不受任何强大对手威胁的市场力量哲学"正在全球范围内得到加强,而"它对于生命环境、全球资源基础以及这个星球的未来意味着什么?"①

席勒的批判性分析无疑是发人深省的,然而,我们不应忽视的是:席勒批判的声音,在美国是非主流的乃至被压制的,而且较之亨廷顿的"文明冲突"论、奈的"软实力"论,他的"文化帝国主义"论对中国学界尤其文化战略研究界的影响也是微乎其微。从基本的方法论来看,亨廷顿的意识形态终结论、文化决定论,存在着精致的历史唯心主义倾向。在这方面,席勒及其"传播政治经济学"还与所谓的"文化研究"有过争论②:后者强调在当今文化传播中,底层"受众(既包括一国国内的弱势群体,也包括弱国)"是积极、主动的,而前者则强调"受众"的弱势、依附地位;其实,还有重要分歧:席勒始终结合"经济"等来谈文化传播,而所谓"文化研究"往往脱离"经济"来谈"文化"——在这一点上与过分夸大"文化认同"作用的亨廷顿是相通的。

中国特色社会主义文化战略筹划和研究,不能只跟着西方尤其美国说,而应坚

---

① [美]赫伯特·I.席勒著,刘晓红译:《大众传播与美利坚帝国》,上海译文出版社 2013 年版,第 35、34、36—37 页。
② 王祎:《"积极受众论"与"文化帝国主义说"的论争及延续》,《东南传播》2013 年第 8 期,第 1—6 页。

持和创新马克思历史唯物主义理论,被传统研究忽视的马克思的"意识形态阶层"论,在这方面有重要而针对性的指导意义:由这一理论转换的"意识形态国家"论,与"文化帝国主义"论相关,而与亨廷顿"文明冲突"论针锋相对。

二、从"意识形态阶层"到"意识形态国家"

从理论渊源上来说,"意识形态国家"(ideological nations)是从马克思所谓的"意识形态阶层"(ideological classes)演化而来的。"意识形态阶层"在《资本论》第四卷即《剩余价值理论》中出现了四次:

> 事实上这就宣告了"**意识形态阶级**(ideologischen Klassen)"等等是依附于资本家的。
>
> 物质生产领域中的对立,使得由各个"**意识形态阶层**"构成的上层建筑成为必要,这些阶层的活动不管是好是坏,因为是必要的,所以总是好的……
>
> 所有由这些职业产生的各个旧的"**意识形态阶层**(ideologischen Stände)",所有属于这些阶层的学者、学士、教士……
>
> 一旦资产阶级把"**意识形态阶层**"看作自己的亲骨肉,到处按照自己的本性把他们改造成为自己的伙计……

此外,还有如"私人的货币,消费者的货币,第一是所有'政治和意识形态阶层'的货币"[①]"最后,大工业领域内生产力的极度提高,以及随之而来的所有其他生产部门对劳动力的剥削在内含和外延两方面的加强,使工人阶级中越来越大的部分有可能被用于非生产劳动……所有'非生产的'妇女、少年和儿童,再减掉官吏、牧师、律师、军人等'意识形态的'阶层"[②]等,马克思所谓的"意识形态阶层",最广义上是指"非生产劳动者"人口,即从事直接的物质生产之外的所有人,而其狭义是指不同于"政治阶层"的"精神生产"人口——我们主要在狭义上使用"意识形态阶层"。总体来说,"意识形态阶层"论是马克思剩余价值论的一个组成部分,也就是说,马克思实际上是从"剩余价值的流转"的角度来定位"意识形态阶层"的:物质生产创造剩余价值,只有获得从物质生产中流转出来的剩余价值,"意识形态阶层"才能从事自

---

① 参见刘方喜、陈定家、丁国旗主编:《马克思恩格斯列宁斯大林论文艺与文化》,中国社会科学出版社2012年版,第246-247页。本文以下引马克思、恩格斯语,凡不特别注明出处者,均引自该书,只在正文中注明页码。黑体为引者所加。

② 《马克思恩格斯全集》第23卷,人民出版社1972年版,第488页。

己的文化精神生产。①因此,狭义的"意识形态阶层"基本的社会功能定位也就是:吸纳进剩余价值,生产出意识形态。

我们还可以用马克思《资本论》第二卷有关"社会总生产"的理论,来看作为"意识形态阶层"的文化生产及其从业者的社会定位。社会总生产分为"生产资料"的生产和"消费资料"的生产两大部类,而"消费资料"的生产又分为"必需品"的生产与"奢侈品"的生产两小部类——马克思强调,社会总生产要持续进行下去,这三种生产之间就要保持某种平衡,而从剩余价值流转的角度来看,流转到这三种生产之中的剩余价值(再投资)就必须保持一定比例。物质生产由"必要劳动时间"和"剩余劳动时间"两部分构成:必要劳动时间生产必需品,剩余劳动时间创造剩余价值,剩余价值既可以流转向"生产资料"的生产,也可以流转向"奢侈品"的生产。经过两方面的转换,我们就可以把"意识形态阶层"论运用于分析当今全球文化符号经济的生产:① 从不是满足维持生存这种最必要的需求的意义上来说,文化产品属于不同于"必需品"的最广义的"奢侈品";② 马克思所谓"社会总生产"还主要是以"国家"为主单位而以"阶层"为亚单位,而把主单位转换为"全球"、亚单位转换为"国家","社会总生产"就转换为"全球总生产","意识形态阶层"就可以转换为"意识形态国家"。生产力的发展会使物质生产中"必要劳动时间"与"剩余劳动时间"之间的比例逐步减小,撇开"生产资料"的生产不论,这就意味着社会总生产中"必需性的因素"与"非必需性因素"之间的比例也将逐步减小——这对全球总生产来说也是如此,即:随着生产力的发展,全球总生产中"必需性的因素"与"非必需性因素"之间的比例将逐步减小,用今天通行的话语来表述即:全球总生产中"自然实体性因素"与"文化符号性因素"之间的比例将逐步减小②——我们可以以此来分析全球文化符号经济。

与"意识形态阶层"及其所从事的文化生产相关的另一著名论述,出自《德意志意识形态》:"统治阶级的思想在每一时代都是占统治地位的思想","支配着物质生产资料的阶级,同时也支配着精神生产的资料,因此,那些没有精神生产资料的人的思想,一般地是受统治阶级支配的。"而支配精神生产资料的阶级(阶层)即狭义的"意识形态阶层",用马克思后来成熟的剩余价值流转理论来分析,这其中还存在某种转化,即:"精神生产资料"是由物质生产创造并从物质生产中流转出来的剩余

---

① 关于"意识形态阶层"的详细文献梳理与理论辨析,参见刘方喜:《"意识形态阶层"论:马克思文化历史唯物主义的当代拓展》,《马克思主义与现实》2016年第4期,第147-153页。
② 这方面的详细分析,参见刘方喜:《批判的文化经济学——马克思理论的当代重构》第四章,河北大学出版社2013年版。

价值转化而来的。而在统治阶级内部，支配精神生产资料的"意识形态阶层"与支配物质生产资料的阶层之间会出现某种"分裂"，"这种分裂甚至可以发展成为这两部分人之间的某种程度上的对立和敌视"。"只要阶级的统治完全不再是社会制度的形式，也就是说，只要那种把特殊利益说成是普遍利益，或者把'普遍的东西'说成是统治的东西的必要性消失了，那末，一定阶级的统治似乎只是某种思想的统治这种假象当然也就会完全自行消失。"① 亨廷顿所谓的"文明冲突"论及全球盛行的种种文化决定论，不过是把阶级的统治说成是"某种思想的统治"这种论调的当代国际翻版而已——把当今国际冲突归结为文明冲突，显然是一种蛊惑人心的意识形态"假象"。

"支配着物质生产资料的阶级，同时也支配着精神生产的资料"，美国当代理论家席勒等人的"文化帝国主义"论与此存在精神上的承继性；而由马克思"意识形态阶层"直接演化而来的"意识形态国家"论，则可以更清晰地揭示：这些"文化帝国主义"国家，不仅控制着全球范围内的文化信息的生产、流通、传播，而且还通过控制全球生产的文化符号性部分而把自然实体性部分转嫁到不发达国家，来吞噬不发达国家实体经济所生产出的剩余价值：全球文化信息的流转，只有充分结合全球剩余价值的流转（这两者是一体之两面）来加以分析，才能更全面而清晰地揭示当今全球化的真实状况——而这是包括席勒在内的西方传播政治经济学研究也未加以充分重视的。当然，要特别强调的是：把美国等定位为"意识形态国家"，绝非鼓吹国家之间的激烈对抗。"意识形态阶层"论确实是马克思阶级理论的一个组成部分，但是，众所周知，马克思主要是从生产关系尤其生产资料所有制来定位"阶级"的：工业资本家恰恰不属于"意识形态阶层"，而属于与之相对的"物质生产阶层"，因此，最激烈的阶级对抗也就并非产生在这两大阶层之间，而恰恰是产生在"物质生产阶层"内部的两大阶层之间，即控制物质生产资料的工业资本家阶级与丧失生产资料的工人阶级之间。因此，由"意识形态阶层"论演化而来的"意识形态国家"论，也就并非强调尖锐阶级对立的当代国际升级版。"意识形态国家"论所涉及的差异，首先不是直接跟生产资料所有制相关，而是跟关乎"自由"的价值观相关，并且主要是指跟处置剩余价值的"市场自由化"方式直接相关。

三、从"吐出意识形态，吞进剩余价值"到"自由的精神生产"

《资本论》第四卷讨论"意识形态阶层"部分，其实主要是讨论"精神生产"的，因

---

① 以上引文参见《马克思恩格斯全集》第3卷，人民出版社1960年版，第52—55页。

此应把两者充分结合在一起来理解。文化生产所需的"精神生产资料"是由从物质生产中流转出来的剩余价值构成的,那么,占有精神生产资料的"意识形态阶层"又是如何进一步处置这种剩余价值的呢?在马克思看来,有两种不同的处置方式,他用"生产性"与"非生产性"对此做了区分:"同一种劳动可以是生产劳动,也可以是非生产劳动","例如,密尔顿创作《失乐园》得到5镑,他是非生产劳动者。相反,为书商提供工厂式劳动的作家,则是生产劳动者。密尔顿出于同春蚕吐丝一样的必要而创作《失乐园》。那是他的天性的能动表现。后来,他把作品卖了5镑","在书商指示下编写书籍(例如政治经济学大纲)的莱比锡的一位无产者作家却是生产劳动者,因为他的产品从一开始就从属于资本,只是为了增加资本的价值才完成的"(第308页),精神劳动具有"生产性"的关键就在于"增加"资本价值即剩余价值,"只有在这种基础上,才能够既理解统治阶级的'意识形态'组成部分,也理解一定社会形态下'自由的精神生产'","例如资本主义生产就同某些精神生产部门如艺术和诗歌相敌对"(第381页),相敌对之处在于:"艺术和诗歌"作为"自由的精神生产"不能"增加"资本价值,并且要"消耗"剩余价值,但这种"消耗"恰恰是一种"转化",即把从物质生产中流转出来的剩余价值转化为"自由的精神生产"的实际条件——而资本的逻辑则拒斥这种转化,阻碍剩余价值流转向"自由的精神生产"。

《资本论》第三卷将结束处指出:"自由王国只是在必要性和外在目的规定要做的劳动终止的地方才开始;因而按照事物的本性来说,它存在于真正物质生产领域的彼岸……但是不管怎样,这个领域始终是一个必然王国。在这个必然王国的彼岸,作为目的本身的人类能力的发挥,真正的自由王国,就开始了"(第432页),马克思还指出,资本主义的对抗性证明"人们还处于创造自己社会生活条件的过程中,而不是从这种条件出发去开始他们的社会生活"(第693页)——从经济哲学的角度来看,这种"条件"就是由物质生产所创造出的"剩余价值",人们"从这种条件出发去开始他们的社会生活"或"自由生活",需要某种"转化",即把这种可能性的条件转化为实现自由的实际条件——这种"转化"要求物质生产创造出的剩余价值首先必须游离出物质生产,而当剩余价值实际流转到"自由的精神生产"中时,人们也就真正开始自己的自由生活了。以此来看,资本主义的对抗性就表现为:为自由创造条件,但却拒绝把这种条件转化为实现自由的实际条件,用哲学话语来表述即"拒绝把自由的可能性转化为自由的现实性"——而这体现了资本基本的价值逻辑,作为剩余价值一种历史性的处置方式,资本的历史特点表现为:把剩余价值封闭在自我增殖中,拒斥剩余价值流转向其自我增殖以外的其他社会活动中——这才是"资本主义生产就同某些精神生产部门如艺术和诗歌相敌对"的关节点所在。

  "真正物质生产"始终处在必然王国,跟"自由"没有直接关联,因此,一般地说,物质生产的方式,跟关乎"自由"的价值观没有直接关联;而作为存在于物质生产之外的文化生产的方式,则跟关乎"自由"的价值观直接相关,而文化生产方式本身所体现出的价值观,又主要是通过其处置剩余价值的方式表现出来的。马克思描述文化生产方式的"生产性"与"非生产性",用今天的通行话语来表述即"市场化"与"非市场化":文化生产作为"自由的精神生产",体现了一种非市场化的生产方式,这种生产方式不"增加"剩余价值,而是"消耗"剩余价值、把剩余价值转化为实现自由的实际条件。文化的市场化生产方式,可以"增加"剩余价值,因而也就实际上阻碍了剩余价值转化为实现自由的实际条件,归根结底,文化市场化生产方式所体现的"自由",主要还是一种"金钱的自由",而文化作为"自由的精神生产"所体现的则是"创造的自由"——这是两者关乎"自由"的价值观的差异所在。

  总之,吐出意识形态,吞进剩余价值——这是我们对在全球消费社会转型中在文化意识形态和文化产业形态上同时处于强势地位的西方发达国家,所做的文化战略定位,而这些"意识形态国家"是通过控制全球生产的文化符号性部分而把自然实体性部分转嫁到不发达国家来实现这种吞吐的。这种吞吐形成对发展中国家在经济和价值观上的双重冲击。价值观绝不仅仅只体现在文化产品的"内容"上,而且也体现在文化产品的"生产方式"上;发展中国家所承受的价值观冲击,也就绝不仅仅只来自含有西方意识形态内容的大量文化产品,同时也来自这些文化产品全球市场自由化的生产、传播方式本身——这正是美国拒绝加入联合国教科文组织《公约》的要害所在。把剩余价值封闭在自我增殖中,是资本基本的价值逻辑,在其支配下并由西方主导的当今文化符号经济,在全球范围内,不仅造成经济不平等,其实还造成文化不自由,即阻碍剩余价值流转向人类文化自由王国,文化商品的全球自由流转并不能给全球文化带来真正的自由——把资本视作人类平等和自由的最大保障,或许是西方资本主义最重要的意识形态或核心价值观,而这一意识形态或核心价值观在当今时代尤其集中地隐蔽在文化的全球市场化的生产和发展方式中。面对这种状况,一方面,我们不仅要重视全球范围内的文化意识形态冲突,而且要重视文化符号全球流转中的剩余价值的流转及由此形成的经济冲突;另一方面,我们不应完全顺从文化市场化的资本规则而只在"文化产值"上与西方比拼,而且更应重视非市场化的文化发展方式——这关乎文化消费的平等性和文化生产的自由性,而倡导文化生产中的"自由的创造"理念,将有助于中国特色社会主义在文化战略上抢占全球价值制高点。走出一条至少与市场化相平衡的非市场化的文化发展道路，应成为社会主义中国应对西方"意识形态国家"的重要文化战略之一，而这还关乎社会主义中国整体的国家发展道路。

  从学术研究的角度来说，我们当然应该借鉴和吸收亨廷顿的"文明冲突"论、奈的"软实力"论等之中的有益成分，但是也不能一味地跟着西方说，从而对其中暗含的西方政治意识形态和价值观及精致的历史唯心主义倾向放松警惕。马克思历史唯物主义尤其政治经济学理论，是极其丰富的思想宝藏，其中被传统研究所忽视而对分析和阐释当今全球社会状况依然有效的理论资源还很多，有待我们去不断发现和开掘——本文讨论的被传统研究所忽视的马克思的"意识形态阶层"论，就初步昭示了这一点。坚持和创新马克思历史唯物主义，将有助于我们在文化基础理论、文化战略学研究等方面不再简单地只跟着西方说，进而有助于在与西方的批判性对话中，发展马克思主义文化战略学理论，为中国特色社会主义文化战略筹划等提供坚实而有效的理论支撑。

中国当代文化战略研究

对位协同:中国特色文化融合发展的新形态[①]

中国人民大学教授　金元浦

党的十六大以来的十年,是新中国成立以来我国文化发展最快的十年,也是文化全面繁荣的十年。十六大以来,党和国家把文化建设放在全局工作的重要战略地位,坚持物质文明和精神文明两手抓,促进文化事业和文化产业同发展:一方面花大力气推动公共文化服务体系的建立、健全与完善,满足人民群众的基本文化需求;另一方面大力发展文化创意产业,使之成为国民经济的支柱性产业,走出了一条中国特色的对位协同的社会主义文化发展道路。

党的十七届六中全会,是我党历史上专题讨论党和国家文化发展的重要会议,是我国社会主义文化发展的重要里程碑。会议第一次提出了建设中国特色社会主义文化强国的宏伟目标,进一步明确了走中国特色社会主义文化发展道路的总纲领,提出了到2020年文化改革发展的奋斗目标,对推进文化改革发展做出了战略部署,并为实现这一战略目标确立了六项重大任务。对我国文化发展的理论与实践做了高度概括和全面总结,进一步推动我国文化发展走向更高阶段。

党的十八大进一步提出,建设社会主义文化强国,关键是增强全民族文化创造活力。这个"关键"为建设社会主义文化强国指明了方向,提供了根本性保证。进入21世纪以来,文化的价值在我国国家战略层面上被重新估量,文化被理解为社会均衡全面发展的重要基础,文化逐步走向国家发展政策的中心。党和国家对文化的关注日益提升,对文化的推重日见其力,显示了我党审时度势,对新的历史时期文化发展的准确把握。这一把握突出表现为建立了中国特色的文化创意产业与公共文化服务的对位性机制。这是我党中国特色社会主义文化建设的创举。

[①] 本文完成于2013年10月。

一、中国特色的文化产业与公共文化服务的对位性机制

面对当今世界各种思想文化相互激荡的大潮,面对国家发展和人民生活改善对文化发展的要求,面对社会文化生活多样活跃的态势,如何找准我国文化发展的方位,创造民族文化的新辉煌,增强我国文化的国际竞争力,提升国家软实力,是摆在我们面前的一个重大现实课题。

在全球市场的环境下大力发展市场导向的文化创意产业,关注民生,发展公共文化服务、构建公共文化服务体系,实现对位性的科学发展,是党和国家面对新形势、新变化和新需求做出的重要决策。一方面,它体现了我党审时度势,面对新的国际经济发展态势做出的战略选择;作为市场经济国家,我国当前文化体制的改革和文化创意产业的发展,遵循市场经济的基本原则,获得了长足的发展,并日益走向全球市场;另一方面,它又从我党的根本宗旨出发,代表了最广大人民群众的长远的根本的利益,以公共投入和规划建设的方式,满足公民进入小康时代日益增长的精神文化的基本需求。这一对位性创举,是不同于美国、欧洲各国的具有中国特色的发展模式。它还处在探索完善阶段,但已显示出强大的生命力和巨大的发展潜力。

发展公共文化服务、构建公共文化服务体系是实施以人为本、保障公民基本文化权利,提升公民文化素养,构建和谐社会的必要形式;是适应当代世界潮流,建设现代民主国家的必由之路;是提高文化软实力实现文化大发展大繁荣的重要途径;也是实施中国文化走出去,重建文化中国国家形象的根本措施。总之,建立公共文化服务、构建公共文化服务体系是提高我国综合国力,加强我国文化竞争力的强大推动力量。

发展市场导向的文化创意产业将向我国公民提供更加丰富多样的多种档次的文化产品,以适应不同层次公民的多样化的个性化的需求。产业在市场化的发展中不断壮大,全面提升文化自身的造血功能,并为公共文化服务体系积累资金,培育文明,开拓道路。

文化创意产业发展与公共文化服务体系建设是落实科学发展观的两个重要组成部分;二者的协同和配套是文化全面发展的必要构成,缺一不可。文化创意产业与公共文化服务体系之间不是截然区隔的,而是相互支撑、交融互补、相需为用、共同发展的。二者相反相成,又相辅相成。文化创意产业要为繁荣文化提供丰富多样的文化产品,公共文化服务要为文化发展提供良好的设施和环境;文化创意产业要为消费者的更高更特殊的需求创造,公共文化服务要为公众提供更多均等、普及

性的文化产品。

二、文化创意产业是文化发展的重要推动力量

科学发展观提出的转变发展方式、调整经济结构,这不仅是经济领域的问题,也是文化领域的问题。这首先是由以前的单纯的经济为中心、文化为仆从(经济搭台,文化唱戏)的形态,转变到现在党和国家提出的经济文化化、文化经济化,经济文化一体化的战略思想上来。

随着全球化时代信息传播媒介的高速发展和消费社会的来临,文化生产已日益成为当代经济生活的一部分,成为复杂的现代化大生产的一部分。像电视、电影、出版、音像、文艺演出、工艺美术、体育比赛,乃至广告、信息、传播、娱乐等产业,已越来越发展为庞大的产业集团,成为经济结构中的重要组成部分,甚至成为许多国家国民经济的支柱产业。特别是文化创意产业推动并催生了当前在社会生活中越来越发生重要影响的新生的产业类别,即所谓数字新业态,如动漫、网游、互联网经济、数字设计、电子(数字)商务、网络电视台、手机电影、手机动漫、手机网游、手机音乐、手机报刊、手机阅读、手机娱乐等的发展壮大,并推动传统文化产业的变革。

与世界各国创意经济发展的数据相比,中国文化创意产业属于高增长、高利润的新兴产业,是升值空间大的"潜力股"。近年来,我国文化产业增加值的增长速度每年都在20%以上,远高于GDP的增长速度。2012年,我国文化产业法人单位实现增加值18 071亿元,按同口径和现价计算,比2011年增长16.5%,比同期GDP现价增速高6.8个百分点。文化产业在国民经济中的份额稳步提高。2012年文化产业法人单位增加值与GDP的比值为3.48%,按同口径计算,比2011年增加0.2个百分点;文化产业对当年经济总量增长的贡献为5.5%。产业构成保持相对稳定。2012年文化制造业法人单位实现增加值7 253亿元,比2011年增长17.4%;文化批零业实现增加值1 187亿元,增长9.4%;文化服务业实现增加值9 631亿元,增长16.7%。文化创意产业展现出跨越式发展的势头,日益成为经济发展的新引擎。以北京为例,2012年北京市文化创意产业实现增加值2 189.2亿元,比2011年增长10%;占地区生产总值的比重为12.3%,比2011年提高0.1个百分点,成为全国文化创意产业的排头兵。

文化创意产业已经成为经济发展中的高端产业,是当代服务经济中的高端形态。当前,我国产业结构要调整,要从低端制造业走向高端制造业,要从制造业为主逐渐调整向高端服务业,特别是向生产型服务业转型,实现从"中国制造"到"中

"国创造"的提升改造。作为先进生产力,文化创意产业是产业发展的高端形态,具有高附加值和高文化价值、经济价值;具有低碳环保、生态发展的基本特征,并具有创造就业岗位的优势。它将推动我国整体产业结构的升级、越界、调整和重组。

文化创意产业还是启动和满足内需的重要产业形态。我国人均 GDP 已经达到 4 000 美元,从发达国家的经验看,我国公民的文化需求将有一次较大幅度的提升。我国休闲、娱乐、体验、游戏、养生、旅游观光和生态文化的需求将急剧增长。目前我国电影电视市场、游戏市场火爆,黄金周文化旅游屡创新高,尤其是三网合一后的数字文化产品不断创新,推动了文化市场的新的繁荣。

文化创意产业的根本观念是通过"越界"促成不同行业、不同领域的重组、提升与合作。这种越界主要是面对第二产业的升级调整,第三产业即服务业的细分,打破二、三产业的原有界限,通过越界,寻找提升第二产业,融合二、三产业的新的增长点,产业要创意化、高端化、增值服务化,以推动文化与经济融合发展。二产制造业卖产品、卖机器,创意产业卖设计、卖理念、卖精神、卖心理享受、卖增值服务。从 20 世纪 70—80 年代以来,西方发达国家已经顺利完成了原有产业的转型、改造与提升,都将文化创意产业作为国家产业结构调整的重点,并将其作为国家经济的支柱产业来全力推动。

实际上,今天的文化产品与其他物质性产品在性质上和形态上是全然不同的。文化(文学、艺术、设计等)创意产品具有使用的多次性,尤其是精神产品的享用具有无穷性,而且越是使用,其价值就越高,越是使用得多,其增值速度也就越快;而物质性产品则会因使用和消费而消耗,其价值是递减的,其最典型的例证便是那些一次性消费的产品。一栋房产,作为物质产品的它在使用中会逐渐破损直至废弃,其价值会随使用性减弱渐趋于零;而作为艺术性精神产品(如某些艺术建筑)则具有精神享用的无穷性,其价值反而随着时间的延续而递增。

文化创意产业是与艺术、文化、信息、休闲、娱乐等精神心理性服务活动相关,满足小康形态下人们精神文化娱乐需求的所谓"第五产业",是城市精神消费与娱乐经济融合发展的新载体,是现代服务业的高端组成部分。在总体服务业的业态中,文化创意产业开拓艺术型、精神型、知识型、心理型、休闲型、体验型、娱乐型的新的产业增长模态,培育新的文化消费市场,涵养新一代创意消费群体,以推动新形态的文化经济的发展,并且通过在全社会推动创造性发展,来促进社会机制的改革创新。

三、建设公共文化服务体系是党和国家重大战略决策

与西方发达国家不同,我国正在构建具有中国特色的公共文化服务体系。这

是中国特色社会主义文化建设的创举,是建设服务型政府的重要举措,也是关注民生的重要内容。

建立公共文化服务体系,提供公共文化服务,是现代民族国家构架的重要组成部分,是现代性发展的必然要求。它是现代民主的重要内容,是保障公民基本文化权利,吸引社会广泛参与的重要形式;也是保护国家民族物质与非物质文化遗产的根本保证。

公共文化服务体系建设包括完善公共文化服务网络、创新公共文化服务方式、健全公共文化服务组织体制和运行机制、维护低收入和特殊群体的基本文化权益、加强农村文化建设等一系列重要工作内容。它是我国服务型政府工作的重要组成部分。

公共文化服务体系建设的出发点、依据和最终目的,是满足广大公民的公共文化权益的普遍需求,提高民生文化福利水平,加强全民人文精神培育。它的主导取向是满足大多数公民的基本文化需求,提供具有普遍需求的基础文化服务。非营利、公益性是其重要特征。所以,建设公共文化服务体系的首要原则是公益公利、公平公正、公众参与、普惠于民。公平公正是现代文明社会基于"法律面前,人人平等"的基本人权的确认而坚持的重要价值理念。它强调公民获得公共文化服务的"平等权"。

基于我国文化多样性的现实,建设公共文化服务体系要尊重、维护和满足不同层次、不同群体、不同地域、不同族别公民的不同文化权益和不同文化需求,坚持普遍参与,多样发展,并特别关注妇女、儿童、残疾人等弱势群体,保护他们的文化权益不受侵害,兼顾城乡之间、地区之间的协调发展,统筹规划,合理安排,形成实用、便捷、高效的公共文化服务网络。

公共文化服务体系包括非常丰富的内涵,如现阶段的先进文化理论研究、文艺精品创作服务、文化知识传授服务、文化传播服务、文化娱乐服务、文化传承服务、农村文化服务等多个方面。先进文化理论研究服务体系在公共文化服务体系中具有基础性和引导性意义,而其余则具有更多的实践性和功能性。

建立公共文化服务体系对于提升国民素质、培养公民良好的文化修养、塑造文明开放的崭新国民形象,对于构建和谐社会、实现安定团结和文化认同,具有重大作用。

需要强调的是:政府在构建公共文化服务体系时主要负责提供基本的公共文化服务,而不是所有的精神文化生活需求,超出基本文化需求的服务,特殊的、高档的、流行的需求,公民可以通过文化市场获得。

四、服务于每一个普通公民的文化需求

先进的文化生产力和先进文化的发展,说到底是以人为目的、服务于人,服务于每一个普通公民的基本文化需求的。产业结构下游化,服务业的快速发展,源于需求结构的上游化和人们需求的高档化、精神化。随着社会生产力的迅速发展,人们的收入水平不断提高,人们的社会需要也不断提高。在基本的物质层次满足的基础上,人们更多地关注文化上、精神上、心理上的需要,注重个体的全面发展和人的生存质量。人们在生活中对第一产业产品的需求在总体支出中的比重会相对下降,对文化产品的需求则会大大增加,人们对书籍、音像、影视、艺术产品的需求,对娱乐服务、旅游服务、信息与网络服务的需求会大大增加,连物质层次的衣、食、住、行需要也大大的文化化了。随着生活的日益提高,人的更高的需求便会优先增长,从而精神文化附加值的经济含量和财富含量越来越高,而文化产品与文化消费则会优先增长。

现代科学技术也已越来越广泛地渗透到文化领域,文化产品和文化服务的科技含量也越来越高。科技进一步文化化、人性化了,文化也进一步科技化、高科技化了,新的高科技的文化娱乐方式不断产生,文化全面渗透到高科技产品之中。一切高科技产品归根结底都是为人服务的,它们都离不开文化,离不开文化所昭示的生存的意义、意味和人的生命的本质。高科技产品也只有最终依赖人们对文化服务的越来越广泛全面的需要而获得日益广阔的市场。一种无关人和人的文化的高科技既没有必要发展,也不可能发展起来。

发展公共文化服务、构建公共文化服务体系是实施以人为本、保障公民基本文化权利,提升公民文化素养,构建和谐社会的必要形式;是提高国家文化软实力,实现文化大发展大繁荣的重要途径;也是实施中国文化走出去,重建文化中国国家形象的根本措施。而发展文化创意产业是发展模式的调整和增长范式的重要转变,是向内生性的经济增长方式的转变。其根本,是从 GDP 唯一模式向"以人为本"的科学发展转变。改革开放以来,我国的经济发展经历了以粗放型、资源型、投资型为主的阶段。随着我国经济的高速发展、人民收入的不断增加,社会文化需求不断升级,表现为收入函数变化带来的新的巨大需求要求增长方式的变革和供给结构的调整。发展文化创意产业是增长方式的中心环节转向内生性的创新模式的转变,是发展观念的转变,是发展模式的转换。

文化创意产业发展与公共文化服务体系建设是落实科学发展观的两大重要组成部分;二者的协同和配套是文化全面发展的必要构成,缺一不可。它是提高我国

综合国力,加强我国文化竞争力的强大推动力量。

这一对位性结构的共同核心是关注人、热爱人、尊重人、提升人,有利于全面提高我国人民的生存质量和我国政府的服务质量,把经济社会发展切实转入以人为本全面协调可持续发展的轨道。

对位性协同发展,是中国特色的社会主义的重大创举。

当前中国文化发展战略亟待厘清的几个问题[①]

上海大学教授　曾军

一、中国特色社会主义文化的结构性矛盾

转型时期的中国面对着极为复杂的文化环境。这里的冲突包括三个维度的冲突。从时间维度上看,传统/现代化成了冲突性的两极;从空间维度上看,民族化/全球化构成了彼此尖锐碰撞的两大领域;从主体维度上看,自我/他者间的身份认同则成为文化转型中最令人倍感折磨的难题。在处理这些问题方面,中国传统思维发挥着非常重要的作用。所谓"道/器"之间的是与非、"体/用"之间的恩与怨,一直纠缠不清。那么,从文化发展动因及其结构性关系的角度来看,"道/器""体/用"之辨究竟有多大的有效性?仅将西学视为"器"或者仅为之"用"是否就一定会保证"道"的完满、"体"的自洽?毕竟,"道/器""体/用"是不可分割的整体,而在这一整体中任何因素的变化都将引发整个系统的相应调整。

文化发展结构理论所解决的最重要的问题就是为我们分析文化发展的结构性矛盾提供了基本的思维框架。具体到当代中国,以"中国特色社会主义"作为发展方向和基本特征的文化建构来说,其必须解决的结构性矛盾至少包括下面几个方面:

其一,中西间文化冲突与交流值得高度重视。

近一个半世纪以来,"西学东渐"成为文化传播的主渠道,尽管人们也承认,"西学东渐"和"东学西传"是一个整体,是一个过程中的两个侧面,但是"西学东渐"因其对中国文化所造成的重要影响而显得优势地位异常突出,以致"东学西传"最多

[①] 本文完成于 2013 年 9 月,相关章节已先后发表在《探索与争鸣》2011 年第 8 期(曾军、杨灯:《警惕公共文化服务建设中的文化失灵——以故宫"四重门"事件为例》)和《文艺理论研究》2012 年第 2 期(曾军:《面对形成中的支配性文化及其生产方式——"理论之后"的当代中国文化批评》)、《探索与争鸣》2012 年第 12 期(曾军:《马克思文化生产理论视域下的城市文化基本矛盾》)。

成为一条补充性的线索,在旁边敲敲边鼓而已。

不过,这种现象的确为我们提出一个令人深思的问题:中西方文化的平等交流有无可能?许多研究者认为始于四百年前的这一阶段的中西文化交流是不平等的,有些学者虽然认为它在某些方面具有平等的性质,但不明确从总体上将之定性为一场平等的交流。文化冲突与对抗是由文化传播与交流活动引发的普遍现象。发生文化冲突与对抗的原因从理论上分析,无非就是不同文化的差异性、传播目的与手段的正当性、一种文化对异质文化的需要程度,以及参与交流双方的权益能否得到有效的保障。我们对文化冲突要做具体分析,而不应加以笼统的肯定或否定。从整个中西文化冲突的历史来看,以战争为文化传播通道所引起的文化冲突多于导致讨论和批评的文化冲突。但是,文化冲突带来的不良后果只能用来证明不同类型文化的差异和文化传播手段之不恰当,不能用来证明中西文化不可能会通或融合。

其二,中国现代化的经验与教训需要重新梳理。

中国的现代化进程被认定为一种"后发外生型",即现代化发育较晚而且在促进现代化的动因上以外来刺激为主。因此,对于中国现代化的特殊性以及现代化过程的经验教训的研究成为非常重要的一环。"后发"所带来的问题是,"先发"的西方现代化进程成为理所当然的"追赶"对象,所以毛泽东时代的"超英赶美"以及从近代以来就形成的从"老大帝国"到"少年中国"的角色转变,尤其是以"师生"来定位"先发"与"后发"现代化之间的关系,便成为中国现代化绕不开的焦虑;而"外生"同样也带来难以解决的问题,因为现代化是由西方列强用坚船利炮带来的,因此,现代化所带来的便不仅仅是现代科学技术、民主科学精神,而且还伴随着帝国主义、殖民主义的欺侮与剥削。"外生"的现代化进程一方面是技术震撼和人文启蒙,另一方面则是亡国灭种、抗战救亡。因此,中国现代化的经验与教训的两个极端都同时包容,彼此冲突激荡。这些问题可以说直接关系到中国现代化进程是顺是滞,是早是晚,是成是败。

其三,市场经济与文化转型的问题在当代中国特别突出。

十一届三中全会以后,中国实行了思想上政治上的拨乱反正,推行改革开放的基本国策,从而促进了商品经济的活跃,使经济获得了快速发展,综合国力得以大大增强,人民生活水平稳步提高,很快就让我们尝到了甜头。在总结经验的基础上,经过邓小平的倡导,中国共产党第十四次全国代表大会确定了从计划经济体制向市场经济体制转变的战略决策。这是我国社会经济结构和运行方式上一次创造性的革命和历史性的飞跃。

作为经济体制，市场和计划都是社会发展的手段，而不是目的。这一具有解放思想巨大力量的认识，来自国际共产主义运动和我国几十年社会主义实践的经验与教训，特别是我国近十几年改革开放成功经验的启示。选定实行社会主义市场经济作为经济体制改革的目标，正是要以利用商品经济的规律为手段或途径，来达到社会主义的目的。市场经济是商品经济的本质形式或发达状态。那么，我们在社会主义初级阶段可不可以实行市场经济体制？对这个问题，长期存在着深刻的分歧，选择是经历着痛苦，也包含着风险的。

然而，从目的和手段统一的高度说来，决策的根据与出发点只能是首先看这两条：一看是否符合现实生产力发展的要求，二看为人民服务的实际效果。这是社会主义根本原则和价值观念的题中应有之义。但是在过去的观念中，曾把市场经济完全同资本主义制度相联系，看不到现阶段的社会主义经济也仍然不能摆脱商品经济，或低估了社会主义的发展对商品经济发展的一定依赖性。由于受这些观念束缚，导致对客观存在的商品经济规律及其作用理解不足，尊重和利用不够。结果是我们的计划经济体制不能充分适应生产力的发展，不利于进一步改善人民生活。而改革的成功经验恰恰显示出，将计划体制转变为市场体制势在必行。通过理解这些历史的经验和教训，可以更深切地理解改革开放的指导思想，理解为什么选择市场经济。

我国以往各个时期的文化，都未曾与市场经济有过充分的联系，更谈不上以社会主义市场经济为基础。过去，我们曾经形成并逐渐习惯了一套与计划经济体制相适应的经济、政治、日常生活方式、道德形态及思维方式等，它们已经成为传统文化的有机组成部分。而以市场经济为基础来建设有中国特色的社会主义文化，则意味着对于过去传统的东西要有新的调整和超越，要在新的经济基础上，建立与之更加适应的文化形态。文化和传统整个地面临着一场新的考验——市场经济的新考验、一次新的飞跃——从传统到现代化的飞跃。

其四，"中国的传统文化何处去？"仍未完全解决。

仅在改革开放三十多年中，中国对待传统文化问题大概经历了三个阶段：① 从"文革"结束到 80 年代末，改变了"文革"时期彻底的反传统立场，认识到文化传统并非简单的封建的落后的东西，但是在社会现代化的诉求中，文化传统仍然作为负面的东西需要克服。② 90 年代初到 90 年代末，文化保守主义兴起。亚洲四小龙的经济腾飞，一度激发了儒学与现代资本主义制度进行嫁接的意愿，但是在九八年亚洲金融风暴中，上述努力中断了。新儒学退回自身，成为一股保守主义势力。③ 90 年代末到 21 世纪初，文化传统重新寻求其在当代社会中存在的价值，在文化传统的"复兴"中,保守的、激进的、实用的努力都体现得相当明显,呈现出异常复杂的情形。

其五,"两个三十年"能否统一,如何统一的问题也是极为重要的问题。

2013年1月5日,习近平同志在新进中央委员会的委员、候补委员学习贯彻党的十八大精神研讨班上发表重要讲话。在论述改革开放前后两个历史时期的关系时,明确提出:"不能用改革开放后的历史时期否定改革开放前的历史时期,也不能用改革开放前的历史时期否定改革开放后的历史时期。"这番话的深意在于,当前中国学术思想界存在较为明显的观点上的分歧,甚至论争:要么肯定前三十年而否认后三十年,要么否定前三十年而肯定后三十年,要么两个都肯定,要么都否定。其中,前两种思潮在学术思想界影响较大,分歧也很大,并直接成为90年代思想界的分化在21世纪以来的进一步的延续。前后两个三十年,作为有中国特色社会主义的重要组成部分,其经验与教训如何得到全面系统深入的讨论,并统一到"中国道路"这一问题上来,亟待认真研究。

二、当代中国社会文化基本矛盾的重新确认

长期以来,我们都是在社会主义初级阶段的总体框架下,沿用1956年中共八大以来提出的基本判断——"人民对于经济文化迅速发展的需要同当前经济文化不能满足人民需要的状况之间的矛盾"(2011年的中共十七届六中全会在《中共中央关于深化文化体制改革推动社会主义文化大发展大繁荣若干重大问题的决定》中的表述同样是"我国仍处于并将长期处于社会主义初级阶段,人民日益增长的物质文化需要同落后的社会生产之间的矛盾仍然是社会主要矛盾")。那么,这一基本矛盾的判断是否与中国半个多世纪巨大发展的现实相适应,是否能够解释日益差异化、复杂化、不均衡化的中国文化发展现实?在人民群众的物质文化需要方面,这一"增长"的判断标准是什么?我们的文化消费的需求是什么?是否充足?如果充足,为什么我们还要"刺激消费""拉动消费"?"内需不足"是我国面临金融危机影响之下的暂时性现象,还是未来很长一段时间内的普遍性问题?我们的文化生产在何种意义上是落后的?是不能生产足够的量的落后,还是缺乏高水平高质量的落后?是技术水平的落后,还是管理能力的落后?从现实层面来看,新中国成立以来,尤其是中国改革开放以来,中国从饱受战乱剥削之苦的一穷二白、百废待兴的新中国到改革开放、经济腾飞并一跃而成世界第二大经济体,中国的城市化水平也由1949年的10.64%发展到2011年的51.3%,中国的部分城市已提前进入"发展起来之后"的阶段,使得中国的文化矛盾呈现出更为复杂的现实。这为我

们判断中国文化发展基本矛盾方面增加了诸多困难：城市发展水平的总体提升虽然说还无法改变中国所处的社会主义初级阶段这一基本性质，但就局部的"发展起来之后的"中国部分城市而言，其文化发展的基本矛盾面显然已与"发展中的"绝大多数中西部的中小城市尤其是广大的农村有很大的不同。限于篇幅问题，本文暂时无法讨论理论与现实的关系问题，思考的重心聚焦到理论反思本身，并讨论以下三个问题：

其一，在马克思看来，工业化大生产的基本动力不是消费对生产的拉动，而是"扩大再生产"的需要。工业革命所带来的，不只是生产效率的大幅提升，更重要的是生产与消费关系的变化。工业革命之前，生产水平和消费水平均比较低，而且受到时空的限制，因此主要是基于自给自足基础之上的商品交换；但工业革命之后，生产水平大幅提升，并对消费能力提出了要求——刺激消费。如果生产过剩，而消费不足，那就会导致经济危机。经济危机的实质就是经济系统没有产生足够的消费价值，即生产能力过剩的危机。工业革命之后所发生的另一个重要变化就是生产主体和消费主体的分离，即"自给自足"生产和消费方式不再占据主要位置，"他给他足"以"商品交换"为特点的生产和消费成为基本方式。也就是说，从生产到消费，必须要经过"交换"、通过"货币"购买这一环节来间接进行，这就是商品经济、市场经济的根本特点。即便是生产资料，也需要购买。更为重要的是，工业化大生产的目的并非满足消费，而是满足"扩大再生产"的需要。马克思专门区分了"简单再生产"和"扩大再生产"的不同，指出剩余价值的流向一方面固然是满足资本家的物质需要，但更为重要的是重新进入生产领域，实现"扩大再生产"，从而进入一个滚雪球式的生产过程。"再生产"逻辑必然会要求不断地"扩大消费"，否则整个生产—消费—再生产—再消费的环节就不可持续。因此，如果我们要判断一个城市、一个区域乃至整个中国的文化发展水平，仅仅停留在满足人民群众需要这个层面是远远不够的。其真正的标准是，如何满足扩大再生产的需要。马克思主义所提示的剩余价值的秘密，其实正是现代社会工业化大生产的基本特征，社会主义社会的生产方式也沿用了资本主义的这一逻辑，唯一的区别是创造和分享剩余价值的主体发生了变化。

其二，20世纪以来，工业化大生产经历了从"生产主义"到"消费主义"的历程，但"消费主义"的实质仍然是"生产主义"。在马克思所在的时代，西方主要资本主义国家还属于自由竞争资本主义时期，其整个的思想文化背景可以用马克斯·韦伯在《新教伦理与资本主义精神》中所作的分析来概括：既赚钱，又禁欲（追求财富和克己节俭同时被视为新教伦理所肯定的正面价值）。这就会导致一个问题：如果每个人都禁欲,都节省,那就不可能有充足的消费能力;如果没有足够的消费能力,生产能力的不断提高,势必会带来生产能力的过剩。资本主义为什么会不断出现经济危机?为什么后来必然走向帝国主义、殖民主义,其实也正是为了解决生产的问题:更低廉的成本,更充足的消费。因此,基于新教伦理的生产主义的逻辑肯定是走不通的,最终必将消费推到前台来。这就是资本主义从生产主义向消费主义转变的重要原因。如果说生产主义的基本特点是重生产、轻消费的话,那么,消费主义的基本特点则是重消费、促生产,并且形成以"追求体面的消费、渴求无节制的物质享受和消遣"的消费主导下的生产格局。鲍德里亚在《生产之镜》《消费社会》中对马克思主义生产理论的批判和超越也基于此。不过,正如生产的根本目的是扩大再生产一样,消费主义的逻辑仍是为生产服务的,其实只是生产主义的一个变种而已。因此,"人民日益增长的物质文化需要"中,哪些是人民真实的需要?哪些是被制造出来的或者说需要被制造出来的需要?哪些是因为人民群众的节省观念而导致的消费不足?哪些又是因为人民群众过度消费之后仍然无法满足文化再生产的需要?内需的不足恐怕并非真正文化消费的萎缩,而是消费需求满足不了社会文化扩大再生产的需要,这确是一个需要仔细辨析的问题。

其三,文化生产具有其自身的独特性,尤其是当我们讨论以城市为中心的文化矛盾问题时,必须处理更为复杂的现象。长期以来,文化生产被视为精神生产的同义语,如马尔库什在谈到"文化生产"问题时,就特别做出注释——"文化生产[geistige Produktion(德语,精神生产之意)]"①,因此,在马克思那里,"文化生产"(同"精神生产"一样)具有两个显著的特点:一是它同物质生产一样,遵循生产的一般规律;二是精神生产也具有自己的独特性,与物质生产具有不平衡性,甚至在某些方面与物质生产相敌对。不过,在涉及"文化再生产"方面,马克思的经典著作中尚语焉不详,究竟文化再生产遵循哪些再生产的一般规律?具有哪些独特性?工业再生产(物质再生产)究竟在哪些方面制约并影响了文化再生产(精神再生产)?更为重要的是,当前社会文化生产中最为重要的形态就是文化产业,其生产特征已经变成了物质生产与精神生产的混合体,甚至被纳入整个物质生产的体系之中。这就给我们讨论社会文化生产与消费的矛盾提出了更为重要的问题:如果说,文化产业(文化工业)在霍克海默、阿多诺那里还是在隐喻或者类比的意义上讨论文化生产(精神生产)完全遵循了物质生产(工业化大生产)的逻辑,使得所生产出来的文化变得均一化、标准化、标签化、图式化了的话,那么,当前所推动的文化

---

① [匈]G.马尔库什著,孙建茵译:《马克思主义与文化理论》,《世界哲学》2010年第2期,第61页。

产业振兴计划,则实实在在地使之成为物质生产部门之一来看待,文化产业的评价标准几乎完全遵循其他产业一样的评价标准,进行成本收益分析,讨论其经济贡献度了。那么,文化产品中文化价值与其交换价值之间的不对等性(300页的学术名著和300页的通俗读物在定价上是相等的,但文化价值却有天壤之别)、文化传承中的"经典现象"和文化市场中的"长尾效应"与物质产品扩大再生产所需要的更新换代、技术升级和收回成本、重新投入之间存在明显的矛盾。物质生产和精神生产的矛盾已成为文化产业的内部矛盾,而这正是我们分析当前社会文化矛盾问题的难题所在。

所有这些,并非简单地否定社会主义初级阶段对社会基本矛盾判断的有效性,而从理论和实际出发,要对这一基本矛盾的性质、具体表现及其存在的问题进行实事求是的具体分析,从而充分展开其内部的复杂性,使之更好地指导各城市、区域乃至国家的社会经济和文化发展。

三、主流文化成为支配性文化的可能路径

所谓支配性文化(control culture)又称"主导文化"(dominant culture)。雷蒙德·威廉斯在《马克思主义与文学》中明确指出,"在我称之为'划时代'的那种分析之中,某一文化过程总被看作是某种具有决定性的主导特质的文化体系",对主导性文化、支配性文化的判断和把握不只是对这一特定的文化时代进行命名,更重要的方法论意义在于"通过这种方法,从那些通常被抽象为某种体系的事物中找出一种运动的意义来",因为"在真正可信的历史分析中,最有必要的是应当在每个阶段上都认识到那存在于特定的,有效的主导之内或之外的各种运动、各种倾向之间的复杂关系"。正是在这一个意义上,雷蒙德·威廉斯将文化的形态分为"主导""残余""新兴"并以此展开它们之间各种复杂的文化运动。詹明信在其《后现代主义,或晚期资本主义的文化逻辑》中也是在"主导文化""文化的主导风格"的意义上定义后现代主义的。他明确指出:"我们必须视'后现代主义'为文化的主导形式,我们的历史分期观才能有出路。我认为,只有透过'文化主导'的概念来掌握后现代主义,才能更全面地了解这个历史时期的总体文化特质。有了'文化主导'这个论述观念,我们才可以把一连串非主导的、从属的、有异于主流的文化面貌聚合起来,从而在一个更能兼容并收的架构里讨论问题。"[①]由此所提出的问题是:20世纪

---

① [美]詹明信著,张旭东编,陈清侨等译:《晚期资本主义的文化逻辑:詹明信批评理论文选》,生活·读书·新知三联书店1997年版,第427页。

90年代以来中国所兴起的文化批评热潮是否是建立在对支配性文化、主导文化的分析基础之上的？

答案可能是并不尽然。一方面，90年代中国文化批评的兴起与90年代社会主义市场经济转型密切相关，从这个意义上说，应该是把握了这个时代的"支配性力量"和"主导方向"的。90年代中国文化批评的起步是从大众文化批评开始的。作为早期大众文化批评的旗帜性学者，戴锦华曾如此描述过90年代初的心路历程："90年代以后，我始终处于相当茫然的状态。这种茫然到1992、1993年之交达到了极致。这主要是因为商业大潮不期而至，就个人经验而言，我经历了真正的'失落'。首先是80年代自己所属的学术群体的溃散，似乎所有人都在一夜间放弃了学术。"面对似乎是一夜间就降临到中国的"大众文化、商业文化、文化市场的全面兴起"，"我经历了一场'知识的破产'：自己过去所娴熟使用的大部分理论和方法都在新的现实面前显出了苍白无力"①。陶东风一方面承认大众文化理论当然借鉴于西方，但是另一方面，"90年代中国的文化现实发生了巨大的变化，尤其是市场化、世俗化以及大众文化的兴起使得人们感觉到了文化研究的理论魅力"②。事实也确实如此，1992、1993年之交，社会主义市场经济所推动的商品化、市场化的浪潮给已经因思想启蒙失望而心灰意冷的中国知识界的头顶再浇上了一盆凉水，知识分子的边缘化、人文精神的失落加速了知识界的分化，以关注大众文化起步的文化批评正是在这种混合着政治失望、商业恐慌、文化挫败以及学术与思想分野等多重复杂情感的状态中兴起的。

但是另一方面，文化批评者们所借重的理论资源却并没有有效地展开对"正在形成中的支配性文化"的分析。当大众文化成为文化批评的第一块试金石时，中国的文化批评者所借鉴的理论资源主要就是法兰克福学派的文化工业理论，他们认同霍克海默、阿多诺将文化工业视为"大众欺骗的启蒙"的观点，将大众视为文化工业的被动消费者，将大众文化视为资本主义意识形态灌输的形式，于是"文本的贫乏""与权力同构或合谋""商业主义"以及"被动接受"等就成为众口一词的大众文化批评态度，在这背后正暴露出90年代中国的大众文化批评理论资源的单一和思想立场的片面③。进入21世纪之后，伯明翰学派文化研究中的大众文化理论开始引入中国，陆扬、王毅合著的《大众文化与传媒》一书拓展了西方大众文化理论的面

---

① 戴锦华：《犹在镜中——戴锦华访谈录》，知识出版社1999年版，第5、215-216页。
② 陶东风：《文化批评向何处去？》，《天津社会科学》2000年第4期，第90页。
③ 陶东风：《大众文化：何时从被告席回到研究室？》，见金元浦、陶东风：《阐释中国的焦虑——转型时代的文化解读》，中国国际广播出版社1999年版，第110-114页。

向,费斯克、洪美恩、德赛都等人的理论开始产生影响①,大众文化不再只是文化工业所生产出来的文化,也包括大众自己生产的文化、各种青年亚文化,还有新的文化形态,诸如视觉文化、都市文化、流行文化、网络文化、新媒体文化等纷纷进入文化批评者的视野。换言之,文化批评者关注的重心转向了"新兴文化"的方面,对此雷蒙德·威廉斯曾一针见血地指出,"新的意义和价值、新的实践、新的关系及关系类型总是在不断地被创造出来。但麻烦的是,人们很难把那些真正属于新阶段主导文化的因素(在这种意义上指的是"特定种类/具体"的因素)同那些实质上只是取代或对立于主导文化的因素相互区别开来——严格地说,新兴绝非新奇之物"。因此,"要最终理解这种既有别于主导又有别于残余的新兴文化,关键在于要懂得这样一点:新兴文化诚然决定性地依赖于找到新形式或找到对形式的适应方式,但它绝不仅仅是某种直接实践的事物"②。视觉文化研究的兴起来源于90年代之后影视艺术的蓬勃发展,更得益于网络、新媒体在21世纪以来以前所未有的速度实现了日常生活的全方位渗透;都市文化研究的兴起既与当代中国城市化进程的提速有关,更与城市作为文化主体的自觉密切相关,从城市形象、城市精神的讨论到城市经营、创意城市、城市软实力的推进,都市(城市)文化研究也获得了地方政府这座强大的靠山。但是,文化批评各种面向的展开并没有最终完成其参与当代中国支配性文化(主导文化)形构的论证。在文化批评者眼里,大众文化仍然是知识分子所主导的精英文化所不齿的世俗、庸俗、媚俗的产物,也是官方意识形态千方百计努力收编的对象,视觉文化研究者更多地将之与新兴的视觉媒介、视觉技术联系起来考虑;都市(城市)文化也更多地将特定的区域、地域的历史与文化联系起来。而这一切正表明,当代中国的文化批评正有意无意地疏离对支配性文化、主导性文化的关注,或者说在对各种新兴文化、残余文化的分析中并没有将它们与主导文化的关系作为一个重要的问题纳入视野。

　　在当代中国讨论支配性文化的困难在于以马克思主义为指导的社会主义文化当仁不让地处于"主流文化"的地位③,而"改革开放"无疑应该成为对三十多年来

---

① 还有与之同时推出的罗钢、刘象愚主编的《文化研究读本》(中国社会科学出版社2000年版)、陆扬、王毅选编的《大众文化研究》(上海三联书店2001年版),以及由陶东风、金元浦、高丙中主编的《文化研究》丛刊等共同实现了大众文化领域的拓展。
② [英]雷蒙德·威廉斯著,王尔勃、周莉译:《马克思主义与文学》,河南大学出版社2008年版,第132、135页。
③ 学术界对"主流文化"的看法一般有二:一种是描述性的,即某一社会中占大多数的文化形态,在此义中主流文化可与支配性文化、主导文化相等同;另一种是定性的,即特指统治阶级的意识形态,或称官方意识形态所主导的文化取向。

新社会主义运动的进行文化反思的最为重要的关键词。从三十多年历史发展来看,改革开放自身也经历了从"作为抵抗的策略"到"花开两朵各表一枝",从"社会主义市场经济"到"和谐社会"的复杂过程。所谓"作为抵抗策略"是指改革开放之初面对十年浩劫对中国所产生的灾难性影响,一方面表现出"解放思想、实事求是"的清醒认识,但另一方面却是"摸着石头过河"的对改革的目标方向、实施步骤并不特别清晰的复杂现实。十一届三中全会前后,由于极左思想的深刻影响,使得思想解放成为最为紧迫的时代任务,作为思想解放最重要的成果,就是用"以经济建设为中心"实现了对"以阶级斗争为纲"的取代。但是从80年代到90年代,"以经济建设为中心"的改革开放推动力一方面带来了经济体制改革的深化,另一方面却伴随着政治体制改革的相对滞后。这一现实虽然在一定程度上保证了经济体制改革的社会主义方向,但在更大程度上却使得政治体制成为制约经济体制进一步改革开放的因素。这种改革开放"花开两朵各表一枝"的现实直到今天都还没有得到很好解决。90年代以后,邓小平南巡讲话和社会主义市场经济口号的提出加速了经济体制的改革进程,试图探索一种通过经济发展推动社会全方面发展的新路,从而呈现出一种有别于80年代的改革开放进程。在这一进程中,利益主体的多元化、社会结构分层的多样化日渐重构了当代中国的社会现实,逐步发展出一整套以"改革开放"为特征的支配性文化,我们可以将之称为"新社会主义文化",在这种新社会主义运动的推进中,一方面带来了当代中国文化的巨大发展,但另一方面也在某种程度上激化出了第三次改革之争。面对"改革开放",主流意识形态正在调整并形成了一套属于自己的表述话语(如"发展是硬道理""三个代表""科学发展观""和谐社会"),学术思想则分化出若干种解释框架(即不同思想倾向和学术背景的学者分别对当代中国问题发言,对主流意识形态所提供的表述话语进行阐释),而对于百姓的日常生活而言,改革开放的欢欣与阵痛带来的不仅仅是思想观念形态的转变,更重要的是作为整体的生活方式的重建。很显然,改革开放,已经成为新社会主义文化转型的标志。

更为重要的是,当大众文化直接成为文化批评的对象时,我们也不得不面对下面这些事实:其一,当代中国的"大众"事实上经历了"工人阶级市民化"的转变,而"工人阶级文化"曾经是绝对的支配性文化的主体,与以马克思主义毛泽东思想为指导的主流意识形态形成坚不可摧的整体的文化形态;其二,社会主义市场经济也是由党和政府所主导的经济与社会的全方位改革的产物,我们绝对不能因其商业化、市场化倾向而将之等同于西方发达国家资本主义市场经济主导下的商业文化、消费文化、大众文化形态,中国的市场经济和商业文化仍然有着强有力的社会主义意识形态的支配性;其三,弥漫于当代中国的各种非主流文化和青年亚文化的形态也不再像60年代的世界性的反文化浪潮那样具有反抗性、颠覆性和革命性了,至多成为一种彰显个性或者寻求认同的一种文化表达,更多的则是具有了单纯的游戏娱乐的性质;其四,主流文化经过三十多年的文化实践,也成功实现了"大众化转型"——在此,主流文化对大众文化的收编当然存在;但同时主流文化主动向大众文化的取经也是一个不容忽视的现实。从90年代以来的在"弘扬主旋律、提倡多样化"背景下开始的作为抵抗好莱坞大片的"国产商业大片"到现在"社会主义文化大发展大繁荣"时期成功营销的"主流大片",主流文化已找到了成功接合大众文化的途径和方式。正是在这个意义上,"主流大众文化"可以成为对"正在形成中的支配性文化"的一种思考方向。

三、公共文化服务的重新界定

公共文化服务承担着满足大众日益增长的精神和文化需要、宣传和凝聚社会主义核心价值观的重要职能。各种公益性的文化设施作为公共文化服务体系中的重要组成部分,得到了各级政府大量的人力、物力和财力的投入,但是从故宫"四重门"事件来看,这一过程中出现了严重的文化失灵现象。公共文化服务建设中的文化失灵现象是指,公共文化服务主体(机构及其相关的个人)背离文化的公共性和文化的公共服务宗旨,强化市场所遵循的资本和效益的逻辑而导致公共文化服务的"经济化",或者因政府过多干预而导致公共文化服务"行政化",而其直接的后果就是文化在资源配置和共享方式上的公共性丧失与公共服务中的文化"空洞化"。这种文化失灵不同程度地存在于今天公共文化服务建设的诸多方面。

所有这些貌似非常"当下"或者说"眼前"的紧迫问题,其实有着非常深刻的历史发展变迁的渊源。首先,文化体制改革带来文化事业与文化产业的二分,文化发展受政治与经济双重逻辑的引导。我们的公共文化服务经历了从计划经济向市场经济转型过程中文化建设的分化和重新定位。改革开放新时期以来,中国文化管理和文化建设的核心就是文化体制改革。"以改革促发展,以开放促发展"成为三十多年来社会主义文化建设的主旋律。公共文化服务建设的提出有一个重要的前提,就是文化建设的观念实现了从"以文化事业为唯一"到"文化事业和文化产业二分"。从社会主义市场经济的角度来看,文化生产因为政治与经济因素的介入出现分化,从而导致文化机构也呈现出复杂的面貌。文化生产的经济逻辑以营利为目的,在利润的驱动下,促使文化生产向大众文化方向倾斜;而文化的政治逻辑则强调文化的社会功能,它需要这个文化能够成为民族独立、城市精神的体现,它注重对民族文化、地域文化的继续、保护和发展,满足普通市民娱乐、休闲、健身、求知、审美等精神需求——这便是文化事业必须得承担的基本功能。文化的经济逻辑与政治逻辑的分野,导致了截然不同的都市文化生产主体的产生——商业性的文化生产主体形成"文化产业机构",而公益性的文化生产主体则形成"文化事业机构"。其次,市场经济中"市场失灵"的本性、文化机构的双重属性的特性为文化失灵提供前提。围绕文化管理与建设所展开的各种体制、机制改革其实都在处理一个基本问题:如何从过去片面地强化文化的政治功能到发挥文化的经济功能?所谓"市场失灵"理论强调市场并非万能的,它也有无法有效分配商品和劳务的时候,也就是说,市场也有其市场规律无法发挥作用的领域或时刻,这就会造成"市场失灵"的情况;一旦"市场失灵",那么政府就应该扮演"救市(场)主"的角色,满足特定"市场"的商品或劳务的需要。为实现文化事业的管理和建设,党和政府在公共文化服务建设方面已取得了新的进展:一方面,公共文化服务与文化产业明确区分,预示着党和政府成为公共文化服务的推动者和管理者。另一方面,在具体的文化机构、文化形态和文化活动中,公共文化服务的社会效益价值和经济效益价值又不是绝对分离的,这就带来了更为复杂的现象:有的文化机构一边坐享公共文化服务身份而带来的政府补助,同时又运用市场原则开展经营性的文化活动,从而双方面获得好处。有的则采取以经营性文化活动盈利来弥补公共文化服务经费之不足的做法,事实上这也提出了一个文化产业发展如何反哺公共文化服务的问题。再次,对文化自身价值与规律特性的忽视是导致文化失灵的根本原因。在经济学领域中,导致"市场失灵"的原因既有外部性原因,也有内部性原因,既有真性市场失灵,也有假性市场失灵。仅仅聚焦于所谓"市场失灵"的表象是无法深刻透视其内在根源的。这要求我们不能忽略最为根本性的问题:文化自身的价值和意义在这些体制、机制改革过程中是否受到了应有的重视?我们的文化体制改革是否遵循了文化自身的发展规律?在政治的一元化与文化的多样性之间,在经济的趋利性与文化的共享性之间,我们的价值标准究竟是什么?而这,可能正是导致当前公共文化服务建设中"文化失灵"的根本性问题。

正如荣跃明所指出的,"由于传统体制的影响和文化发展的复杂性,社会各界对于经营性文化、公益性文化和公共文化等概念存在着各式各样的不同理解。这种状况客观上影响和干扰了文化体制改革的顺利进行"[①]。当我们强调文化事业的"公益性"时,其所指并非其"非经营性""非营利性""非市场性",而是"公共利

---

① 荣跃明:《公共文化的概念、形态和特征》,《毛泽东邓小平理论研究》2011年第3期,第38页。

益",即有关社会公众共有的福祉和利益,维持这种社会公益的方式,既可以是市场化的,也可以是政府化的。一种很难理解和被认可的逻辑是:当我们谈公益性文化事业时,所关注的只是文化供给中的"市场失灵"部分;而当我们谈经营性的文化产业时,则会无视文化的公益性,只将文化视为"唯利是图"的商品。这种理论的怪圈或者陷阱事实上直接影响和导致了我们对"公共文化服务"的狭隘认识。

那么,我们该如何准确地理解"公共文化服务",并制定相应的文化政策呢?首先,公共性、公益性应该是理解文化的关键。但是,从公共性角度来分析"公共文化服务",仍然存在一种认识上的模糊性:公共文化服务究竟是公共文化的服务还是文化的公共服务?抑或是公共文化的公共服务?当我们强调公共文化服务是"公共文化的服务"时,必然涉及对"公共文化"的理解、对文化的公共性的强调,如荣跃明一方面认识到公共文化具有共享性、仪式性、差异性、建构性,其中最为重要的特征就是共享性,它直接来源于文化的公共性特征。另一方面也不无遗憾地注意到,"由于公共文化形态的多样性,以国家财政支撑的公益性文化事业体制无论在内容、活动方式,还是在组织形式上,都没有全部覆盖整个社会的公共文化领域"[①]。何以如此?正是因为我们对公共文化服务的认识来源于历史上形成的存有歧义的公益性文化事业。

其次,加强公共文化服务中政府职能由管理向服务的转变。事实上,公共文化服务之所以最终从公益性文化事业建设中脱颖而出(虽然到目前为止仍然是两个概念并存),除了经济学的"市场失灵""公共产品"理论的影响之外,还有着关于政府职能转变的管理学领域所带来的观念变革。公共服务的主体是政府及其相关部门,公益性文化事业(其主体是公共文化服务)恰恰是文化产业发展中"市场失灵"而必须由政府发挥积极作用的部分。因此,从这一角度所理解的公共文化服务其实是对服务主体——政府——的服务方式的强调,即"文化的公共服务"。从公共服务的角度来看,政府应该关注具有公共性的、关涉公民基本权利的文化。

再次,逾越事业与产业的界限,尊重文化价值的公共性。

要想更好地理解公共文化服务,下面几个要素是必不可少的:① 公共文化服务的主体:政府及其相应的机构和个人;② 公共文化服务的内容:具有公共性的文化,即公共文化,而非"非营利性文化"(从这个意义上说,文化产业所生产出来的文化也是公共文化的一部分);③ 公共文化服务的方式:公共服务,政府应该将公共文化的管理和建设视为自己必须承担的责任和义务。如果这一观点能够成立,

---

① 荣跃明:《公共文化的概念、形态和特征》,《毛泽东邓小平理论研究》2011年第3期,第44页。

那么：① 党和政府强调公共文化建设中社会主义核心价值体系的构建便是理所当然的事情，但在方式上要学会更好地处理国家、社群和个人之间的关系；② 公共文化服务建设的目标是中华民族文化的伟大复兴，不可继续强化文化的产业化和非产业化之间的区分，而应该强调文化产业与文化事业（姑且沿用这一说法）在文化价值上的统一性；③ 公共文化服务不是"政企分开"，而是在对文化的整体性理解（即"公共文化"）的基础上，充分调动政府和市场两种手段，共同推进社会主义公共文化服务的建设。

四、文化产业发展亟待解决的批评困境

在"新意识形态下"解码"半张脸的神话"的王晓明一直都将"文化生产机制"作为破解中国当代文化现象的一把钥匙。在其《面对新的文学生产机制》一文中，他将这一文化生产机制分解为国家文化政策和管理措施、发表和传播体制、文化／文学教育体制、新的消费趣味和消费能力、文化生产者的物质生活状况和社会地位、文化记忆和想象、跨国资本以及知识分子批判性分析等不同层面。[①] 确实，当代文化批评把目光聚焦于制约文化生产传播消费的意识形态、市场环境、社会因素、文化氛围等，并非过去文艺社会学或者政治伦理批评的简单回归，而是在面对新的文化现实面前的理性选择。"新的文化现实"之所以不同于"旧的文化现实"，归根结底在于它是现代工业革命，尤其是信息革命以来的产物。正是工业技术、信息技术为文化艺术创造了全新的以高科技媒介为基础、以商品化为取向的全新艺术媒介和文化形态。因此，从其与现代工业革命和后工业革命的紧密关系着手，将"生产／消费"逻辑引入当代文化的分析是顺理成章的。正是在这个思路下，作家艺术家不再是追求独创、彰显个性的"天才"，而是受制于文化工作团队的"符号创作者"，他应按需供应，定制生产；文化产品既不能简单地对接"传统"（文化传承），又不是"个人才能"（想象力）的展现，而是首先来自文化受众的消费欲望；用于出售／购买的商品属性及其经济价值成为创作形态、购买需求及创作方式的内驱力；等等。在这一以媒介技术、商品消费为取向的文化生产大潮中，处于支配性地位的便不再只是纯文学、高雅艺术和精英文化了，而是由权力、资本、技术以及相应的文化趣味相交织而形成的通俗文化、大众文化以及相应的文化产业形态。

但是在对待文化产业的批判性分析方面，当代中国的文化批评也同样存在着因理论来源的单一而形成的简单化现象。从来源于法兰克福学派的"文化工业"

---

① 王晓明：《面对新的文学生产机制》，《文艺理论研究》2003年第2期，第9—11页。

(Cultural Industry)到中性化的"文化产业"(cultural industries),包括对"创意产业"(creative industries)或"文化创意产业"(cultural creative industries)的吁请,中国的学术界对文化产业的研究在近二十年时间里经历了从视之为批判性对象到视之为建设性目标的演变过程。不过,文化研究和文化批评的学者大多数并没有与时俱进,甚至采取了相对保守沉默的方式。

进伴随着20世纪90年代大众文化批判而来的是对法兰克福学派的文化工业理论的同步借鉴,并以此来展开的对社会主义市场经济背景下出版、演艺、MTV、影视剧等文化生产方式的分析。① 文化工业视角的引入带来了文化批评上的三个后果:其一,借助文化工业的视角,揭示出90年代之后中国文化生产从过去听命于政治和行政命令,而现在则必须进入市场、接受消费者的选择的历史性变化,②这是有积极性意义的;但是其二,在具体运用中去直接套用霍克海默、阿多诺等人的逻辑,直接将物质生产的特点等价为文化生产的规律,而忽略了精神生产的特殊性,认为文化工业所生产出来的文化产品完全是按照工业生产方式生产出来的,文化工业的结果就是文化的商品化,文化产品成为"彻头彻尾的商品"③。在对文化工业的生产机制分析中,他们并没有像马克思的《资本论》那样,深入到文化工业具体的制作环节中进行细致分析,而更多地是在隐喻的意义上谈"工业"话"生产",更强调的是工业生产标准化、齐一化的要求对文化产品多样性的抑制。更重要的是其三,忽视了中国的大众文化与西方大众文化的差异及两者间所存在的极大的错位,并最终导致文化工业理论在中国成为"未结硕果的思想之花"。④

在引进法兰克福学派的文化工业理论的同时,中国的经济学界、文化政策研究者开始启用与"文化事业"相对应的"文化产业"的概念,⑤随着文化产业逐步从民间的呼唤到上升为国家政策甚至国家战略的层面,西方文化产业的相关理论也开始引入。文化产业的概念背后所包含的理论前提是对市场经济体制的认可,是对

---

① 如潘知常《MTV——当代人的"视觉快餐"——当代文化工业的美学阐释》(《南京社会科学》1994年第2期)、潘知常《邂逅摇滚:当代文化工业的美学阐释之一》(《益阳师专学报》1994年第2期)、韩锺恩《当下人文生态及其文化工业语境——当代音乐对后现代主义文化约定的历史承诺》(上、下,《交响(西安音乐学院学报)》1995年第3、4期)、杨经建《90年代影视剧作:"文化工业"的典型产品》(《理论与创作》1995年第6期)。
② 金元浦:《试论当代的"文化工业"》,《文艺理论研究》1994年第2期,第26—32页。
③ 阿多诺:《文化工业再思考》,见《文化研究》第1辑,天津社会科学出版社2000年版,第198页。
④ 赵勇:《未结硕果的思想之花——文化工业理论在中国的兴盛与衰落》,《文艺争鸣》2009年11期,第25—31页。
⑤ 所谓"文化事业与文化产业二分"是指经过文化商品属性的大讨论,在社会主义市场经济体制建立的背景下,对文化商品属性的认可,并以营利和非营利作为区分文化产业和文化事业的标准,从而强调党和政府应该将工作重心放在"市场失灵"的文化领域(即"文化事业")。

文化产品的工业化生产这一现象的中性化分析性立场①,同时也是党和政府所推行的社会主义文化建设的重要方面,这就使得这个概念一直没有正式进入文化批评的视野,文化批评者似乎总是小心翼翼地与"文化产业"保持着若即若离的关系。相似的情况也出现在从21世纪之初才开始进入中国学术话语的"创意产业"(或"文化创意产业")一词,尽管"创意产业"一词有着克服"文化产业"忽视个人独创性之不足的特点,②但对之的关注仍主要集中在文化政策、文化经济、文化产业的研究者当中。文化批评并非不关心影视、网络、新媒体以及相关的文化现象,但是他们的分析往往沿用奠基于纯文学、高雅艺术基础之上的理论范式,更多地关心在读图时代对文学阅读和文学经典的影响,关注影视作品是如何改编经典文学作品并影响作家的写作风格的。即便单纯地分析影视作品或者网络小说,他们也以作家独创和经典作品的方式分析导演或写作的写作风格、影像或网络文本的表象及其意指实践或结构及其隐含意义。他们也关心这些新的文化现象产生的原因和社会背景,但往往套用布迪厄的场域理论和福柯的话语权力理论,图解为各种权力、资本的运作结果。也就是说,文化批评者对当代文化生产方式的隔膜已经严重制约了其批评的效力,以至于出现凌空蹈虚的现象。

从文化政策的角度来看,文化产业有一个逐渐浮出水面到面目日渐清晰的过程。1992年,国务院办公厅综合司编著的《重大战略决策——加快发展第三产业》,明确启用了"文化产业"的概念。1998年,文化部增设文化产业司,主要任务是研究拟定文化产业发展规划和相关政策、法规,扶持和促进文化产业的发展与建设,协调文化产业运行中的重大问题。2000年,《中共中央关于制定国民经济和社会发展第十个五年计划的建议》中明确提出"推动信息产业与有关文化产业结合","完善文化产业政策,加强文化市场建设和管理,推动有关文化产业发展"。根据党的十五大报告,2001年10月,文化部制定了《文化产业发展第十个五年计划纲要》和《文化事业发展第十个五年计划纲要》。2002年11月8日,中国共产党在十六大报告中明确提出"积极发展文化事业和文化产业,继续深化文化体制改革"问题。

---

① 据赫斯蒙德夫考证,大写的单数"Cultural Industry"一词经法国社会学家(如 Morin, Huetetal, Miege 等人)创造性地运用于联合国教科文组织的政策制定领域,并将之更改为小写的复数的"cultural industries",用以"指出文化产业的复杂程度,还想辨别不同类型文化生产所遵循的不同逻辑。"[英]大卫·赫斯蒙德夫著,张菲娜译:《文化产业》,中国人民大学出版社2007年版,第19页。)

② 据约翰·哈特利的介绍,"'创意产业'(creative industries)这一术语出现于20世纪90年代。十几种各不相同但都依赖于个人创造性的产业被聚焦在一起,这些产业包括电影、电视、出版、建筑、设计、软件和电脑游戏,以及表演艺术。"[澳]约翰·哈特利编著,曹书乐、包建女、李慧译:《创意产业读本》"序",清华大学出版社2007年版,第13页。)

文化事业与文化产业的区分,直接触及对文化生产的属性定位和所有制问题,成为中国文化体制改革向深水区迈进的标志。2009年《文化产业振兴规划》的出台将文化产业上升到国家战略层面。文化产业振兴不仅具有"调整结构、扩大内需、增加就业、推动发展""应对国际金融危机"从而增强"硬实力"的重要作用,而且能够极大地提升城市文化创新力、凝聚力和影响力等"软实力"竞争力。自2011年十七届六中全会通过《中共中央关于深化文化体制改革推动社会主义文化大发展大繁荣若干重大问题的决定》提出"社会主义文化强国"的口号开始,文化产业日益成为主导性的文化生产方式。但是,从民间之手到政府之手的推进,文化产业的发展一直存在着"重产业轻文化""重硬指标轻软影响"的问题。所谓"重产业轻文化"是指,过于强调文化产业的经济贡献度,如追求文化产业增加值、在金融危机中"逆势上扬""拉动内需"等;过于简单地从经济部门角度将文化产业定位在第二或第三部门或"2.5产业";过于依赖行政、经济和法律的手段,如强调政府职能的完善;重视以财政、金融信贷、税收为主的经济政策以及知识产权保护等法律法则等,但是忽视了文化产业之所以为文化产业的"创意"扶持,包括文化传统的激活、当代文化的繁荣、自由思想的鼓励、个人才能的发挥等。所谓"重硬指标轻软影响"是指,在文化产业发展评估上,过于依赖政府部门和经济统计部门对与文化产业相关的硬指标的量化分析,如上海编制的上海城市创意指数,分为产业规模、科技研发、文化环境、人力资源、社会环境等五大指标体系和33个分指标,其中绝大多数以硬指标的形式体现(仅"社会安全指数"一项具有柔性成分),北京编制的北京文化创意指数指标体系的75个子指标中也仅有"居民幸福指数"和"居民安全指数"为柔性指标。文化产业文化性之不足正说明文化人、人文知识分子参与程度不够。

因而,当代中国的文化批评需要在文化产业领域进行强有力的批判性质疑和建设性参与,从而真正介入并影响支配性文化的形成。

文化自觉、文化战略与公民文化建设[①]

中国青年政治学院中文系副教授　孟登迎

目前我国学界和政界已经有不少关于中国道路之独特性和未来走向等问题的讨论,在这些讨论内容当中有一个越来越受到人们关注的方面,这就是文化发展问题。文化发展问题为什么会变得日益紧迫？原因较为复杂。一方面,这固然与我国近三十年来因经济快速增长所带来的国际地位的提升以及我国试图在未来国际格局中所扮演的积极角色不无关联,但另一方面,或许也是更重要的方面,是因为文化问题触及了我国国内社会政治发展所面临的各种深层困境。

中国的经济发展速度固然令人惊叹,但这种快速发展的光环背后却伴随着许多令人忧虑的深层社会文化问题。比如,过度追求经济增长的发展模式导致的可持续性发展问题,这种发展方式所引导的消费方式对于个人价值认同的正负面影响(尤其是因贫富两极分化所导致的全民文化价值的认同危机),都迫使我们必须反思:我们的现代化进程还存在哪些问题？为了在21世纪中叶把我国建设成富强、民主、文明、和谐的全面小康社会,我们需要考虑建设什么样的、更为可取的文化价值观念？换句话说,重新认识中国自身的文化传统(学界一般认为,这个文化传统至少应包括鸦片战争之前的古代文化传统、鸦片战争以来至新中国建立前的近现代文化传统以及新中国建立60年以来的两段风格不同的当代文化传统),并且从对这些传统的审视中重新激发民众对于未来中国(世界)的新的政治认同,显然已经成为一个紧迫而重大的文化战略问题。

也就是说,着眼于当今和以后的文化发展问题,我们首先要对中国自身的文化传统进行重新审视和自觉反省。从这一点来看,我国学界自20世纪90年代中期以来日渐活跃的各种关于"文化自觉"的讨论,可以看作是对上述文化战略问题的积极回应和探索。

[①] 本文完成于2013年9月。

一、"文化自觉"说的由来和沿革

学术界一般认为,"文化自觉"说是我国著名社会学家费孝通先生首先提出的。费先生最早是在1997年1月4日召开的"北京大学重点学科汇报会"上正式提出"文化自觉"这一观点的,随后又在北大社会学人类学研究所同月开办的"第二届社会文化人类学高级研讨班"上做了更为详细的阐释。

费先生首先从20世纪90年代以来全球所面临的共同问题来提出文化自觉的问题。他明言要这一理论范畴"表达当前思想界对经济全球化的一种反应"①;但他其实更重视的还是中国学术界自身的文化自觉问题。他认为"我们的生活本身已经进入了一个世界性的文化转型期",但"在多元文化中生活的人们还未能寻找到一个和平共处的共同秩序",这是人类面临的共同危机。②因此,他认为世界到了各民族要重新认识自己文化的新时代,即要思考如下一些问题:"我们为什么这样生活?这样生活有什么意义?这样生活会为我们带来什么结果?……我们的文化是从哪里来的?怎样形成的?它的实质是什么?它将把人类带到哪里去?"③

费先生认为,对这些问题的思考就是"文化自觉"的主要内容。在他看来,"文化自觉"就是"生活在一定文化中的人对其文化有'自知之明',明白它的来历,形成过程,所具有的特色和它发展的趋向"④。他还补充说,早在1990年,他在80岁生日答谢词中就提到"各美其美,美人之美,美美与共,天下大同",并明确指出这16个字就是对"文化自觉"历程的概括。⑤

费孝通先生所提的"文化自觉"说,决不是文化回归,也不是文化"复旧",同时也不主张"全盘西化"与"全盘他化",而是"为了加强对文化转型的自主能力,取得决定适应新环境、新时代文化选择的自主地位"⑥。因此,它并不局限于对中国独特的生产方式、生活方式、发展道路及文化传统的重新思考,还希望我们既能重视自身传统,又能理解他人优点,为人类创造新的文化前景。也就是说,它有更高的、趋

---

① 费孝通:《重建社会学与人类学的回顾和体会》,见《费孝通论文化与文化自觉》,群言出版社2005年版,第343页。
② 费孝通:《开创学术新风气》,见《费孝通论文化与文化自觉》,群言出版社2005年版,第215页。
③ 费孝通:《反思·对话·文化自觉》,见《费孝通论文化与文化自觉》,群言出版社2005年版,第227页。
④ 费孝通:《反思·对话·文化自觉》,见《费孝通论文化与文化自觉》,群言出版社2005年版,第232页。
⑤ 费孝通:《反思·对话·文化自觉》,见《费孝通论文化与文化自觉》,群言出版社2005年版,第233页。
⑥ 费孝通:《反思·对话·文化自觉》,见《费孝通论文化与文化自觉》,群言出版社2005年版,第232-233页。

向于未来的文化期待,希望我们应当培育出富有时代前瞻性的文化—政治想象来。费先生将"文化自觉"称为"开创学术新风气"的大业,其实就是着眼于一种宏阔的全球文化视角,并对中国社会转型充满一种学术责任担当意识。

在笔者看来,费孝通先生关于"文化自觉"的论述,虽然始于并基于其个人的学术反思,但实际上包含了丰富的时代内容。他的相关论述,对全球化时代多元文化和多族群生存状态以及各自的相互依存关系,都进行了针对性的理论描述。受此说法影响,中国学界出现了诸多与"文化自觉"相关的学术论坛和学术会议,其中以2004年开始举办的"中国文化论坛"最具代表性。这一论坛每年举办一次,已经将"文化自觉"说拓展到如何认识全球化时代的中国社会、如何在当今全球政治经济格局中创新中国文化政治制度这样一些更具实践指向意味的理论探讨层面。

"中国文化论坛"的主要组织者,如甘阳、汪晖、王绍光等人,大多具有较长时间的海外求学或访学经历,而且比较关注新中国成立以来的独特发展道路在全球范围内所呈现出的独特性问题。汪晖认为新中国前三十年的探索是一种独特的"反现代性"的现代化进程,具有不可忽视的政治经济意义,并认为目前中国的政治经济发展模式是西方那些所谓的"普世"理论所无法包容的,它本身具有非常独特而复杂的思想意义。甘阳则提出应重视毛泽东时代的社会主义伦理价值,倡导要在新时代"通三统",即要把古典中国以人情为核心的孔夫子传统、毛泽东时代的平等传统和邓小平时代的市场传统这三者进行恰当的深层融合,以此开辟适合中国未来发展的政治文化道路。①这些表述,对学界一段时间长期流行的那些过度"否定"前三十年经济发展模式和政治探索的各种言论和思潮提出了新的挑战。当然,由于这些学者的表述与官方一直提倡的建设具有中国特色的社会主义理论的提法具有一定的切合性和关联性,思想界左、右两派人士都从中看到了一些与他们自身的论断相关联和相冲突的地方。因此,他们对于中国道路问题的思考,在知识界引起了广泛关注,并且影响了大批青年知识分子的思路。

我们应当注意到,在知识分子阶层中,目前有不少人对甘阳、汪晖这种强调中国特殊性的表述方式持有怀疑态度,认为他们过于强调中国道路的独特性,与很多知识人或中产阶级期待的公民社会、宪政民主社会及"普世价值"是有矛盾的,有人甚至认为他们在有意回避或掩盖中国当今政治经济领域出现的诸多负面现象。在一段时间里,汪晖作为被自由主义者封号的"新左派"领袖(他本人一直拒绝认领这

---

① 参见汪晖:《当代中国的思想状况与现代性问题》,两种版本分别载《天涯》1997年第5期第133-150页和《文艺争鸣》1998年第6期第7-22页。甘阳:《中国道路:三十年与六十年》,载《读书》2007年第6期第3-13页。

顶"帽子"），受到了自由主义知识分子的猛烈攻击，原因大概就在这里。当然，汪晖等人所说的中国道路的特殊性其实是个相当复杂的国际结构问题，这个问题的复杂程度远远超出了批判他的一些自由主义者对于全球结构的认识水平。在我看来，汪晖批判的对象，既包括国际性的金融资本寡头，也包括国内新生的权贵垄断阶层，这一点其实在左、右派的许多简单化的"争论"中很容易被遮蔽和漠视。换句话说，因"文化自觉"、中国独特发展道路说而引发的各种争论，还有很多复杂的思想线索并未被明确表达出来。

二、从"文化自觉"转向"文化自强"

尽管学界有关"文化自觉"的讨论尚待深化，但这些话语却已经迅速扩散到政治宣传、商业传播和文化产业等多个领域。这套最初发源于学界、试图对中国文化传统和现实发展（尤其是经济和政治制度）道路之独特性进行辩证探讨的思想线索，随后在官方"智库"和一些行政机构那里，最终被改造成另一套强大的主流话语表述：文化自觉—文化自信—文化自强，即，要从对中国道路独特性的充分肯定中确立对中国改革开放发展道路的"文化自觉"，并在这种自觉中确立一种提升国家文化"软实力"的"文化自信"，向世界上的"他者们"充分展现中国道路的独特与伟大，从而树立起"文化自强"的信念，推动"文化自强"的行动，实现中华民族文化的伟大复兴。

我们还会发现，这套关于从"文化自觉""文化自信"到"文化自强"的强势话语不只是一个提法，它通过一系列的政府文件和政党纲领（媒体宣传）的强化，现在已经成了某种"不言自明"的表述方式，成了许多党政官员、文化商人和政商"智库"制定本地经济社会发展规划、开展文化建设甚至推动经济生产活动的政策依据。从现实的社会管理层面，我们也不难发现，现在搞任何行业的，只要想得到党和政府的支持或扶持，往往都会说自己所搞的事情关系到文化的自觉、文化的自信和民族文化的复兴与自强。比如：党政文宣部门经常会绞尽脑汁，用"文化自觉"来论证中国特色社会主义道路具有超常的经济生产力，用此种"文化自信"来提升民众对于当今政治制度的信心；各级政府操作部门和行政官员、各类文化商人，往往用"文化自觉""文化自强"来为自己大肆开张的各种文化商业项目造势，搞文化"大发展、大繁荣"，将一些原来很有文化品味的传统资源开发得面目全非、充满铜臭味；甚至那些原来一直处在弱势地位的民间文化保护部门，也试图利用"文化自觉"来寻找生存和发展的机遇，将许多传统的民间文化资源纳入经济开发的对象。总之，这套"文化自觉"和"文化自信"的措辞，由于着眼于民族复兴、政治文明和文化大发展等宏大的政治目标,似乎具有"放之四海而皆准"的扩张力和感召力。我们并不否认,这套话语有时候也产生了一些正面影响,比如不少地方政府开始重视面向普通人民群众的公共文化服务,免费开放公共博物馆、建设民众休闲文化广场等,但总起来看,这种被过度政治化、商业化的"文化自觉"和"文化自信"话语,由于很多停留在口号和商业开发层面,所以带来了一些消极的实践后果。

作为一个普通的中国人,我们面对这些无处不在、无证自明的"文化自觉"论的声音,尤其是面对那些打着发展文化的旗号却大搞商业开发,到处大拆大建的"文化自强"工程,大概都不免会有所担忧。我们只要去各省市考察一下,就会发现到处在修建"文化工程",随处可见"崭新的古镇""崭新的古街",甚至还有"崭新的古墓"!我们要警惕地反问一下,各类主流舆论渠道目前对于"文化自觉—文化自信—文化自强"的高调宣传,是否已经被一些地方政府官员和商人简单地搞成了文化产业,甚至搞成了一些相当恶俗的"文化产业"?

依照费孝通先生和其他学者当初的设想,"文化自觉"意味着中华民族要增强文化自主意识,要对自己的传统、发展道路、未来发展方向有"自知之明",应当以"和而不同""殊途同归"的友好方式来看待和处理自己与世界其他国家和民族的关系,甚至想以中国的新发展给世界树立新的发展范式。这么说来,"文化自觉"的确关乎民族伟大复兴大业,关乎中国社会的未来走向。在笔者看来,"文化自觉"至少应该包含四重面向:一是如何重新认识"文化"概念的多重内涵;二是从文化价值层面看待中国传统文化和中国当代发展道路在世界格局中的积极角色;三是为了担当这种积极的角色,应该如何改善中国党政机构对于文化事业或文化产业的管理;四是为了真正实现文化建设目标,如何改进全体公民的文化实践和文化参与方式(甚至包括生活方式)。

从目前较为正式的官方表述来看,其中涉及"文化自觉"的论断似乎更多强调要自觉地理解文化发展对于执政党的管理、对于经济发展的重要引领意义,甚至希望用文化自觉来重新确认中国经济管理模式、中国政治制度和政党制度在经济危机时代的优势。[①]从中可以看出,官方表述更多强调的是对中国独特道路的"文化自信",而对如何认识"文化"这一概念的多重内涵,如何改进执政党自身对于文化建设的民主管理、如何引导公民改进文化参与方式等问题阐述得并不充分。为了从理论层面进一步讨论这些问题,我们可以首先从梳理"文化"这一概念的丰富内

---

① 官方表述可参见云杉:《文化自觉·文化自信·文化自强——对繁荣发展中国特色社会主义文化的思考》,《红旗文稿》2010年第15—17期。另可参考《中共中央关于深化文化体制改革推动社会主义文化大发展大繁荣若干重大问题的决定》,http://www.gov.cn/jrzg/2011-10/25/content_1978202.htm。

涵开始。

三、"文化"概念与日常生活方式

众所周知,"文化"是一个内涵极其混杂、多变而又容易引发民族、国家和类群联想的概念,但国内长期流行的观念倾向于将文化当作上层建筑或意识形态问题来处理。比如,我们一般都将社会看作一个由经济基础和上层建筑构成的基本结构,倾向于将文化看成是悬浮在经济、政治之上的在精神领域里的存在形态,而不太强调文化也是与每个个体的生产实践、人际交往和生活方式密切相关的实践领域。

从本源上看,"文化"(culture)是与"自然"(nature)相对应的存在领域,是人类通过劳动实践活动创造出来的"人化自然"。因此,"文化"就是人类生产实践影响、改造原初自然界的成果,是人类生活方式的某种独特的意义表现方式。文化的存在因而至少呈现出以下三种物态化的形式:① 带有物化形式的文化存在(如各种工业、工程和工艺产品);② 某些以纯粹精神方式存在的法律制度、文学艺术形象或宗教伦理形象(即人们一般普遍认可的意义性的、精神性的"文化");③ 个体和群体在日常生活实践中形成的某种带有自我建构特征、有符号表现意义的生活方式。

也就是说,"文化"不应该限于指称那些精神性的产品或存在,不应该限于某种复数性的意识存在(比如民族、国家、政党的文化),还应该直接涉及个体的或某些群体的生活、生存方式及对于这些方式的符号呈现。如果我们把文化只当作精神性的或复数性的意识存在,要充分理解以日常生活方式样态存在的文化就会有一定困难。但无论是马克思的著作,还是越来越多的西方马克思主义者的论述,都在告诉我们,最好把文化理解成与个体日常生活实践和生活方式密切相关的概念。著名的英国马克思主义学者雷蒙德·威廉斯就指出,"文化是日常生活"[1],"文化表现一个民族、一个时代或一个群体的一种特殊的生活方式"。[2] 他的这些界定实际上充分肯定了那种有符号表达意义、以个人或群体的生活方式所呈现的文化样态的存在。需要补充的是,他对文化概念的这一界定并不是纯学术的、知识性的工作,还有着更为深刻的文化政治意图。也就是说,他非常重视文化的这种现实存在

---

[1] Raymond Williams, *Resources of Hope: Culture, Democracy, Socialism*, London & New York: Verso 1989, p. 3.

[2] Raymond Williams, *Keywords: A Vocabulary of Culture and Society*, Revised edition, New York: Oxford University Press, 1985, p. 90.

方式(即日常生活方式),并在一定意义上把它看作是工人阶级或社群参与文化政治、共享政治想象力和美学趣味的现实基础。

通过以上对于"文化"概念的梳理,我们可以看出,"文化自觉"应该是对以上三种形态的"文化"成果存在样态(即物化形式的文化成果、物态化形式的精神性文化成果和生活方式的符号化表现成果)所进行的一种自觉的反观和思考。因此,对于"文化自觉"的探讨不能限于民族、国家、政党这类宏大主题,更不能限于对中国自身发展独特性的"合法化论证",还应该深入到对于公民个体的生活方式、生存方式和文化参与方式的反思当中去。唯有如此,这种"自觉"和反思才算真正落到了实处,才能有助于普通公民共同去参与、去建构某种更适合于未来理想社会的新型的文化生活,而且这种文化生活是由他们自身创造、为他们自身服务并为他们自身所共享。从这一点来看,公民文化参与和文化建设实际上是一项具有重大政治意义的"民生工程",它已经不再是那些为某个民族、某个政党、某个集团或某个时代的合法性去寻找的权宜之计。

事实上,近年来国内已有一些学者开始讨论公民生活方式问题,并将这一问题上升到公民政治和公民文化参与的高度。比如陶东风先生就多次提出要推动一场"我们需要好生活"的大讨论。陶东风将"好生活"更多地与政治权利的落实、公民权利的保障和社会正义的伸张联系在一起,尤其强调要对流行的"好生活"观念和生活方式(比如经济调整增长、居民可支配收入增长及物质文化生活条件改善等功利目标)进行反省。① 在笔者看来,有关"好生活"的讨论启示我们,真正的"文化自觉"并不一定意味着各级党政官员必须风起云涌般地上马那些追求所谓"文化自信和文化自强"的宏大文化工程,相反意味着我们应该反思那些影响当今普通公民文化观念和生活方式的流行思想和消费机制,应该寻找文化发展战略的公民文化建设面向。

四、文化发展战略实施中的公民文化建设面向

综上所述,我们不必纠缠于国家、民族或政党的层面来谈"文化自觉"和文化战略问题,还应该讨论包括普通公民的文化参与在内的诸多现实文化建设问题。因此,在实施国家文化发展战略的过程中,我们不能仅仅将"文化"理解成狭义的精神文化形式(如宗教、文学艺术、哲学),理解成文博遗产、文化产业或国家"软实力",

---

① 参见陶东风:《何为好生活——论后神学时代的好生活问题》,《探索与争鸣》2011 年第 5 期第 56 - 60 页;另参见陶东风在其新浪博客(http://blog.sina.com.cn/taodongfeng)当中发表的数篇相关文章及其回应。

还应该考虑文化所包含的其他更为基础的内涵,如社会各阶层的积极文化参与、文化政治表达和生活方式表现等。换句话说,文化是个"活的"东西,主要与当今普通民众的生活密切相关,而不只是个既定的"物化"存在,是个"工程"。我们相信,只有真实的民众生活介入其中,文化才会是真实的、可持续的和有意义的文化,这样的文化才可能是真正为人民服务的文化和对人民身心有助益的健康文化。

因此,在制定和实施文化战略的时候,我们尤其要关注普通公民在日常生活中所创造出的和正在创造的丰富多彩的生活文化。以此为对照,我们不难发现,我国目前在实施国家文化发展战略的过程中,出现了一些本应该可以避免的偏差。比如由于过多强调文化(软实力)作为国际竞争策略的一面而急切进行对外宣传和输出,由于过度强调发展文化产业、文化工程对于地方经济的推动、对于表面文化景观的美化而相对忽视公共文化事业的民众文化内涵。概而言之,目前我国文化发展战略实施中的重中之重,恐怕不是要急迫地"对外输出",而是要"苦练内功"的问题。"对外输出"固然重要,但为什么要输出?输出些什么理念?我们到底有哪些值得输出的东西?这一切更需要我们重新进行认真的反问。或者说,文化战略实施中出现的新缺憾,反过来会倒逼我们必须重新反思有关"文化自觉"的讨论,即如何更为深刻地认识我们的历史和现实,尤其是如何正确适当地看待当代中国所具有的文化优势和劣势。有学者批评我们资助的不少"孔子学院"和"对外翻译工程"只搞了些技术性的工作,无法对当今的外国人提供具有说服力的中国当代经验和认识。比如,在全球设立的四百多所孔子学院目前大多只教外国人了解一些汉字、汉语、武术和民俗之类的东西,并不能深入介绍中国当代政治经济和文化方面的重大探索(甚至也不能传播博大精深的中华古代文化),而投资巨大的"对外翻译工程"翻译的也主要是中国古代典籍,很少介绍当代普通中国民众的文化实践(文化参与和文化建设)和文化政治追求。这些批评意见也许不无偏激之处,但确实指出了我们在认识中国当代文化价值和实施文化战略方面存在的某些主要问题。

就文化战略来说,对外输出这个"面向"固然重要,但更重要的恐怕还是另一个对内的"面向",即公民文化参与和公民文化建设。从这一点来说,我国文化发展战略的核心目标,应该是努力为中华民族的长远发展、为十三亿普通中国民众的日常生活提供更多高质量的文化产品,引导民众积极参与各种日常文化的建设,并为这些活动提供丰富的文化空间(从物理的、法律的到精神的空间)。归根结底,我们搞文化发展战略,并不是为了给外国人"看"的,而是要为大多数中国普通民众服务的。因此,对内凝聚社会主义核心文化价值,重建广大民众的文化认同和思想共识,已经成为当前文化发展战略必须着力解决的紧迫任务。换句话说,"苦练内功"、建设公民参与型的文化生活成为当务之急。我们只有建设好自身的文化,让大多数中国普通民众真正有机会、有兴致、有能力参与到他们身边各种真实的文化建设(比如社区文化、村落文化、校园文化、公司文化等)当中,愿意并能够共享到这种文化建设的丰硕成果,才有可能向国外输出那些对各国人民有助益的、有中国创造精神和基层民主精神的高质量的文化元素,才能真正获得世界人民的尊重。这样一来,才能使国内、国际两个面向的文化建设相得益彰,真正贯彻我们的文化发展战略。

需要补充的是,推动公民文化参与文化建设说起来容易,但要真正做起来并非易事。换句话说,要真正完成文化发展战略理应包含的这个对内的公民文化建设的"面向",改善广大普通民众的文化生活和现实文化参与,需要我们在理论上和实践上进行更为艰巨的探索。仅就促进普通民众参与文化建设这一点而言,我们的国家文化发展战略本应该努力促成社会各阶层文化的互动和交流,让各个阶层(尤其是文化弱势阶层)充分展现自身的正当文化诉求,尤其不能放任或纵容公共文化传媒过多地展现那些成功阶层的强者文化观。我们应该实事求是地承认,中国现在已经是一个阶层文化分化相当明晰的社会,底层人、弱势群体在文化上已经与权贵阶层、中产阶层产生了相当大的距离。从比较理想的状态上讲,底层人、弱势群体应该建立起属于自身的、有尊严的文化观念体系,他们不需要某些"专家"或成功人士的怜悯和鉴定,他们不需要、也不见得愿意崇拜强者和"个人成功者"的某些文化观念。但事实上,他们几乎每一天都在被迫接受这些带有丛林竞争意味的强势文化观的无情轰炸。不难发现,作为公共文化资源提供者的很多大众传媒和文化展示空间,很多却在大肆展现"成功人士"对于劳动成果进行尽情占有、享受和消耗的炫富形象;与之相对,却很少真实完整地展现广大普通民众从事生存性劳动的艰辛过程,很少严肃地展示劳动者自身对于精神价值的诉求和他们的文化思考。但事实上,包括底层劳工在内的许多社会阶层,都对产生于他们自身生活的那些真诚的精神文化生活有着强烈的渴望,他们渴望创造,也渴望得到其他阶层的理解和尊重。但在这个大量遮蔽劳动过程、只醉心于展现"成功人士"消耗劳动成果(商品)、放纵物欲和快感的时代,在这个宣扬"强者文化"和"丛林法则"的时代,普通民众(尤其是青少年一代)必然会遭受到沉重的精神压迫,这种压迫最终表现为一种从符号化消费激情中升腾的强烈的挫败感。无论是市民、中产阶级还是广大青少年,都很容易被卷入到这种由超前消费、炫示性消费、符号化消费织成的泥潭。但令人感到诡异的是,即使人们身陷这种泥潭之中,还会不断仰望着那个由个人成功主义和消费主义编织而成的、悬挂在空中的幻象。正因为这种处境,才产生了大量的充满自我挫败感的人群。据说,目前我国以"屌丝"自比、自贱的国民多达数亿之众(网络统计说已接近6亿人),这种自轻自贱的势头着实令人忧惧。从一定意义上看,这种令人无奈和忧虑的文化现实,恐怕也应该成为文化发展战略自我检讨的应有之意。也就是说,我们的文化发展战略到底给普通民众提供了哪些健康向上的文化元素,到底激发了多少普通民众去积极参与和建设属于他们自身的真实文化。

从公民文化参与和文化建设方面来看,我们的文化发展战略应该充分顾及不同阶层各自独到的文化追求,应当积极促进各阶层文化的相互理解、相互扶助和多元共荣。唯有让不同阶层最好的文化亮点都获得尊重和敬畏,文化才能成为一种强大的向善向美的精神力量。

五、公民文化建设与日常生活方式的"文化自觉"

以上有关文化发展战略应充分顾及公民文化建设的讨论,充其量只是从思想观念层面上触及公民文化建设这一问题,而要真正促成公民文化的建设,则必须找到公民可以进行自我文化参与、文化互助和文化改造的具体途径。而对于公民来说,他每天所经历的日常生活无疑是最普遍、最真实的存在,而且是其参与文化建设的基本条件。因此,对于日常生活的"文化自觉"是公民开展新型文化建设的前提。本文所说对于日常生活的"文化自觉",既有别于当今流行的"文化自觉"论(即关注民族、国家、政党或政治模式的伟大独特性及伟大传统的延续性),也有别于一些学者追随英国社会学家迈克·费瑟斯通所说的那种对于消费者个性的风格化表达和身份区隔的迷恋(详见费瑟斯通的《消费主义与后现代主义》一书),而是要以批判性的态度重新审视我们的日常生活和日常生活方式。笔者认为,对于生活方式的反思,也是所有世界公民"文化自觉"的应有之义,甚至是公民开启"文化自觉"的起点。模仿费孝通先生的问话方式,我们也许可以提出如下一些问题:我们现在的日常生活方式难道没有问题吗?这种日常生活方式有助于建立一个和平、共享和公正的未来社会吗?我们的日常生活是所谓"审美化"的生活吗?

毋庸讳言,这个世界到处充斥着无处倾倒的过剩商品和对于这些商品的过度推销信息,充斥着人类过量消耗之后产生的巨量垃圾;而与此同时,地球各大洲却有十多亿的贫民饥肠辘辘,他们饱受战火和自然灾害的多重折磨。在这个疯狂消费商品的时代,我们身处的生态环境已经结构性地恶化了,全球气候变暖、水资源枯竭、生物多样性消失等不可逆转的悲剧天天都在上演,而各种刺激、诱惑或迫使我们去疯狂消耗能源的广告,却总能堂而皇之地在公共电视台的黄金时档不间断地插播。这些消费广告所宣扬的人际之间的攀比与冷漠,不断地开发着我们的占有性欲望(尤其是对物、商品和财富的占有),同时又不断地将我们的欲望连根攫取掉,而我们本应该具有的那种与他人共享分担、为后世子孙和同类(动植物)生存而忧惧的公德心,却总是被无情地或温情脉脉地掩埋和遮蔽!面对这样的现实,我们还能陶醉于那些崇拜物质和经济增长以树立大国文化自信的极端发展观吗?我们还能迷恋于"日常生活审美化"的幻觉吗?

因此,在当今时代,公民个人的日常生活和日常消费方式在一定程度上已经成为公共政治问题。公民个体对自身日常生活方式的"文化自觉"和批判性思考,自然应该被纳入国家文化发展战略的实施目标。只有通过这种"文化自觉",才能启动真正的公民文化建设,才能夯实文化战略实施的群众基础。当然,这种"文化自觉"首先源于我们对自身日常生活方式的理论反省和批判,但随后应该将这种批判和反省深化到我们日常生活的方方面面。

笔者近年来与各类热心于公民文化建设的公益组织和志愿者群体有不少交流,仅就笔者对这些文化"先觉者"的观察,他们当中许多令人敬佩的言行至少可以促使我们对我们的衣食住行方式进行重新思考。比如,我们究竟应该怎样穿衣,应该少穿或不穿哪些材质的衣服,应该怎样洗衣服,才能最节能、最节水、最低碳,才能不至于剥夺其他物种和弱势群体的生存权,不至于为了穿羊绒衫而将美丽的草原变成荒漠?我们的集体聚餐方式究竟应该有怎样彻底的改革,才能根治公款吃喝、铺张浪费的恶习?我们每个人的饮食结构究竟如何搭配才能既能保证基本的营养均衡,又能最大限度地节约人类最宝贵的粮食、水和土地资源?我们的政府和企业应该如何调控我们的住房供给结构?应该如何使用环保建材,如何优化设计和施工方案?我们的普通居民应当如何调整住房心态,如何学会用自然方式净化、绿化居住空间,才能真正实现人人有居所、家家户户有安全保障、有低碳追求和清洁空间的住房理想?我们的居民如何调整自己的出行方式?如何才能做到尽量坐公交、少买车、少开车、多走路,让祖国(世界)少损失一片绿色的田野和湛蓝的天空?

有人可能会反问:反省这些关于衣食住行的生活琐事,有那么大的文化意义吗?这对树立中国在世界上的美好形象、实现伟大的国家文化战略有帮助吗?笔者的回答是:肯定有,而且相当重要。在笔者看来,这才是实实在在的"文化自觉",是重塑中国美好国际形象、启动文化发展战略的扎实的开端。"文化自觉"不应该是宏大而空洞的政治口号,而应该是我们每个人要成为合格的世界公民和中国公民的基本条件。试想一百年前,以王国维、梁启超和鲁迅为代表的一批伟大的先贤就曾经痛切地指出:中国人由于缺乏高尚的精神和情感追求,体质孱弱而多病,心灵空虚而苦闷,致使嗜烟狎妓之风盛行;中国人由于缺乏严于律己、身体力行的认真和坚毅,遂使科学艺术事业衰落,公民责任感衰颓。时至今日,我们神州大地随处可见的,依然是大腹便便的官员和"酒精"考验的干部,依然是官场、商场、学界无所不在的炫耀威风式的消费(消耗)秀。尽管新一届中央的党政领导对此风大加整顿,而且成效显著,但应该看到这种坏习气非一日养成,也非一个公民所独有,已经成为一种社会风气。因此在希望依靠党纪国法整顿的同时,更应该将对这种奢侈消费之风的批判引申到公民文化建设和对过度追求经济增长进行深入反省的深度。因为,令人更为忧惧的是,有不少普通民众(包括青少年一代),竟然对这些炫耀性的权钱消耗产生了某种将"羡慕、嫉妒、恨"混为一体的高危情感。

从某种意义上可以说,如果我们从对日常生活方式的反思,最终能够意识到这种由"羡慕、嫉妒、恨"混合在一起的高危情感所具有的人性毁灭暴力,也算是一种"文化自觉"了。因此,对于个人日常生活方式的反省,是我们每个人不可推卸的文化政治责任,它既是个体在精神层面的"文化自觉",更是国家文化战略实施的民众基础。大家可以想见,只要有了对于个人日常生活方式的真诚的"文化自觉",就有可能最终促成整个社会生活方式乃至政治管理方式、民众政治交往的重大变革。而后者正是我们从个人生活方式角度进行文化反省的真正目标之所在,也就是说,通过对日常生活方式的批判和改进,建立健康的公民文化,促进社会主义核心价值观的真正普及和传播,促进国家的政治治理。以此类推,我们与社区邻里的公共交往方式,我们参与社区政治的方式,我们教育子女的方式……恐怕都可以纳入个人日常生活方式反省的行列当中,因为个人日常生活方式的改善在很大程度上已经成为未来政治理想的指标。

结语:从国内、国际两个面向全面实施文化发展战略

我们可以通过对公民日常生活方式进行深刻的"文化自觉"和"文化反省",以此推动健康公民文化的建设,最终推动国家对内、对外文化发展战略的全面实施。这一观点从理论层面看并不深奥,但在实施过程中可能还会遇到较多的困难。这些困难有的来自理论认识层面,有的来自公民教育和具体组织管理层面。仅从理论认识层面来讲,我们不要把公民对于个人日常生活的反省看作是个人的琐事,而应该把它与国家层面的社会主义文化核心价值观相结合。只有这样,我们才会对文化发展战略的"国内面向"有更到位的理解。中共十八大对社会主义的核心价值观有如下的概括:倡导富强、民主、文明、和谐,倡导自由、平等、公正、法治,倡导爱国、敬业、诚信、友善,积极培育社会主义核心价值观。尽管这些概括并不专门针对

文化建设,但核心价值观无疑与核心文化观念紧密相联,我们从中可以初步概括出社会主义中国应该坚持或发展的一些核心的文化价值观念,比如,共同富裕、互助分享、简朴生活、低碳环保、人人向善为善等。因此,在建设公民文化的具体实践中,在帮助公民改进日常生活方式的过程中,都应该用这些体现社会主义核心文化价值观的要领来对照,才不至于将文化建设简单变成上马奢华文化设施、为公民提供休闲娱乐之类的浅层次物质性满足,更不能将文化健康搞成高消耗的"土豪"炫耀工程。

还有一点需要指出的是,在讨论我国文化发展战略的"国内面向"时,我们不能不考虑世界范围内的主导性价值观念对于中国的正负面影响,因为后者在很大程度上决定着我国文化发展战略的导向性和实施方向。总体来看,目前全球正处于金融资本主义产生强烈冲击波的阶段,各个国家差不多都被国家利益至上的美式霸权主义思想所操控,各个个体的民众几乎都被"个人成功主义"的意识形态所操控;对弱国、弱势群体、自然资源的掠夺已经成为司空见惯的事情。与之相应,国际范围内的批判性知识分子群体和全球性的批判力量却日渐萎缩。在这个时代,文化符号被无限制地挪用,被挪用到了商品生产、商品推销的所有角落,文化自身作为人类精神指向的航标价值已经几近衰竭。因此,有良知的知识分子都认识到,已经不能再坐视那些由国际金融资本和强势掠夺势力所操控的全球资本主义生产方式和生活方式,而应该对它们进行彻底的批判,应该重建一套对人类未来真正负责任的核心文化价值观念。

结合国内、国际两个方位的思想争论,我们可以发现,反抗强权政治、反对霸权主义、反对高消耗的生产方式和生活方式,提倡均富共享,提倡简朴生活和理性对话,已是大势所趋。那么,我们中国当代的文化发展战略,如果想不落伍于世界潮流,就必须对这种世界大势有所回应。换句话说,我们首先要在自己的国民心中确立起真正让我们自己相信并引以为荣的那些核心文化价值观,这样才可能真正赢得世界人民发自内心的文化尊重,才能为中国在当今世界挽回久违的文化尊严和真正的文化自信。

中国传统与文化战略研究

进退之间：当代儒学的意识形态之路[①]

北京语言大学教授　黄卓越

一、问题的提出

儒学与意识形态之间的关系由来已久，并经历了一个正位与去位的过程。儒学在20世纪以前的漫长历史中居于"王官之学"的位置，属于统治思想中的核心部分，在很大程度上主导了体制设计、知识话语、社会风尚与士人的人生规划目标等，集多种功能为一体，具有很强的综合性。正因如此，在哲学上，它也必然会被演绎为本质论与整体论的；在政治上则通过与最高权力的结合，将其思想原则向下贯彻到实践的诸多方面。然而自进入20世纪以来，由于众所周知的原因，儒学的合理性遭到了强烈的质疑，并被定位在"封建主义传统"的概念层次上受到严厉的批评，被看作是阻碍中国社会进步的负面价值。从理论体系的角度来看，它与后来居于主导地位的马克思主义同样是格格不入的，儒学的等级制、历史倒退论、道德中心主义等与马克思主义的阶级论、社会进化论、经济决定论等都是相抵牾与相背离的，这些都决定了儒学在以现代性话语为主导的民主运动与共产主义运动中所必然遭受的不幸命运。

但儒学并没有因此而永久性地退出历史舞台，自中国大陆实施改革开放政策以后，儒学又重新回到了人们的知识与观念生活中，并得到了来自各层面上的某种支持与认同。关于此方面的原因随后我们还会解释，但毫无疑问的是，自进入20世纪90年代以来，尤其是在目前，在人们的观感世界中，似乎儒学不但处于复苏之中，而是俨然已逐渐演化成一种强势性的声音，甚至有人借此而提出了欲将之融合进主导意识形态或僭位为主导意识形态的提议。这引起了儒学圈内外的高度关注，也影响到了海外一些汉学家对这一趋势的判断。当然，儒学的复苏现象也并非由来无据，这既因于政府最近一个阶段来提出的一些从儒学处借来的口号，包括

[①] 本文完成于2013年9月。

在海外推广"孔子学院"等的举措,同时也与地方、民间所开展的尊孔、祭孔、读经活动,以及学界一小部分学者在这一过程中的高调竞说等密切有关。如将这类现象收聚到一个平面上看,而又忽略其间的差异及其他现象与思路的存在,的确似会给人一种儒学复兴拭目可待甚至而有渐复"正位"的迹象。

这无疑是一个值得关注的事实,为此,有必要在当代的语境中重新审视儒学的政治取向,即它与意识形态之间关系的问题。围绕着这点,许多人可能更多地会关心以下两点:一是儒学或儒学的复兴在与当代意识形态的交涉中究竟提出了哪些值得反思与批评的意见;二是儒学对政治的涉入,比如在实际政治及学理等方面究竟走到了哪一步,是否能够据此而判断出它在未来的真实走向。我们的探讨也将由此入手。当然,这既需要在学理上契入儒学话语的内部,同时又更需要兼及对与之相关的外部思想包括主导意识形态趋势等的检省,从而能够在一个更大的当代社会背景上给儒学的诉求做一切实的定位。

二、民间与官方的姿态

对当代儒学的讨论,首先要搞清楚的是我们正在言说的是"谁的儒学"?为此而需要对目前十分庞大的儒学表述进行必要的分疏。为方便起见,我们先提出一个分类的意见,即将当代儒学初步划分为官方叙述、民间叙述、知识精英的叙述三大类型。这种分类是根据社会群体之间存在的客观差异得出的,理由在于不同群体间的需求乃是有区别的,为此对待儒学的态度也会依据这些不同的需求来集结,从而形成一些可予辨识的观念类型。

关于民间的取向,最为典型的例证莫过于前几年一度受到热议的于丹现象,这一事件也引起了国外汉学界的高度关注。按照贝淡宁教授的分析,在遇到《论语》中出现的政治叙述的段落(这些在原始文本中是大量存在的),于丹都会有意无意地省略之或改说之,而偏重在一些心理伦理的阐述上,由此而将一个作为激进政治家的孔子打造成了一个与人们内心幸福生活相关的心理安慰师。① 可能也正是因为这一原因,孔子获得了大众的普遍接受,使大众看到了一个虽隔几千年但却与自己内心可以沟通、能帮助解决一个变化社会中个人现实生活问题的、同时也必是令人亲近的孔子。同时,于丹也回避了孔子思想中固有的对等级观念的强调及对精英教育的推崇,以向观众显示出一种平民主义的姿态。虽然于丹的演讲是在国家

---

① 见贝淡宁著,吴万伟译:《〈论语〉的去政治化:〈于丹《论语》心得〉简评》,见陈来、甘阳主编:《孔子与当代中国》,生活·读书·新知三联书店 2008 年版,第 132-142 页。

电视台上进行的,但她的这种"去政治化"或说是对意识形态主动规避的姿态,也包括了她对平民主义立场的选择与认同,却是更与部分民间思想相吻合的,因此我们可以将之归为民间儒学中某种有代表性的言述模式。不管他人如何反对于丹的这种当代性阐释,它却牢固地印证了民间对孔子认同的一个主要向度。当然,民间对儒学的偏好也还会包含其他的一些意识特征,比如通过让自己的孩子读经而增加古典文化修养,通过祭孔而寻求与遥远祖先的神秘亲近(与祭黄帝、伏羲等是一个意义,而不一定将儒学视为一个思想论争的支脉)。①

民间儒学的这些诉求与官方儒学的表现在有些方面也有重合之处,比如在海外以孔子的名义命名汉语推广机构,又如有不少人建议将原来的教师节法定时间改为孔子的生日等,似很难遽然对这些现象作一群体归属上的划分,但是区别仍然是存在的。官方对儒学的汲用可以从一些更具"思想表述"的政策性文件中见出,从早期的"精神文明建设"到前几年的"和谐文化"等,都不同程度地采纳了儒学的传统观念。关于这点,有许多国内外的政策研究人士都做过比较深入的诠释,并从中追索了政府理脉形成的过程与诉求面向。总起来看,这些提法都因之于一个宏观区域内的"危机感",即是为解决重大社会危机而取用的一个权宜性策略,因此也可将之归为某种"治术"性的话语,而不像民间儒学那样主要黏着在日常生活中的各种需求之上,关注的是小我精神的寄寓与满足等,同样也不像民间社会那样有时是将儒学作为一种文化信仰来对待的。民间儒学时常还会小心地绕开与传统政治威权或当代政治标签之间的勾连,并规避与政治的直接关系,而官方儒学则在对儒学思想的抽象化叙述中显示出了意识形态的整合性功能。

尽管我们能够举出许多例子来证明儒学被主导意识形态认同及主导意识形态正在逐渐加强对儒学资源的汲用的事实,但是,限于这个单一面向上的思考仍然是不够的。如果我们能够换一个方向,即从当代主导意识形态的构成着眼来看其对待儒学的态度,那么就可能会更清楚地认识到儒学是怎样被"结构"其中,及其在国家意识形态中被安置的位置,这也在一个方面规定了儒学在未来国家生活中可能备有的意义。

有必要对本文所述的意识形态在概念上做点解释,在中国,意识形态不等同于政体(一党领导下的行政管理机制)及政党或政府的思想标识(马克思主义),它是

---

① 虽然对目前个别地方政府(如山东省)所组织的大规模的祭孔、尊孔等活动的归类比较困难,从理论上讲,"地方"与"民间"两个概念间的区别似应注意(见 W. A. Christian, Jr., *Local Religion in Sixteenth-Century Spain*, Princeton: Princeton University Press 1981),但可以看到这些活动确已日趋功利化、形式主义,孔子固有的也是积极的文化政治批判精神似已荡然无存。

指组织广泛的社会活动的一种基础性、规导性概念。这一不同层次相互牵涉与相对独立的政治构成方式,在置于与其他许多国家的政治构成方式的对比中,是能够体现出中国自有的一些特征的。如果我们不明白这一点,将一切都置于同一个层面上来处理的话,就无法解释中国现有政治构成样式的复杂性、多面性。因此,本文不打算不加分析地将一些现成标签(如"马克思主义""社会主义")贴到我们的解释对象即主导性意识形态的身上,从而将自己陷于概念错乱的迷区。

如从实际的情况出发,我们看到,自20世纪80年代以来逐渐发展出来的中国主导意识形态,更可合适地将之看作一种"发展意识形态"。如果早期中国领导人所提出的"实事求是"的概念还属于实体性的一个范畴,那么自从明确地提升到"发展"的观念之后,则使这种"求是"观获得了时间性、动态性的属性。这一发展的观念涵盖了80年代后中国三代领导人的思想,即在邓小平时代是"发展是硬道理",到江泽民时代是"与时俱进""可持续发展性",而到胡锦涛时代则提出了"科学发展观",由此形成了一种指导思想上的连贯性、递进性,这也是可由中国近几十年来社会生活重组的基本事实得到印证的。发展的观念既是对外而言的,基于一种国际比较的视野,因此从某种角度看,也可称之为一种"竞争意识形态",同时,这种竞争意识也深植于本土的经验中,因此而有"效益优先"的准则(这也体现在"一个中心,两个基本点"的口号中)。但自近年中国领导人提出"科学发展观"("综合发展")以后,则使"竞争"的意识至少在表述层面趋于相对淡化,由此可见发展的内涵也是处于某种变化之中的。

发展的概念的一个最主要特征是具有时空上的开放性,并也借此逐渐增加着一个社会维持平衡的"厚度",而非限定于一个实践阶段或某种单一预设的理念与体系中,因此,这一"发展"观在话语的基本逻辑上是明显地与正在世界范围内展开的全球化(以及多元化、后现代)语境相契合的,与后者具有同步性。发展意识形态的开放性,使之能够包容多种实践模式与思想形态,这就是为什么在中国社会中可以同时并存有资本主义、社会主义甚至封建主义等多种经济模式,诸如自由主义、保守主义、社群主义、消费主义、民族主义、各种宗教观与文化观等都能在这一框架中找到生存与活跃的空间。作为一个整体的社会与国家,它自然有自己相对比较确定的统治与统筹方式,但就广义而言的"发展"观来看,则既可容受多种思想的并置,也可随时将不同的思想要素组合、"结构"进自己的观念体系中,由此而造成意识形态的"杂交性"(hybridization)。对这种杂交性的确认,首先还是应当依据其实践上展示出的效果,在实践这一层次上,它是可以不去过多关注各种思想体系间在原有理论原则上的抵牾与冲突的,而儒学——也正是在这样一种观念构局中被容纳其中的。

有鉴于此,我们便可看到当代中国主流意识形态与儒学的切实关系,通过这一描绘,我们希望只专注于儒学单一思想的人应当看到在儒学之外也存在着十分广泛甚至于更为强劲的观念诉求与生活实践。与之相关,对当代儒学复兴的认识便不应有过高的期许,即便是目前政府已表现出一些对待儒学的积极态度并推行一些有利于儒学发展的措施。从积极的角度来评估官方对儒学的态度是有一定道理的,但更为关键的,还是应当考虑儒学是在怎样的层次需求上融入国家意识形态中去的。后面这点之所以是重要的,在于它也同时规定了儒学在这一"结构"中所受的限定。如果"发展意识形态"这一判断是成立的,同时也可将之看作目前人们赖以活动与思想的一个基本构架,那么,它尽管不会排斥多元化的思想形态的存在及与之的交汇,却必然不会允许某种单一思想形态的独行其道,将独断的意志强加到一个相对开放与动态的社会模式之上,由此而使一种良性运行的张力性结构遭受毁坏,使"发展"的意义最终被绑定在一个凝固的教条上。

三、知识精英的话语取向

再回到另一层面即知识话语层面上,目前对儒学的关注主要还是限于一些从事传统文化的学者圈内。从这个"圈子"的近况看,学者们的兴趣呈现出较大的差异,有将儒学作为一种客观性知识,而主要是将之置于历史语境中进行研究的,对其价值取向则保持比较冷静的态度,这些学者所占的比重最大;也有将对儒学的主观阐释即以价值重建作为自己主要工作目标的,此即所谓一般而言的"当代中国儒学"。然在后者内部,观点与立场上的差异也同样是很突出的,从提出的各种口号看,比如有所谓的儒学自由主义、儒学保守主义、新新儒学、后现代儒学、马克思主义与儒学汇通论、儒学社群主义、王道政治论、儒学社会主义等,不一而足,这种情况既显示了儒学具有的高度阐释潜能及它作为当代知识话语生产环节之一的充沛活力,同时也可借此窥知儒学在当代的发展已经高度零散化与部落化了,失去了统一的计划与目标,也不可能再产生一个具有领导力量的群体来规划与主导儒学在未来的发展。儒学的分化已成定局,不像新儒家时代尚保有思路与学脉上的大致一致,这固然也可看作后现代语境所造成的一种结果。

在中国当代儒学的多元声音中,前期出现的一个倾向是对儒学的政治取向的关注似在日益加强,并引起了一些争议。其实,关于儒学与政治的关系也非什么很新鲜的话题,儒家言"仁"是由己及人,并云我与万物一体,此也为"本末论"或"格物论"也,其核心在于从人格构建的意义上将德性之知扩充而至社会,由此也与国家的治理等相联系,此在先秦儒书中皆有明证,也可看作儒学对自身的一种规定。新儒学虽偏向于德性之知的提扬,但依然禀传统儒学之宗旨,而希冀于这种内在提扬能够同时延伸至并有为于国家政治的改造。这一思想鲜明地体现在由唐君毅、牟宗三、张君劢、徐复观四人联名发表的《为中国文化敬告世界人士宣言》中:"我们说中国文化依其本身之要求,应当伸展出之文化理想,是要使中国人不仅由其心性之学,以自觉其自我之为一'道德实践的主体',同时当求在政治上,能自觉为一'政治的主体'。"①此后,牟宗三又专以"良知之自我坎陷"阐述了这个由德性之知向政治主体转化的机轴,从而在形式论上坚持了、在内容上转化了传统儒学"内圣外王"的思想间架。鉴于前二代新儒学在这一问题上并未及做细致的梳理,因此而在当时与后来也引起了学界的诸种争议。新儒学后人在这个问题上曾为其前辈做过更具条理的辩解,如台湾学者李明辉即以为,事实上,新儒学如牟宗三并未认为儒家的德性之知就能开出民主政治制度,而是强调了"德性之知与民主政治的内在关联",②即儒学能在"人格"构建的层面上对民主政治的基础提供保障。也有学者引申其意而认为儒家对道德指令的强调,将有助于对政治权力的制约。③

在新儒学于台湾发展时期,也发生过它与自由主义之间的激烈论争。自由主义凭借"消极自由"的原理而断言儒家在政治参与上的有害性,以为这已被过去的历史所证实,而自由主义的这一论断等于切断了儒学向国家政治延伸的可能。而新儒学则主张以性善论为基础的儒学是可与民主政治的精神接榫的,以此来强调儒家政治取向的合理性与必要性,传达出了一种从心性论而扩展为政治论的意识形态冲动。以此而言,我们尚可得到新儒家在将自己挂连于当代政治时所呈示出的两个重要的理论特征:一是以启蒙主义为儒学功能向外转换的一个基本的参考性坐系,将民主政治作为儒家政治设计的鹄的,然又以为借此(心性论)而能超越西方民主思想的固有逻辑。二是新儒家对儒学涉政的论证是建立在人格主义起点之上的,这点尤在后人的析论中得以明晰展示,以此表明这一扩展并不包含有对政体、制度的直接涉入,虽然也在精神上可以贯通到政体与制度的改造上,因此,至少这一叙述尚保留了对儒学涉政的必要限定。也正是后面一点,尽管新儒学在一定程度上为自己试图扩展的整体性做了辩解,但即便是在他们那里,由于儒学的作用被限定在了某种范围内,即主要是心性与文化的区域中,因此也自然造成了其原有

---

① 唐君毅:《说中华民族之花果飘零》,台北三民书局 1974 年版,第 158 页。
② 李明辉:《阳明学与民主政治》,见李明辉:《儒家视野下的政治思想》,北京大学出版社 2005 年版,第 15 页。
③ 参见陈弘毅:《儒家与民主宪政》相关论述,见范瑞平主编:《儒家社会与道统复兴——与蒋庆对话》,华东师范大学出版社 2008 年版,第 1-30 页。

整体性的分化与缩减。可以说,这样的设想是有一定合理性的,毕竟中国的发展需要借助更多有效的资源,同时也应当看到,现代世界的组织方式也已大为不同于过去小农经济与封建体制时代的模式,因此对儒学政治取向的再设计也应做出思路上的调整。

大陆重新开放以来,对儒学政治取向的关注时有所见,多数则偏重在对儒学自由主义、民主主义价值的开发上,也有学者从威权主义的角度论证了重新发挥儒家政治作用的意义。如蒋庆在 20 世纪 90 年代后期发表《政治儒学中的责任伦理资源》《再论政治儒学》等文,以为中国儒学实存在着两个传统,一是"心性儒学"传统,另一是"政治儒学"也即"制度儒学传统","但是,宋明以降,心性儒学偏盛,政治儒学式微,其结果内圣有余外王不足,外王开不出而内圣亦终将走向枯寂"①。蒋庆以为现代新儒学承宋明理学之绪,将理论重点置于心性一系,因而使"外王"问题至今未得到妥善解决,为此而有必要做换位思考,将以公羊学为代表的政治儒家的价值提到一个重要的位置上,"因为中国今后的政治形态当主要从政治儒学中转出,而非主要从生命儒学中转出"②。此论显然认为新儒家提出的从心性与文化层面向当代政治的扩展是虚弱的、不足的,因此希望能做更为刚性的挺进,从而推动儒家回到当代政治生活的中心。

最近一些年来,蒋庆、康晓光等少数几人进一步发展了以上的思想,提出了一个更为激进的"王道政治"论的施政纲领,这包括将孔孟之道提升为一种国家的宪政原则,恢复儒家的"王官之学"的地位,将儒教的义理价值尊奉为中国的占主导地位的统治思想,确立"儒教宪政制度",最终而建立起一个以儒教为国教的"政教合一"的国家等一系列大纲大法,以及与这些宗旨相配套的一系列政治措施。与之相应,在他们的论述中,也就必然包含了对目前存在于中国政治生活中的马克思主义、民主主义等取一种排斥的态度,意在通过儒学的"正位"而将马克思主义、民主主义等逐到历史进程的边缘,这同时也意味着欲以一种单一的整体论、单一维度的意识形态来置换目前主导中国社会并兼容了多元化思想要素的"发展意识形态"。③ 这种想法有些像是倡议由中世纪的罗马教会来重新全面接管当代德国、英国、意大利等国家事务,在俄罗斯恢复东正教对国家事务与社会事务的统辖,虽然

---

① 蒋庆:《再论政治儒学》,《公共论丛》第 3 辑,生活·读书·新知三联书店 1997 年版,第 306 页。
② 蒋庆:《政治儒学中的责任伦理资源》,《公共论丛》第 2 辑,生活·读书·新知三联书店 1996 年版,第 278 页。
③ 蒋庆的这些观点散布多处,可参其《政治儒学——当代儒学的转向、特质与发展》,生活·读书·新知三联书店 2003 年版;《关于重建中国儒教的构想》,《中国儒教研究通讯》第 1 期,中国社科院世界宗教研究所儒教研究中心内部资料。

这样的比喻会有些跛脚。对于这样一种或可称为复辟主义的思想怪胎(在辛亥以后似也见过),有的学者已从多个方面如其对历史的曲解、无视当代社会之变化及其合理性、逻辑上之扭曲、叙述语言之浮夸,甚至于炒作上的动机等提出了质疑与批判,似无须再对之赘言。①在我看来,尽管蒋庆之论也包含有若干可资启发的观点,但却易为其总体上的谬见所损害,更有甚者,从论证方式上看,由于他所采取的基本思路是独断论、封闭式与排他式的,因此他人几乎是无法与之展开正常、有效的对话,进而达成所谓"视野融合"的,在此搁下不议。

此外,儒学涉政的明显话题,还有来自马克思主义与儒学结合论及最近有人提出的儒家社会主义论。相比于上述的王道政治论,这些理论是承认马克思主义的基本价值的,并为此而试图将"两种意识形态"调配在一起。关于"结合论",其初衷或是为马克思主义体系的开放寻求一种本土化的根据,并主要是在一种主次关系的预设性结构中进行的,即设定目前为中国领导人所坚持的马克思主义为主导的一方,并取一种相对开放的姿态,将儒学的相关思想纳入其体系之中,以充实或改善主导"意识形态"即马克思主义的内涵。"结合论"的讨论始于20世纪80年代,而升温于90年代,据有学者统计,其间大约举办过十数次"马克思主义与儒学"的讨论会,并发表了一些论文、专著等,②当然这些讨论主要还是在"文化"与哲学等层面上进行的,因此所取的是一种从文化嵌入政治的路向,这一话题的出现与中国特殊的思想境况有密切的关系,所以也还是会持续地被人关心。

但是结合论也面遇着至少两个问题,一是如果从主从关系上来看,两者的结合自然是容易的、可能的,几乎所有不同理论间的近似点也总是能够被发现的。但不能由此看作或推演出两个体系在根本上是可以归并的,而忽视不同体系自身最为基本的内在规定,如前述已经提到的,马克思主义社会理论的基本点有经济基础决定论(或相对决定论)、阶级关系论(平等主义)、社会进步论等,并在逻辑论证环节上相互递进与环扣,取消其一就有可能出离马克思主义的基本设定框架。而儒家则是建立在道德心性主义、阶层等差论、复古循环论等理论立足点上的,这也是为孟子等儒学思想家在判教时再三强调的(如对告子、墨家等的分判),忽视这些规定性也就溢出了儒家为自己设定的边界。一个庞大的理论体系中总会存在着核心命

---

① 对蒋庆的批判,也可参见以下二书中的一些文章:张世保编的《大陆新儒学评论》,线装书局2007年版;范瑞平主编的《儒家社会与道统复兴——与蒋庆对话》,华东师范大学出版社2008年版。

② 见贾红莲:《马克思主义与儒学关系研究的现状》,《求是学刊》2003年4期,第17-22页。会议中比较重要的有1995年由中央党校与中国孔子基金会联合举办的"马克思主义与儒学"学术研讨会、1999年由中国社会科学院哲学研究所与中国孔子基金会联合举办的"马克思主义与儒学"的研讨会,对这两次会议的综述分见:《孔子研究》1996年第1期所载乔清举文、《哲学动态》1999年第8期所载本刊记者文。

题与延伸命题、附庸命题等的不同分布,它们在体系中的重要性上是有差别的,不能因为有些要素在不同的体系中有兼容性,就不顾核心要素之间存在的根本差异。为此,如果是进行上述体系之归并的话,就自然会遇到在两个都是以"整体论"构建起来的话语体系之间,如何处理其逻辑起点上既有的分叉的问题,而不是只见其同而不见其异,在表面和稀泥,然而,至今我们尚未见到学术界对这一问题的切实重视与解决。其次,要认识到马克思主义并非简单等同于当代中国的主导意识形态,虽然它过去曾经是,当然也无法否认它的一些思想要素(尤其是一些哲学观)会被组合进当代主导意识形态当中去。的确,马克思主义被明确地规定为"指导思想",但它在实际上更多地还属于一种象征体系,不是20世纪后期以来思想家们所说意义上的是组织整个社会活动与世俗生活,调配具体社会关系结构的"行动话语体系",①就此而言,我们所说的"发展意识形态"或许更切合于担当所谓的中国主导"意识形态"的功能。不然我们很难解释诸多非马克思主义的因素(如资本主义、消费主义等)在对中国当代的社会生活组织中所起到的重要作用,即使用"马克思主义是发展的"这一说法,也很难对如上所说的脱节现象进行通达的解释,而马克思主义也不是什么都可以盛装的万宝盒。"发展意识形态"是从中国几十年的经济、政治、文化等演变过程中逐渐蜕化而来并相对定型化的一套观念体系,虽然可远距离地与毛泽东时代的国家意识形态相衔接,但目前却远非马克思主义这样一种单一理念所能概括,而是已经演化为一种新的思想体系(而如马克思主义理论事实上自20世纪以后也发生了巨大的变迁)。不然,如果不去分析政治符码与社会普遍意识之间存在的裂隙,只借助某些符号标识来理解中国的社会与思想现状,就必然会犯严重教条主义的毛病,即俗语所说的会"找不到北"。既然如此的话,我们更应关注的实际上还是儒学与"发展意识形态"之间的关系,而不是在两个选定的、模式化的思想范畴间做抽象化的概念比附。也正为此,恰如我们所看到的,这一话题的流通也终究只能局限在很小一部分专家当中。

关于所谓的"儒家社会主义"是甘阳近年提出的一个概念,这个名词乍听起来还是有些怪异,超出了一般的学理想象,然却是甘阳在自身设计出的一套思路上推

---

① 关于这个问题,约翰·汤普森也曾有明晰的分辨,如其就指出不应当"把意识形态视为某种象征形式或象征体系本身(保守主义、共产主义等等)的特点或特征"。"象征形式或象征体系本身并不是意识形态的;它们是不是意识形态的,以及在多大程度上是意识形态的,取决于它们在具体社会背景下被使用和被理解的方式。"也就是说,是否判断为意识形态是由"社会运用"程度来决定的,而不是看符码标记。与之同时,汤普森还论述了意识形态与行政建制之间的区别,因此提出"避免把意识形态视为完全甚或有关国家中体制化了的权力形式"。([英]约翰·B.汤普森著,高铦等译:《意识形态与现代文化》,译林出版社2005年版,第9页。)

断出来的,因此需要借助他所构想的"通三统"假说才能理解之。"通三统"原为甘阳2005年一次讲座的主题,后在2007年收入结集出版的一本同名书籍中。按照甘阳的解释,中国历史上出现过三种传统,即孔夫子的传统、毛泽东的传统与邓小平的传统,三种传统共同构成了中华文明的一个历史连续体,三者之间存在着一种递承关系。在今天,我们要将之重新贯通起来,由此而缔建一个新时代的"新三统",以对抗全球化时代中国人的空间焦虑。①

甘阳此说还包括其他一些推论,在此不能一一提及,但即便先不论其立场,也能见出其论证中存在着大量的疑点、漏洞、论述不清与知识歧误等。且举几例说明之,比如,甘阳所说的"儒家"究竟是指哪个儒家或儒家的哪些方面?对于包容庞杂、历史漫长甚至内部冲突多端的儒家来说,这是不能不有所表明的。即便全体也可以言说,那么儒家中种种为前人(并非仅20世纪)指出的局限与弊端又如何看待?然读其谈到儒家属性的几段有限文字,知道他所说的儒家只是"注重人情和乡情","这在中国现代许多电视剧特别是家庭生活剧以及讲结婚离婚的日常伦理剧中可以看得非常清楚"。②如此来概括儒家显然过于肤浅,也肯定不会为一般的儒学研究者所认可,可知甘阳对儒家的认识还是相当有限与模糊不清的,既如此,如何又能用之支撑自己的整个言说体系?同样,在言说"社会主义"的概念时,也至少应当有一个初步的厘定。一方面中国的社会主义是一个复杂意义的组构体,另一方面世界上也有多种多样的社会主义,许多资本主义国家也未必承认它们的社会主义因素比中国要少,可见"社会主义"是大不同的。但无论怎样,在使用这一概念时是有必要指出你心目中确定的意义指向是什么,以便让他人明白你在主张什么有价值、有特点的新鲜东西。然根据甘阳的简单描绘,他说的社会主义就是"平等",即便先无论此一概念的空泛,也存在着这个平等究竟指的过去中国曾有的意义,还是在今天所谓的"初级阶段的社会主义"中还存在的意义呢?很显然,甘阳在这方面的表述,也是含糊不定的,似乎又只有过去曾经有过,既然这样,那么三统中后面两统又怎样能够在最核心的意义上贯通起来呢(甘阳论证后两统的贯通主要的依据是毛、邓时代的"地方分治",这只是经济现象中的一小部分,还不足以提供有说服力的证据)?再就是,以前两统看,儒家的社会观首先是建立在等级制基础上的,而社会主义按照甘阳之说则是以平等为其宗趣的,就此而论,那么这两个矛盾的原理或体系又是在怎样的逻辑条件下才可兼容,又是如何在甘阳所说的文明

---

① 以上叙述详见甘阳:《通三统》,生活·读书·新知三联书店2007年版。
② 甘阳:《通三统》,生活·读书·新知三联书店2007年版,第3-4页。

连续体中承递与转化过来的,也未获必要的说明。与上述相关,甘阳以为中国的历史传统只有三大块,他并没有将近代百年以来的启蒙主义、民主主义传统包括在内,这等于说将中国看作是从封建社会传统一下子跳跃与进位到毛主义的社会主义中的,这如不是无知,就是有意地要抹去整个中国的现代化进程,其措论之大胆可见一斑。实际上,也仅就后来的情况而言,凡对改革开放进程有所知晓的人都会承认,即便是邓时代形成的新的社会变革模式,也是在很大程度上建立在直接承接早期启蒙主义、民主主义理念基础上的,单单是毛时代的思想传统是不可能必然地开出邓时代的花果的。进而言之,甚至于毛所缔构的模式也是以民主主义运动为前提的,这点在毛泽东本人的新民主主义论中是有明确阐述的,取消这一渊源,就无法认清毛泽东的社会主义实践与中国早期民主运动及世界共产主义运动的内在关联。甘阳以一种罕有的高调赞美了毛时代的政策,倡言要赓续毛时代的意识形态,而缄口未提毛时代的平等主义造成的诸多负面问题,这与他在论述儒家的概念中所使用的思维路数是一样的,这给人的印象便是邓小平以后时代的拨乱反正与思想解放是偏于过度的、甚至是错误的(以故在他的标志性口号中只有儒家与社会主义),而仅仅是只择其对之有利者而全然不顾对之无利的证据,同时又将有价值区分的历史完全"客观化"与"美学化"(当然在甘阳的那里新近的历史却不是),这种思考方式对于有所学理训练的人是难以从信的。

分析甘阳的言述,他通过三统论或二统论所强调的主要还是两个重点:一是平等,一是传统。其实这两个论点如放到目前中国的问题结构中看,仍是有其积极针对性的,也无什么不是,并也是学界许多人所一直在关注的。甘阳的特殊性是在于将这样的命题提升到了压倒一切的高度,并作为未来国家主导意识形态的一种期盼,企图建立起所谓的"儒家社会主义共和国",① 由此而将这些补充性或防御性的概念强加到基础性、主导功能性的概念之上,将以伦理关系为核心的思想体系置于社会的生存性概念之上,由此而混淆了主次之间的关系,也与目前多样化诉求中的中国现实相背。而将两种几乎在历史的实践中均导向于威权主义的体系并置在同一个句式中,则明示或暗示出了一种集权主义的意识,后面一种取向实际上也可从他所倡导的精英政治与文化的论述中明确见出。事实上,三种统绪也好,两种统绪也好,这种用几个单一元素来概述无论是过去中国还是当代中国或未来中国及其思想状态的做法,从证明的角度看都是很不科学的。记得本尼迪克特多年前在

---

① 甘阳在《中国的软实力在于儒家与社会主义》一文中,对各种主义有一价值顺序上的排列,其所主张的价值顺序是"社会主义、保守主义、自由主义",并以为"中华人民共和国"的含义是儒家加社会主义。

论及其所研究的几个原始部落时即得出:"要削足适履地强使每一种文化都去适应'一言以蔽之'的特点是再蠢不过了。"经验表明,"对于文化整合轻而易举地做出一些概括,在实地考察中是最危险的事",①这个见解的确很有警示性。何况本氏所面对的还是若干微小、变化不大的地区单位,更勿论我们眼前这个如此巨型与变化急速、综合能力极强的中国社会了。相比较而言,就思维模式而言,发展意识形态的确立总还是比一些确定的教条式解释更具包容性,它也是可在往下的层次上再做细化的分析的。甘阳在表述环节中存在的问题实在是太多了,不可能在此有限的篇幅中一一指摘,然而一旦一个论说在学理上尚有如此多的漏洞,那么可以想见其思想的拼凑性与浮夸性了,又如何能够对中国社会思想之发展提供有价值的建言。

后论

以上,我们比较全面地概述了最近一个阶段以来儒学涉入当代政治及其与意识形态之间的纠葛。由此可以证实,儒家在当代中国的复苏确已成为一个不可更改的事实,儒学对中国未来的意义同样也不可低估。如果回到整个儒学研究与儒学思想的状况看,在主要的方面,无论是知识界还是国家意识形态,都还是将儒学看作一种有限选择的价值。儒学实际上也已被多种言说所分据,各自都希望从这一传统形态中寻找到有利于自己的资源,从而使儒学的发展呈现为一种多元蔓延的趋势,或说是儒学被"碎片化"了,这些都与后现代语境及其价值流向有关,单线式的思维模式很难笼罩一切,故此,也难以再找到统一儒学的动力与机遇。在正常的情况下,儒学的多种话语通过对话,是能够形成一些相对关联的"结"或聚点,然后再进一步向新的意义构造趋进的,而话语的有效性也将在不断变动的语境生成与被证明。

当然,诚如我们所见,多样化言说中也会出现一些绝对化思维的表达,比如试图将儒学转化为一种主导意识形态,虽然此说拥趸寥寥,但也正是因为这些声音的出现,使我们看到儒学不是一种可以轻易稀释与化解的资源,而是能够在特定的解释模式下被扩延与放大的。儒学是否能摆脱它的相对边缘化的、也是作为"百家言"的处境,借以构建出一个覆盖更广的意义世界与权力模式,取决于中国各社会阶层在面向未来时的真实需求。然而,就目前中国的现状来看,再重复强调一遍,

---

① [美]露丝·本尼迪克特著,王炜等译:《文化模式》,生活·读书·新知三联书店1988年版,第210-211页。

正是由于后现代语境的强盛及未完成的现代化目的等的驱动,绝大多数的中国人还是宁可接受具有开放性的"发展意识形态"。这个道理很简单,除了语境是不可更改的,还在于在这样一种意识形态框架中,人们能够保留更多尝试的机会(政治的与人生的),而不是让一种或两种既定的"主义"来管辖自己尝试的权利,人们宁可在行动的"关系"与"过程"中逐渐地调节与他人的伦理与利益关系,也不会愿意让一个统摄的理论系统即单一化的意识形态样式来规定出一切价值守则,哪怕这个新的、梦幻般的意识形态言说会以香饽饽式的词语如"平等"等作为诱饵。

当然,我们所说的这个发展意识形态指的是组织社会活动的一套思想与观念,并且是以"全球资本主义"运行模式为其构建的基本参考框架的,就后面一点来看,也就必然会如马克思所说的,它"本能地"也会存在着一种"资本"积累或利益化的过度冲动,遂将一切都纳入一种"无所不在的计算"(ubiquitous computing)原则之中;尤其是在政治建制相对滞后的情况下,必然地还会引发出资本与权力的高度结合,从而使贫富差异迅速加大,阶级(阶层)冲突日趋突显等,这的确已经成为当今中国维持社会公正、社会协调的一个重大难题。在中国经济迅速发展、社会资本总量大大提升的外表之下,中国社会结构也在发生重大的变化,已非我们十年前所能想象,这同时也使原有的关系伦理正面临新的解体、人文话语日陷困窘等。有鉴于此,中国社会、知识界都需要有更多的思想资源对发展过程中的盲目性形成批判性的制约,这个批判的资源不是说已经多了,而是仍然很匮乏。在这样一种情形中,重提儒学的价值自然是很重要的,儒学的意义虽然不完全局限于此,但它之介入政治所可能产生的作用同样是不可低估的,以此而将会大大增强批判主义、文化主义一方的能量。当然,因儒学面向于政治的维度也是受其自身体系设计限定的(而且从政治程序的角度来解决平等、公正等问题也非儒学的专长),为此,相对来说,前期新儒学提出的某些建议或许是更有参考价值的,即从自己的角度上有为于政治,并与其他的思想一起有为于当代政治,但又需要给自己在政治行为上设定出必要的边界,而一旦越过边界,即从多元政治的角色转换为正统意识形态、一学独大,那么不仅其政治批判性会急速消遁,原有资源的多方面可阐释性路径会被阻断,而且,也会使目前已存在于中国社会与思想界的多元化政治生态面临一种前置性的窒息。正是在这样一种思考之下,我们更期待儒学持一种低调政治的姿态,而不是超越自身局限而膨胀为绝对主义的高调政治。

玄学"自化"论当代文化战略学意义初探[①]

中国社会科学院文学研究所研究员　刘方喜

一

如何协调不同文明之间的关系，是当代文化战略学的重要课题；而中华传统文化创造性转化与创新性发展的一个重要着力点就是：从传统文化思想资源中，提炼出可以应对当今世界状况的文化战略理念和价值原则，为文化乃至国家整体发展战略提供重要理论支撑——本文试图通过对魏晋玄学"自化"论的创造性阐发和转化，来对此做初步探讨。

我们这个时代的突出优势是科技和生产力的高速发展，应该说这为解决人类社会种种难题奠定了坚实的物质基础，但实际情况却是：一些困扰确实有所缓解，但另一些困扰反而加剧，并且还不断出现新问题；要解决这些难题，"不仅需要运用人类今天发现和发展的智慧和力量，而且需要运用人类历史上积累和储存的智慧和力量"（习近平语）——中华传统优秀文化就具有这方面的"智慧和力量"。如何维护世界文明多样性，就是当今人类面临的重大难题之一。从现象上来看，作为当今头号超级大国，美国政府拒绝加入联合国教科文组织《保护和促进文化表现形式多样性公约》；从理论上来看，能部分代表美国国家文化战略理念的亨廷顿的"文明冲突论"，依然建立在西方传统的"物竞天择，适者生存"的社会达尔文主义价值原则上——这些无益于维护文明多样性。西方已有现代化成果表明，适度竞争有利于人类文明发展，但其日益暴露出的种种弊端也表明，过度竞争则危害人类文明，尤其有害于人类文明多样性或全球文化生态。建立在过度竞争基础上的资本全球化的迅猛扩张，既冲击着全球文化生态，同时也威胁着全球自然生态："物竞天择，适者生存"，达尔文的意思是说一些物种是因为不适应自然环境而消失的，而今天全球物种消失的速度明显加快，并且主要原因不再是自然，而是人为。同样，历史上也不断有文明体在消失，原因

[①] 本文完成于2014年5月。

既有人为的(如战争等),也有自然的(如突发的自然灾难等);而今天,与自然物种一样,文化种类消失的速度也在加快,并且主要原因也在人为。全球生物、文化种类消失的主因,如果说在达尔文时代是"天"择的话,那么今天则是"人"为。

周恩来总理在日内瓦会议中曾引用《礼记·中庸》的"万物并育而不相害,道并行而不相悖"来表述国与国之间的相处之道;习近平在中法建交50周年纪念大会上的讲话中再次引用此句古语,再次宣示中国与不同国家、不同文明之间"和而不同"的相处之道。中华文化博大精深,除了"和而不同"论之外,魏晋玄学"自化"论也表达了跟"万物并育而不相害,道并行而不相悖"相近的文化理念;与此相关,在人与人相处之道上,如果说"己所不欲,勿施于人"论讲的是"由己而人"的话,"自化"论则相对而言强调的是"由人而己",合而论之方可见我中华为人处世之道。对魏晋玄学"自化"加以挖掘和阐发,有利于筹划当今中国国家文化战略,并有利于更清晰地昭示中国不同于西方社会达尔文主义价值原则的"和"的发展理念,化解"中国威胁论"等种种误解。

与协调不同文明关系直接相关的传统理论,包括夷夏之辨在内的天下观念等,这些理论今天固然依然有价值,但也有历史局限性;而哲学是"自己时代的精神上的精华",是人类"文明的活的灵魂"(马克思语),探寻"跨越时空、超越国度、富有永恒魅力、具有当代价值的优秀文化精神",当上升到哲学层面——以此来看,魏晋玄学就是中华民族优秀文化精神中的一种精华。《庄子·天道》有云:"夫明白于天地之德者,此之谓大本大宗,与天和者也;所以均调天下,与人和者也。与人和者,谓之人乐;与天和者,谓之天乐。"玄学大家郭象注云:"天地以无为为德,故明其宗本,则与天地无逆也。夫顺天所以应人也,故天和至而人和尽也,天乐适则人乐足矣"——"与天和"涉及的是人与天地自然万物之间的关系或"物人"关系,"与人和"涉及的是"人人"关系——合而论之,涉及的就是"彼我"关系这一玄学基本问题,其实也是一般哲学的基本问题,而郭象"自化"论正与如何协调彼我关系相关。物以类聚,人以群分,人人关系也包括个人与群、群与群之间的关系。关乎物种多样性的全球自然生态与关乎文明多样性的全球文化生态,涉及的也不外乎包括物人、人人两大关系在内的"彼我"关系,因此,"自化"论对于探讨当今不同文明之间及人与自然之间的关系等有重要启示:如果说"和"是目标的话,那么,"自化"则可以成为实现这一目标的途径。

二

在已有郭象玄学研究中,"独化"论被特别强调,而"自化(自尔等)"论相对没有被足够重视,为此,先将郭象《庄子注》①相关原始文献罗列如下(括号内为《庄子》原文,括号外为郭象注语,本文引文均如此处理):

人耳人耳,唯愿为人也。亦犹金之踊跃,世皆知金之不祥,而不能任其"自化"。夫变化之道,靡所不遇,今一遇人形,岂故为哉？生非故为,时"自生"耳。(《大宗师注》)

(非彼无我,非我无所取。是亦近矣)彼,自然也。自然生我,我自然生。故自然者,即我之自然,岂远之哉！

(而不知其所为使)凡物云云,皆"自尔"耳,非相为使也,故任之而理自至矣。

(其有真君存焉？)任之而"自尔",则非伪也。

(景曰：吾有待而然者邪？)言天机"自尔",坐起无待,无待而独得者,孰知其故,而责其所以哉？

故罔两非景之所制,而景非形之所使,形非无之所化也,则化与不化,然与不然,从人之与由己,莫不"自尔",吾安识其所以哉！(《齐物论注》)

夫无心而任乎"自化"者,应为帝王也。

夫明王皆就足物性,故人人皆云我"自尔",而莫知恃赖于明王。

渊默之与水流,天行之与地止,其于不为而"自尔",一也。(《应帝王注》)

(鸿蒙曰：意！心养。汝徒处无为,而物"自化")夫心以用伤,则养心者,其唯不用心乎！理与物皆不以存怀,而暗付自然,则无为而"自化"矣。(《在宥注》)

(河伯曰：然则何贵于道邪？)以其"自化"。(《秋水注》)

以心顺形而形"自化"。

既明物物者无物,又明物之不能自物,则为之者谁乎哉？皆忽然而"自尔"也。

吾以自然为先之,而自然即物之"自尔"耳。

取于"自尔",故恩流百代而不废也。(《知北游注》)

观缓之谬以为学,父故能任其"自尔"而知,故无为而间也。(《列御寇注》)

而区区者各有所遇,而不知命之"自尔"……凡所有者,凡所无者,凡所为

---

① 本文相关引文除有特别说明的以外均出自郭庆藩撰：《庄子集释》,清光绪思贤讲舍刻本,中国基本古籍库,标点为本文作者所加,不再详注。

者,凡所遇者,皆非我也,理"自尔"耳。(《德充符注》)

夫德形性命,因变立名,其于"自尔"一也。(《天地注》)

巧者,为之妙耳;皆"自尔",故无所称巧。(《天道注》)

(云者为雨乎?雨者为云乎?)二者俱不能相为,各"自尔"也。

(天有六极五常,帝王顺之则治,逆之则凶)夫物事之近,或知其故,然寻其原以至乎极,则无故而"自尔"也。"自尔"则无所稍问其故也,但当顺之。(《天运注》)

莫见为纪之形,明其"自尔"。

"自尔"故无功。(《田子方注》)

能乎,明非"自尔"。

死生出入,皆欻然"自尔",无所由,故无所见其形。(《庚桑楚注》)

(莫得其伦)理"自尔",故莫得。

(庄子曰:孔子谢之矣,而其未之尝言)谢变化之"自尔",非知力之所为,故随时任物而不造言也。(《寓言注》)

与"自化""自尔"含义相近的还有"自生""自有""自若""自形""自得""自成"等,不再赘录。以上文献表明:《庄子》中已有"自化"字眼,而郭注中用得频率更高;庄老常用"自然(动词)""无为",郭象实际上用"自化""自尔"等来解释"自然""无为":自然即物之"自尔";而从彼我关系来看,我无为,则彼(他物、他人)自化耳。此外,《列子》及张湛注中"自化""自尔"等使用频率也极高,限于篇幅,兹不赘录。

"自化"论首先关乎物道关系,可谓郭象之"道"论。今人研究魏晋玄学者,只看到当时贵"无"与贵"有"之分之争,而未注意到:"自化"论可化解两者之分之争:若说有以"无"为本、以"有"为本者,则还有以"自"为本者,郭象等玄学理论可谓之"自"本论。阮籍《通老论》有云:"道者,法自然而为化,侯王能守之,万物将'自化'。《易》谓之'太极',《春秋》谓之'元',《老子》谓之'道'。""自化"涉及的就是万物与"太极""元""道"的关系。这方面最著名的描述是《老子·二十五章》:"人法地,地法天,天法道,道法自然。"王弼的解释是:"道不违自然,乃得其性,法自然也","自然者,无称之言,穷极之辞也"。如此,"自然"似乎又成了高于"道"的一个范畴。王弼《老子·十章注》又云:"所谓道常无为,侯王若能守,则万物自化。"[1]自化即自生,则万物就并非"道"之所生。再一著名描述是《老子·四十二章》:"道生一,一生

---

[1] 本文凡引王弼语均出自楼宇烈校释:《王弼集校释》,中华书局1980年版,不再详注。

二,二生三,三生万物。"在此序列中可以说"道"生万物,王弼释云:"万物万形,其归一也,何由致一?由于无也",则"道"生万物就成了"无"生万物——对于"无"生"有",张湛《列子·天瑞注》似正相反驳:"谓之生者,则不无;无者,则不生。故有无之不相生,理既然矣,则有何由而生?忽尔而自生。"①郭象似也有所反驳:"无既无矣,则不能生有","(物得以生,谓之德)夫无不能生物,而云物得以生,乃所以明物生之自得,任其自得,斯可谓德也"。《天地注》"然则生生者谁哉?块然而自生耳。自生耳,非我生也。我既不能生物,物亦不能生我,则我自然矣。"(《齐物论注》)——郭象这些话是解释庄子所谓"天籁"的,"而或者谓天籁役物使从己也。夫天且不能自有,况能有物哉!故天者,万物之总名也,莫适为天,谁主役物乎?故物各自生,而无所出焉,此天道也","物皆自得之耳,谁主怒之使然哉"——与"自生"相对的是"使生",与"自化"相对的是"使化"(或"化他"),与"自然"相对的是"使然",也即"天""道"等作为"主"而役使万物而生、而化、而然。郭象对庄子"若有真宰,而特不得其朕"解释道:"万物万情,趣舍不同,若有真宰使之然也。起索真宰之朕迹,而亦终不得,则明物皆自然,无使物然也",而"凡物云云,皆自尔耳,非相为使也,故任之而理自至矣",道不"使"物,物物也不相"使",各各自尔。在《齐物论注》中,郭象指出:"夫造物者,有耶无耶?无也,则胡能造物哉?有也,则不足以物众形。故明众形之自物,而后始可与言造物耳","故造物者无主,而物各自造。""既明物物者无物,又明物之不能自物,则为之者谁乎哉?皆忽然而自尔也","明物之自然,非有使然也","(天不得不高,地不得不广,日月不得不行,万物不得不昌,此其道与)言此皆不得不然而自然耳,非道能使然也"。《知北游注》)无造物主则万物自化,反之也可以说:万物自化,故无造物主。老庄"道(无)生万物"与郭象所谓"自生(自化)"似相反驳,但其实是相通的,郭象本人就指出:"夫庄老之所以屡称无者,何哉?明生物者无物而物自生耳"(《在宥注》)。

其实,在对"道"之"形"的认识上,各家均无异说,皆认为"无形"正是"道"的基本特性,问题在于"道"之"能",即:"道"是否有"能"?若云"道"而"生"万物、"使"万物,则表明"道(无)"是有"能"的。"能乎,明非自尔","能"与"自尔"相对,在此意义上,郭象反复强调"道"是"无能"的:"道,无能也。此言得之于道,乃所以明其自得耳。自得耳,道不能使之得也"(《大宗师注》),"知道者,知其无能也;无能也,则何能生我?我自然而生耳,而四支百体,五藏精神,已不为而自成矣"(《秋水注》)。"道"既为"无","道"无能,"无"也无能,"(必出乎无有)此所以明有之不能为有而自

---

① 杨伯峻:《列子集释》,中华书局1979年版。本文凡引《列子》及张湛注语,均据此本,不再详注。

有耳,非谓无能为有也。若无能为有,何谓无乎!(而无有一无有)一无有则遂无矣。无者遂无,则有自欻生明矣"(《庚桑楚注》),无不"能"为有,也就是无不能"生"有。对"道(无)"之无能而不能"生"万物、不能"使"万物,《则阳注》有较为集中的分析:

> (少知曰:四方之内,六合之里,万物之所生恶起)问此者,或谓道能生之。
> (太公调曰:阴阳相照相盖相治,四时相代相生相杀……)言此皆其"自尔",非无所生。
> (随序之相理,桥运之相使,穷则反,终则始。此物之所有)皆物之所有,自然而然耳,非无能有之也。
> (睹道之人,不随其所废,不原其所起)废起皆"自尔",无所原、随也。
> (此议之所止)极于"自尔",故无所议。
> (少知曰:季真之莫为,接子之或使,二家之议,孰正于其情,孰遍于其理)季真曰,道莫为也。接子曰,道或使。或"使"者,有"使"物之功也。
> (太公调曰:鸡鸣狗吠,是人之所知;虽有大知,不能以言读其所"自化",又不能以意其所将为)物有自然,非为之所能也。由斯而观,季真之言当也。
> (斯而析之,精至于无伦,大至于不可围)皆不为而"自尔"。
> (或使则实)实自"使"之。
> (莫为则虚)无"使"之也。
> (死生非远也,理不可睹)近在身中,犹莫见其"自尔"而欲忧之。
> (道不可有,有不可无)道故不能"使"有,而有者常"自然"也。
> (道物之极,言默不足以载)夫道物之极,常莫为而"自尔",不在言与不言。
> (非言非默,议有所极)极于"自尔",非言默而议之也。

"道无'能'"与"道无'为'"含义相近,庄老已强调道无"为",而郭象进一步强调道也无"能"。若说"无(道)"能"生""有",则"无"就有"能"——用今天的术语来表述:"无"就被功能化了,进而"道"就可能被实体化。"(出无本)欻然自生,非有本。(入无窍)欻然自死,非有根"(《庚桑楚注》),若云道能生万物,则道即为万物本根,万物出于道而归于道,则万物就受"使"、受"制"于道,道就成为统辖万物的"中心"——对"道"的去实体化、去功能化,实际上就解构了这种统辖、控制万物的"中心"。

物道关系,关乎彼我关系,且又首先涉及物人关系,关乎人的"治"物之道:道不使物而任物自化,就表现为人不使物而任物自化,要"任万物之自为"(《养生主注》),无为而任物自化,"(汝徒处无为,而物自化堕尔形体,吐尔聪明,伦与物忘)理与物皆不以存怀,而暗付自然,则无为而自化矣"(《在宥注》)。人治物要学天地自然之道之"治"物,"(覆载天地刻雕众形而不为巧)巧者,为之妙耳;皆自尔,故无所称巧"(《天道注》),人并非不改变、改造("治")物,但在此过程中也要能让物"自化"。"(然且世世称之曰'伯乐善治马而陶匠善治埴木',此亦治天下者之过也)世以任自然而不加巧者为不善于治也,揉曲为直,厉驽习骥,能为规矩以矫拂其性,使死而后已,乃谓之善治也,不亦过乎?"(《马蹄注》)那么,就要追问:人在治物的过程中为什么要让物自化?"自生耳,非我生也。我既不能生物,物亦不能生我,则我自然矣。自己而然,则谓之天然"(《齐物论注》),让(任)物自化,则"我(人)"才能自然而然、自生、自化而自由——这当可以成为一种维护自然生态的价值原则。

三

物道关系论,还关乎"人人关系"这种狭义的彼我关系或人己关系,关乎人的治"人"之道。传统哲学往往把物人关系、人人关系结合在一起来谈,这从字面上就可以看出:"物"既可指一般所谓"物",也可指"人",比如常用词"物议"之"物"就指"人"(庄老与玄学家也常如此用)——在此意义上,"物"就是"彼",就是相对于我、己的彼人(他人)、彼物(他物)。"治"人之道,乃是侯王、帝王及圣人之道。阮籍有云:"道者,法自然而为化,侯王能守之,万物将'自化'。"王弼重复了这句话;郭象为《庄子·应帝王》所作"题注"强调"夫无心而任乎自化者,应为帝王也"——在郭氏看来,这是《应帝王》篇的主题,他还在注释中分析道:

(肩吾见狂接舆。狂接舆曰:日中始何以语女?肩吾曰:告我君人者以己出经式义度,人孰敢不听而化诸!狂接舆曰:是欺德也;其于治天下也,犹涉海凿河而使蚊负山也)以己制物,则物失其真。夫寄当于万物,则无事而"自成";以一身制天下,则功莫就而任不胜也。

(汝游心于淡,合气于漠,顺物自然而无容私焉,而天下治矣)其任性而无所节焉则淡矣。漠然静于性而止。任性"自生",公也;心欲益之,私也;容私果不足以生生,而顺公乃全也。

(老聃曰:明王之治:功盖天下而似不自己,化贷万物而民弗恃;有莫举名,使物自喜)天下若无明王,则莫能"自得"。令之"自得",实明王之功也。然功在无为而还任天下。天下皆得"自任",故似非明王之功。夫明王皆就足物性,故人人皆云我"自尔",而莫知恃赖于明王。虽有盖天下之功,而不举以为己名,故物皆自以为得而喜。

《人间世注》"题注"云:"与人群者,不得离人。然人间之变故,世世异宜,唯无心而不自用者,为能随变所适而不荷其累也。""治"人的君王有累,而治于人的芸芸众生恐怕更难免有累了。以己制物、以一身制天下,难免"功莫就而任不胜",而若能让天下自任,人人"自尔""自化"、任性自生,则"王"之"治"就好做多了。而"明王"如此治人之道,学的是天地治物之道,《天道注》分析指出:

(覆载天地刻雕众形而不为巧)巧者,为之妙耳;皆自尔,故无所称巧。
(天乐者,圣人之心,以畜天下也)圣人之心所以畜天下者奚为哉?天乐而已。
(故古之人贵夫无为也。上无为也,下亦无为也,是下与上同德,下与上同德则不臣;下有为也,上亦有为也,是上与下同道,上与下同道则不主)夫工人无为于刻木而有为于用斧,主上无为于亲事而有为于用臣。臣能亲事,主能用臣;斧能刻木而工能用斧;各当其能,则天理自然,非有为也。若乃主代臣事,则非主矣;臣秉主用,则非臣矣。故各司其任,则上下咸得而无为之理至矣。

如此,任人人自尔、自化,就成为一种"巧治""巧畜""巧牧(牧天下)",当然是"天巧"而非"人巧"。《天下注》云:"(无为也而笑巧)巧者有为,以伤神器之自成,故无为者,因其自生,任其自成,万物各得自为。蜘蛛犹能结网,则人人自有所能矣,无贵于工倕也。"《胠箧注》复云:"故善用人者,使能方者为方,能圆者为圆,各任其所能,人安其性,不责万民以工倕之巧……"——是"天巧"还是"人巧"的关键就在于:是否让所治之物(人)自生、自化、自为、自成。

任自尔、自化、自生,也是圣人之道,"(有不能以有为有)夫有之未生,以何为生乎?故必自有耳,岂有之所能有乎!(必出乎无有)此所以明有之不能为有而自有耳,非谓无能为有也。若无能为有,何谓无乎!(而无有一无有)一无有则遂无矣。无者遂无,则有自欻生明矣。(圣人藏乎是)任其自生而不生生"(《庚桑楚注》),圣人的秘密(藏)就在于任物自生而不生生。《则阳注》分析道:

(故圣人,其穷也使家人忘其贫,其达也使王公忘爵禄而化卑。其于物也,与之为娱矣)……不以为物自苦。
(其于人也,乐物之通而保己焉)通彼人不丧我。

（故或不言而饮人以和）人各自得,斯饮和矣,岂待言哉!

（与人并立而使人化）望其风而靡之。

（人皆尊其知之所知而莫知恃其知之所不知而后知,可不谓大疑乎!已乎已乎!且无所逃）我所不知,物有知之者矣。故用物之知,则无所不知;独任我知,知甚寡矣。今不恃物以知,而自尊知,则物不告我,非大疑如何!不能用彼,则寄身无地。

让彼（彼物、彼人）自化而"不丧我",也即我也得以自化,乃是郭象自化论的基本点。"各自得,斯饮和",若人人自化、自得,则"和"至矣。一方面"通彼人不丧我",另一方面圣人本"无我":

（是故滑疑之耀,圣人之所图也。为是不用而寓诸庸,此之谓以明）夫圣人无我者也。故滑疑之耀,则图而域之;恢恑憰怪,则通而一之;使群异各安其所安,众人不失其所是,则己不用于物,而万物之用用矣。物皆自用,则孰是孰非哉!故虽放荡之变,屈奇之异,曲而从之,寄之自用,则用虽万殊,历然自明。（《齐物论注》）

圣人无我无己,则"使群异各安其所安,众人不失其所是",物皆自用,物皆自化。

自化论面对的问题之一是：如果物物自化、人人自化,是不是意味着各不相干？郭象《齐物论注》对此有一段详细分析：

世或谓罔两待景,景待形,形待造物者,请问：夫造物者,有耶无耶？无也,则胡能造物哉？有也,则不足以物众形。故明众形之"自物",而后始可与言造物耳。是以涉有物之域,虽复罔两,未有不独化于玄冥者也。故造物者无主,而物各"自造"。物各"自造"而无所待焉,此天地之正也。故彼我相因,形景俱生,虽复玄合,而非待也。明斯理也,将使万物各反所宗于体中,而不待乎外,外无所谢,而内无所矜。是以诱然皆生而不知所以生,同焉皆得而不知所以得也。今罔两之因景,犹云俱生而非待也,则万物虽聚而共成乎天,而皆历然莫不独见矣。故罔两非景之所制,而景非形之所使,形非无之所化也,则化与不化,然与不然,从人之与由己,莫不"自尔",吾安识其所以哉!故任而不助,则本末内外,畅然俱得,泯然无迹。若乃责此近因而忘其"自尔",宗物于外,丧主于内,而爱尚生矣。虽欲推而齐之,然其所尚已存乎胸中,何夷之得有哉!

以上所述同样强调了"无"不能造物,"造物者无主"而物物自物、自造、自尔。物各自造、自化,并不意味着割裂彼我,而恰恰意味着彼我"相因""共生";物物自化,物物相"聚"而又能各自不丧我(莫不独见);人人自化,"从人"与"由己"就不再对立:"(去小知而大知明,去善而自善矣)小知自私,大知任物","(顺人而不失己。彼教不学,承意不彼)本无我,我何失焉!教因彼性,故非学也。彼意自然,故承而用之,则夫万物各全其我"(《外物注》),任他人自化,我不丧我,而他人也"各全其我"。这里还涉及"公私"问题,"小知自私,大知任物"。前引《庄子》语云"顺物自然而无容私焉,而天下治矣",而郭象注云:"任性'自生',公也;心欲益之,私也;容私果不足以生生,而顺公乃全也。""我"不"自私"而"顺公",恰恰不会丧"我",而是使"我"本身得以"全":彼我各自私则皆不得"全",彼我顺公而各各自化则各各得"全","我"岂能丧于"公"哉!

自化论面对的再一问题是:我为什么要让彼(他人、他物)自化?郭象《秋水注》对此有所分析:

> (以功观之,因其所有而有之,则万物莫不有;因其所无而无之,则万物莫不无;知东西之相反而不可以相无,则功分定矣)天下莫不相与为彼我,而彼我皆欲自为,斯东西之相反也。然彼我相与为唇齿,唇齿者未尝相为,而唇亡则齿寒。故彼之自为,济我之功弘矣,斯相反而不可以相无者也。故因其自为而无其功,则天下之功莫不皆无矣;因其不可相无而有其功,则天下之功莫不皆有矣。①

我要自为、自化,彼也要自为、自化,这就像"东西之反",但"彼之自为,济我之功弘矣",而最大之功在于:我只有让他人自化,我自己才能自化而自得、自由——郭象用唇齿相依表述了人人自化中的彼我关系。"(至礼有不人,至义不物)不人者,视人若己。视人若己则不相辞谢,斯乃礼之至也。各得其宜,则物皆我也"(《庚桑楚注》),"(非彼无我,非我无所取。是亦近矣)彼,自然也。自然生我,我自然生。故自然者,即我之自然,岂远之哉",让他人自然、自化,本身就成为我之自然、自化;反过来说,不让他人自化,我也就不能自化。

---

① 郭庆藩撰:《庄子集释》,中华书局1961年版,第577-578、579页。

那么,为什么有人不让他人自化呢?视人若己,则"不人",反之则"尽人":"(不能容人者无亲,无亲者尽人)身且不能容,则虽己非己,况能有亲乎!故尽是他人"(《庚桑楚注》),不让他人自化是因为不能"容"人。郭象《寓言注》还分析道:

(颜成子游谓东郭子綦曰:自吾闻子之言,一年而野)外权利也。(二年而从)不自专也。(三年而通)通彼我也。(四年而物)与物同也。(五年而来)自得也。(六年而鬼入)外形骸也。(七年而天成)无所复为。

所以,"自私"之弊不在重"我",而在"我"之"自专"(近乎佛家所谓"我执"或"执我")。"自专"而执着于"权利",则不能"通彼我""与物同",不能让彼人、彼物自化;而不让他人自化,"我"就不能自得而自化。再回到君王治人之道,郭象《在宥注》分析道:

(世俗之人,皆喜人之同乎己而恶人之异于己也。同于己而欲之,异于己而不欲者,以出乎众为心也)心欲出群为众隽也。

(夫以出乎众为心者,曷常出乎众哉)众皆以出众为心,故所以为众人也。若我亦欲出众,则与众无异而不能相出矣。夫众皆以相出为心,而我独无往而不同,乃大殊于众而为众主也。

(因众以宁所闻,不如众技众矣)吾一人之所闻,不如众技多,故因众则宁也。若不因众,则众之千万,皆我敌也。

(而欲为人之国者,此揽乎三王之利而不见其患者也)夫欲为人之国者,不因众之"自为"而已为之者,此为徒求三王主物之利而不见己为之患也。然则三王之所以利,岂为之哉?因天下之"自为"而任耳。

(此以人之国侥幸也,几何侥幸而不丧人之国乎!其存人之国也,无万分之一;而丧人之国也,一不成而万有余丧矣)己与天下,相因而成者也。今以一己而专制天下,则天下塞矣,己岂通哉!故一身既不成,而万方有余丧矣。

"自专"在君王就表现为"以一己而专制天下",如此,人人尽是"他人","众之千万,皆我敌也"——为什么呢?因为千万"世俗之人"皆欲"以一己而专制天下",流传甚广的俗语"皇帝轮流做,今天到我家"就体现了这种千万世俗人之欲——而这也就是千万人之"同":"心欲出群为众隽",作为孤家寡人的一人,皇帝自然是"隽中之隽"。郭象为《逍遥游》所作"题注"云:"夫小大虽殊,而放于自得之场,则物任其性,事称其能,各当其分,逍遥一也,岂容胜负于其间哉。"想成为万人之上,就难免有胜负。总之,"心欲出群为众隽"体现的就是一种关乎大小、多少、富穷、高下、强弱及胜败等的竞争逻辑,这种竞争逻辑又建立在人的"自专"而偏执于"权利"的特性上。在这种竞争逻辑中,我欲胜他人,于是就不会让他人自化,而我自己也不会得以自化——他人也欲胜我。《庄子·天道》曰:"上无为也,下亦无为也,是下与上同德,下与上同德则不臣;下有为也,上亦有为也,是上与下同道,上与下同道则不主。"人人自化可谓"同德","不臣"则人人自主而不受奴役;"心欲出群为众隽"可谓众人之"同道",人人陷入这种过度竞争之"道"中则"不主"而人人皆受奴役。

四

有关"自化"再一精彩而集中论述,出自《列子·天瑞》及张湛注。《列子·天瑞》云:"故生物者不生,化物者不化。自生自化,自形自色,自智自力,自消自息。"注云:

> 《庄子》亦有此言。向秀注曰:吾之生也,非吾之所生,则生自生耳。生生者岂有物哉? 故不生也。吾之化也,非物之所化,则化自化耳。化化者岂有物哉? 无物也,故不化焉。若使生物者亦生,化物者亦化,则与物俱化,亦奚异于物? 明夫不生不化者,然后能为生化之本也。
>
> 皆自尔耳,岂有尸而为之者哉?

而郭象《庄子·知北游注》所谓"与化偕行",大抵可视为我们古人的人生文化理想:文化世界和自然世界皆处在生生运化之中,物物自化,人人自化,则天下大同。

把握玄学自化论的价值,首先要有历史意识。人人自化包括"各任其所能",西哲马克思关于未来大同世界的描述也有"各尽其能"之说。郭象等希望帝王统治能不"自专"而让人人自化,但实际上,一部中国史基本上就是一部"专制"史——当然反过来说:也不能因为既有史实而否定自化论的价值。此外,玄学自化论本身也有其理论困境。从义理上说,一方面,若物物自化,则何需人来化物? 彻底的"自化"就会导出"人人尽舜尧"或佛学所谓"众生平等",而玄学未能彻底至此;若人人自化,则何需圣人或君王来化人? 于是时人鲍敬言就有"无君"之论,"君"既可以无为、无能、无功,则要"君"何用? 郭象等玄学家也未彻底至此。从事态上说,当时有"名教""自然"之争,"越名教而任自然",彻底地任自然、任自化、任自生,则必然导致"越名教",嵇康是彻底的"自化"论者,而郭象、王弼等则未彻底至此,多作调和之论。

此外,自化论的价值也应置于传统思想格局中来定位,"自化"与"和而不同""己所不欲勿施于人"相关而可以互补。自化首先强调了"不同",并且强调只有物物自化、人人自化,才能达到"和",可以说还标示出了实现"和"的途径;"己所不欲勿施于人"可以说主要揭示的是"由己而人"的价值原则,而"自化"还揭示了"由人而己"的价值原则:"己所不欲勿施于人",那么,"己所欲"是否就可以"施于人"呢?"自化"论的回答是否定的,强调让他人自化而不是按照己我之欲"使"他人化("化他")——这可以称为社会生态原则。深入、系统研究玄学自化论,有多方面意义,比如对于我们反思全球自然生态问题就有重要启示,兹不多论。下面主要看对协调不同文明关系即全球文化生态方面的理论启示。

我们今天不仅要从中华优秀传统文化中提炼出文化战略理念,而且要在与西方的对话中阐发、宣示、传播这些理念。20世纪以来,为解构西方自我中心论,西方思想开始重视"他者(otherness)"[①]——我们传统用语相对于己我的"彼""物(他物)""人(他人)",就是指这种"他者"。与西方对话,我们就可以把玄学自化论的价值原则表述为:让"他者"自化,你才能自化,"物以类聚,人以群分",这个"他者"可以是个体人及其群(社会),也可以是个体物及其类(自然)。或许我们无法完全确定物物自化、人人自化后物物、人人间关系究竟如何,但是可以确定的是:你不让他者自化(自由),你本身就不能自化(自由)——这尤其可以成为我们今天对待不同文明关系的文化生态原则和筹划国家文化战略的基本价值理念:国(家)国(家)自化、文(化)文(化)自化,乃是"人人自化"原则的一种扩展。

今天,不能离开资本全球化来抽象地谈论不同文明间的关系,而资本的逻辑,首先是一种经济逻辑,同时又与西方的文化逻辑和价值原则相关。我们今天在文化上面临的重要问题之一是所谓"西方中心论",而在文化哲学上深究,这又与西方建立在形而上学本体论和自我中心论价值原则上的自由竞争逻辑密切相关。德人黑格尔是这方面的典型代表之一,他是西方文化中心论者,同时其强调"绝对精神"的哲学也是典型的形而上学本体论。从某些方面来看,"绝对精神"近乎我们古人所谓的"道",但我们的"道"是可以无为而任万物自化的,而绝对精神之道则是过分有为而不断扩张、不断升级的:在黑格尔看来,西方文明处于绝对精神扩张发展的高位,而包括中国在内的东方文明则处于低位。黑格尔进而又认为:德国哲学又处在西方文明的高位,而他本人则处在德国哲学之极——在黑格尔身上我们会发

---

① 参见金惠敏:《消费他者——全球化与资本主义的文化图景》,商务印书馆2014年版。

现：形而上学本体论与极端民族主义和极端个人主义的自我中心论,是非常容易勾连在一起的。这其中的脉络是：绝对精神尽管超越自然和人类,但掌握这种绝对精神的人类可以成为这种绝对精神的化身,因而获得征服、驱使自然万物的力量(人类中心论),而成为绝对精神化身的民族就获得征服其他民族的力量(民族文化中心论),成为绝对精神化身的个人就获得统治其他人的力量(个人中心论)——而玄学自化论则有助于解构这种本体中心论,进而有助于缓解"自专""执我"的极端民族主义和个人主义。

从中国现代化史来看,在现代化之初,中国确有亡国灭种之忧,于是,就希望按照西方的价值逻辑("物竞天择适者生存")而成为超过西方的新霸主,为此不惜完全抛弃自己的传统文化。其实,当时中国落后有多方面复杂的原因,但知识精英却把落后原因归咎于不够崇尚"竞争"的传统文化精神。今天,亨廷顿的"文明冲突"论在中国学界大行其道,其实不知亨氏论调对于我们恐怕是弊大于利：把当今国与国之间的竞争,说成主要是文明、文化之争,掩盖了资本全球化背景下更主要的竞争依然还是经济竞争；更为重要的是：文明冲突论依然是建立在西方过度竞争的基本价值原则上的。我们必须清醒地认识到：中国完全按西方过度竞争的价值逻辑和帝国逻辑也即我们古人所谓的"霸道"而成为新霸主,可能性很小(比如全球自然资源总量的限制等),其实也无必要。随着综合国力的逐步提升,我们开始有了"文化自觉",开始重新审视自己传统文化的价值,而文化自觉必须推进到对西方基本价值原则和逻辑的反思上：建立在过度竞争逻辑上的市场活动,虽非零和博弈,但在资本框架下,不同"经济体"之间的竞争性显然要更明显,而不同"文明体"或"文化体"之间的关系,就未必像亨廷顿所说的那样具有极强的竞争性而不可兼容、不可协调。为了发展,中国融入了资本全球化进程中,但这并不意味着我们在各个方面都要完全顺从资本过度竞争的价值逻辑。当今甚嚣尘上的中国威胁论,可以说不过是西方一些人出于自身过度竞争、二元对立乃至你死我活的霸道逻辑对中国的一种臆测而已,"中国道路"的真正成功,将主要不是体现在获得超过、宰制西方的实力上,而是体现在创造出一种支撑人类社会文明发展的独特的价值原则上——包括自化论在内的中华传统优秀文化,显然有助于我们这方面的探索和实践。

"使群异各安其所安,众人不失其所是。"习近平《在纪念孔子诞辰2565周年国际学术研讨会上的讲话》指出：

> 丰富多彩的人类文明都有自己存在的价值。要理性处理本国文明与其他

文明的差异,认识到每一个国家和民族的文明都是独特的,坚持求同存异、取长补短,不攻击、不贬损其他文明。不要看到别人的文明与自己的文明有不同,就感到不顺眼,就要千方百计去改造、去同化,甚至企图以自己的文明取而代之。历史反复证明,任何想用强制手段来解决文明差异的做法都不会成功,反而会给世界文明带来灾难。

强制"同化"不同的文明,其实也无益于自身文明的丰富和发展。郭象说:"天下莫不相与为彼我,而彼我皆欲自为,斯东西之相反也。"戏而拟之,以不同文明关系而论,我们不妨把郭象说的"东西"转说为中国所处之"东(方)"与西方之"西",则郭象以下论断同样有效:"然彼我相与为唇齿,唇齿者未尝相为,而唇亡则齿寒。故彼之自为,济我之功弘矣,斯相反而不可以相无者也。"在文明上处于强势地位的西方尤当明白:东西虽可能"相反",但绝非势同水火,而是势如唇齿,只有让其他文明尤其处于弱势地位的文明自为、自化、自成,西方文明才能自化、自成而自由。物物自化,人人自化,在全球化迅猛发展的今天,或许还要加上"国国自化""文文自化",则天下大同。

国外文化战略研究

简析日本文化产业战略[①]

中国社会科学院日本研究所副研究员　唐永亮

文化产业是商品经济发展到一定阶段的产物,是文化与经济相结合的必然结果。日本很早就形成了较为成型的文化产业战略,它不仅推动了日本文化产业的壮大和发展,也是日本文化战略的重要组成部分,是扩大日本文化影响力的重要载体,是维护日本国家政治安全和文化安全的重要力量。

一、日本文化产业战略的提出

日本文化产业战略成形于20世纪末21世纪初,这一时期世界与日本都发生了巨大变革。20世纪90年代初期,日本经济泡沫破裂,陷入长期萧条之中,经历了所谓"失去的十年"。在1992年到2000年的9年时间里,日本经济增长率年平均仅为1.2%。[②]"日本泡沫经济破灭后,留下的是大量难以化解的不良资产,将财政拖向了崩溃的边缘,产业结构没有实质性的提高,实体经济受到沉重打击,企业大量倒闭,失业人口大量增加。"[③]在这种状况下,日本政府下定决心对以往的经济体制进行彻底改革。1996年桥本龙太郎内阁提出了对财政、金融、行政、经济结构、社会保障、教育等六个领域进行全面改革,此后虽经历了几次政权更替,但改革的步伐并没有停止。小泉纯一郎内阁成立后,2001年6月制定了《关于今后经济财政运营和经济社会结构改革的基本方针》,在这份文件中文化产业作为一个重要的部分被提了出来。文化产业是21世纪的新兴产业,是产业创新的重要方向,为此要振兴文化艺术,促进日本传统文化产业的发展,要完善人才、音像和书刊流通市场,保护知识产权,培育游戏软件、广播软件和动画片等日本文化产业。

政治层面上"五五年体制"崩溃,社会党衰落,日本建立在冷战结构上的保革对

[①]　本文完成于2013年11月。
[②]　日本经济财政咨询会议:《关于结构改革与经济财政的中期展望》2002年1月。http://www.mhlw.go.jp/shingi/2002/03/dl/s0319-5a.pdfsearch='構造改革と経済財政の中期展望について'。
[③]　张舒英主编:《日本经济发展模式再探讨》,方志出版社2007年版,第61页。

立的两极政治画上了句号,政治体制进入重新构筑阶段。自民党长期一党执政的局面结束,政界重新组合,各派势力合纵连横,因为政府要平衡各方利益,决策往往受到各方的掣肘。为了改变这种情况,日本政府尝试进行了一系列改革。日本学者渡边浩认为,20世纪80年代末90年代初以来,日本的政治变动与社会结构变迁之间呈现出了一种环形的改革关系。它由政治制度、政治内容、官僚机构、企业结构等四部分构成。其演进的过程是：政治体制的改变——政治内容的改变——官僚机构的改变——企业结构的改变——政治体制的再改变。从1993年自民党第一次下野到2009年自民党第二次下野的16年间,政官财三角关系经历了一番势力格局的重组。① 日本文化产业战略的提出也是在这一过程中出现的。

从20世纪70年代中期开始制造业在日本国民生产总值中的比重开始下降,而第三产业的比重则日益上升,到80年代末超过了制造业。进入90年代,第一产业人数占总就业人口的比例不足7%,第二产业为34%,而第三产业则超过了59%。日本的就业结构和劳动力构成的变化引起了日本社会结构的巨大改变。公务员、企业职员、专业技术人员、管理人员和商业、信息服务业人员为中心的"新中间阶层"得以形成。到1990年,日本的城市工薪阶层已占总就业人口的70%,其中新中间阶层占了49.9%。② 村上泰亮认为,"新中流阶级"是20世纪产业社会的中心力量和支柱力量,其主要具有三个特征：① 从经济的维度上看,这个阶级不能称为富足,仅有能维持一定生活方式的收入和资产；② 从政治的维度上看,这个阶级一般具有选举权,并且在行政机构、民间法人企业、地域社会中发挥着一些领导者的作用。为产业社会提供和传送运行所不可缺少的情报与知识的专门知识层(技师、教师、医师等)也属于这个阶级；③ 从文化的维度上,这个阶级接受过高等教育,具有独特的"中流式"的生活方式,并且是勤勉、节约、结婚和家庭的尊重、计划性、效率性和责任感等与产业化适应的"手段性价值"的自觉承担者。这些价值也可称为"中流阶级式的美德"。③ 无论是"新中间阶层"也好,"新中流阶级"也好,他们一方面政治意识保守,另一方面追求生活质量的提高和生活的进一步充实。他们是文化产品的忠实消费者,是推动日本文化产业发展的重要力量。

国际上,1991年苏联解体,以美苏对峙为基轴的两极格局发生了根本变化,"以政治意识形态为主导的对立让位于以经济为主导的国家综合国力的竞争"④。

---

① 金赢：《密室与剧场——现当代日本政治社会结构变迁》,人民出版社2009年版,第126页。
② 仲卫：《选择什么样的政治——走向"后五五年体制"的道路》,中央公论新社1993年版,第87页。
③ 村上泰亮：《新中间大众的时代》,中央公论新社1984年版,第175页。
④ 李寒梅等：《21世纪日本的国家战略》,社会科学文献出版社2000年版,第72页。

日本面临着完全不同于冷战结构的新国际格局,开始调整其国家战略,从经济大国政治小国的赶超型战略向经济大国政治大国的竞争性战略转变。实际上,早在20世纪80年代中曾根康弘担任首相时就已提出了政治大国战略。他1983年7月30日在故乡群马县对选民发表讲话时说:"要在世界政治中加强日本的发言权,不仅要增加日本作为经济大国的分量,而且要增加其作为政治大国的分量。"后来,为了避免刺激其他国家,他将"政治大国"表述为"国际国家",实际上本质是相同的,只是换了一种说法而已。日本著名的国际政治学家舛添要一在《日本要使21世纪成为日本世纪》一文中指出,90年代对日本来说是一个与明治维新具有同等重要意义的大变动时期,日本掌握着"资金""高技术"两大武器,距世界超级大国只有一步之遥,只要继续努力,就可以充当世界主角,21世纪将是日本的世纪。文化战略是日本大国战略的重要组成部分,日本政府十分重视向世界宣传日本,输出日本文化。

总之,在冷战之后经济持续低迷、政治动荡和日本国家战略向大国战略转向的过程中加速了日本文化产业的发展,促进了日本文化产业战略的形成。

二、日本文化产业战略的内涵

日本文化产业战略是日本知识立国战略的重要部分,其主要由日本文化产业大国战略、日本品牌战略和文化产业全球战略等三部分构成。日本主要有两个部门负责文化产业战略的制定:一个是内阁官房内设置的知识财产战略推进事务局,一个是经济产业省的商务信息政策局。前者从综合的角度出发将文化产业纳入整个知识财产国家战略之中来规划;后者则主要从经济的视角出发制定文化产业的发展战略。

内阁府知识财产战略本部是从事文化产业战略制定的重要部门,是根据2003年日本政府颁布施行的《知识财产基本法》第24条中的"为有计划地集中推进知识财产的创造、保护和使用"而在内阁中成立的。内阁总理大臣担任本部长,官方长官、科技政策担当大臣、文部科学大臣、经济产业大臣担任副本部长。成员由所有其他国务大臣和精通知识财产政策的民间有识之士(10人)组成。从知识财产战略本部成立伊始,每年都要定期提交一份名为"知识财产推进计划"的报告。在这些报告中文化产业都被作为单独章节列了出来。

(一)日本文化产业大国战略

日本知识财产战略本部在《2006年知识财产推进计划》中明确提出了把日本建设成为世界顶级文化大国的战略,在此后的数年间对这一战略又进行了数度补充。总体上看,日本文化产业大国战略主要由以下几部分构成。

一是打造文化产品的消费大国,使日本国民能够按照自己的喜好从多个种类和价格中自由选择文化产品。具体包括:① 积极灵活地利用 IP 多点放送。② 采用关照使用者的保护系统(protection system)。在促进文化产品流通的同时,确保国民可以最大限度地享受技术革新的优点和便利性,确保视听者的方便和适当保护著作权,为扩大文化产业业务,制定采用平衡双方利益的保护系统。③ 让使用者能够享受丰富的文化产品,奖励企业家开展弹性价格设定等业务。④ 通过充实节目播放中心和东京国立近代美术馆胶片中心的功能,促进漫画、动画和照片的收集存档和二次利用。⑤ 奖励、援助为安全使用文化产品所做的配合工作。譬如,2006 年文化产业界自主成立的"影像文化产品伦理联络会议(暂定)",对防止青少年接受有害文化产品起了很大作用。

二是打造文化产品的创作大国。为了实现将日本打造成创作大国的目标,应采取以下措施:① 奖励和促进改良文化产业界的结构和传统行规,通过普及禁止垄断法等法律法规,使创作者能获得应该享受的利益。② 促进创作者能力的发挥。加强网络建设,使创作者更容易发布自己的作品,并且通过充分利用他人的作品和保护期已满的作品,可以促进创作者开展新文化产品的创作活动。③ 制定金融商品交易法,完善信托制度扩大信托对象,促进对文化产品制作的投资。为使文化产品制作公司能够获得广泛的资金筹措渠道,2006 年开始普及 LLP(有限责任事业工会)制度。④ 设置促进文化产品制作和投资的奖励金。⑤ 支持电影制作活动,为电影拍摄利用道路、公共设施等国家设施提供便利。⑥ 构筑网上交易市场。⑦ 表彰优秀的文化产品,促进制作开发,包括表彰外国漫画家和充实媒体艺术节、发掘和表彰在电影、音乐、动画等各领域取得了优异成绩的人才。

三是培养文化产业领域的人才。① 培养文化产品的制作者和创作者。加强文化产业与各大学间的合作,制定包含教育内容、教育方法、教育体制等内容的人才培养振兴方策,同时协调大学与产业界的需求关系,进一步充实学科设置,并促进文化产业界与大学、海外机构的合作。② 奖励支持包含电影、广播、游戏、动画、音乐等在内的影像产业振兴机构的活动。③ 培养娱乐业专门律师,通过积极利用娱乐业律师协会等机构,增加学生学习诉讼实务、海外法律制度和契约规则的机会,奖励他们与法学家、企业家和创作者间的交流活动,培养具有国际视野的娱乐业律师。④ 奖励与影像业有关的产官学联手。⑤ 培养在自然科学和人文社会科学领域具有全面知识并兼备逻辑思考能力与艺术表现力的人才。

四是促进文化产品的研究开发。① 促进技术开发。鼓励学校教育中开发和普及提高数字放送效果的方法,支持研究开发数字电影技术向国际标准靠拢。促进文化财产公开和展示技术的开发,促进文化产品的利用开发,使其既能切实保护文化产品的版权,又能确保文化产品使用的高度自由性和便利性。支持高清晰影像关联技术的研究开发,钻研开发教育类文化产品,促进文化产品的共同利用。② 支持文化产品研究的跨学科合作。

五是打造文化产品的交易大国。消除交易壁垒,提高企业的国际竞争力,发挥文化产业对日本经济的牵引作用。具体措施如下:① 支援制片人的国际共同企划开发,支援大学培养具有国际商业开拓力和文化产业知识的制片人,增强制片人的作用,促进贸易国际化。② 支持企业拓展海外市场,从根本上扩充东京国际电影节的功能,创立公布文化产品信息的门户网站,进一步促进信息家电的网络化,在制作具有国际竞争力的文化产品的同时,吸引外国创作者来日本发展。③ 促进多频率发送信息的利用费改革,构建适应数字时代的法律制度,促进文化产品的流通和对创作者利益的保护,改革著作权法中对个人权利的限制和对经销商的保护等内容。④ 完善日本文化产业相关的统计资料。⑤ 促进电视产业的现代化和合理化发展,奖励剧场、电影院等的集约化发展,鼓励文化产业与观光产业联手,大力发展现场直播的娱乐节目。⑥ 振兴以观光产业为首的地方文化产业,彰显地域文化的独特魅力。

六是实现与数字网络时代相适应的文化产业大国。① 完善文化产业的法律环境,促进电视、电脑等数字文化产业终端的融合和合作,推进家庭内动画传送网络基础的开发和标准化,促进与文化产品传输服务有关的通用基础技术的标准化,促进地上数字传输基础设施的整备,支持动画传送业务的发展。② 站在使文化产业的生产、流通和消费最大化发展的方向上,改革与通信和广播有关的法律;解决网络检索服务相关的法律课题,使利用者获得满意的服务;解决关于文化产品传输中服务器上的复制行为的法律课题,以防止利益不当侵害;解决研究开发中顺畅利用信息的法律课题,以保障图像、声音和语言等高度信息化社会的基础技术的研究开发;解决有关倒叙制造(reverse engineering)的法律课题,以保护新软件的开发和信息安全。③ 整备与数字网络时代相适应的知识财产制度,导入流通促进机制和囊括性的权利限制规定,促进新技术进步,振兴文化产业发展。

(二)日本品牌战略

日本品牌战略也是日本文化产业战略的重要组成部分。从《2005年知识财产推进计划》开始,每年的《知识财产推进计划》中都设有日本品牌战略的部分。日本品牌战略主要包含以下几项内容:

第一,完善日本品牌战略的基础。主要包括:① 构筑贯穿饮食文化、地方品牌、服装、传统文化等各个领域的日本文化战略。② 于 2008 年成立"关于日本品牌的确立与宣传的关联省厅联络会议",联合内阁官房、总务省、外务省、文部科学省、农林水产省、经济产业省、国土交通省等各省厅统一制定行动计划。③ 系统整理和利用国际交流基金、日本贸易振兴机构(JETRO)、国际观光振兴机构(JNTO)等机构实施的有关日本品牌调查的结果。④ 积极利用国内外的宣传机构,强化对日本品牌的宣传。⑤ 充实国内外宣传介绍日本品牌的各种活动,如商品交易会、展览会等。⑥ 充实有关日本品牌的海外宣传信息。譬如,2008 年在面向外国人的影像国际传播活动中,积极鼓励民间参与,同时推进政府和相关团体给予其必要的支持,并且进一步充实面向海外宣传日本的网页信息。⑦ 积极地向外国观光客和媒体宣传日本的品牌,支持包含宣传日本饮食、地域品牌等的观光路线的企划。⑧ 表彰在日本品牌海外宣传活动中做出突出贡献的人。⑨ 推进充分显示日本人感性智慧的设计和制品,以促进日本品牌向国内外的渗透。

第二,孕育丰富的日本饮食文化。包括:① 培养精通世界饮食的人才、充实面向外国人厨师领班的实务研修,制作优秀的日本饮食和食材。② 支持提升海外日本料理店的信誉,保护日本农林水产品和食品方面的品牌,加强对日本出产食材的统一管理,提高日本食品、食材的安全信誉。③ 对优秀的日本饮食文化进行重新定位,强化对国内外的宣传。强化面向海外评论家等的日本饮食宣传,扩大日本农林水产品和食品的出口,按照"饮食教育推进基本计划"促进对传统优秀饮食文化的继承。④ 促进"食文化研究推进恳谈会"等民间主体的活动,增强对日本饮食文化的评价和向国内外的普及。

第三,打造多样的有信誉的地方品牌。包括:① 支持地方充分利用地方资源打造地方特色品牌,促进支持地方品牌的相关人士间的合作和交流。② 确保地方品牌的信誉。构筑确保地方品牌信誉的技术基础,推进从事地方品牌管理的人士的知识普及,促进各团体积极利用地方团体商标制度。③ 支持各地加强对自我品牌的宣传。

第四,把日本时装打造成世界品牌。包括:① 完善激发创作活力的环境。为年轻设计师提供机会,从 2008 年开始在"东京出发 日本时装周"上介绍国内外优秀的年轻设计师。支持具有较高技术水平的中小纤维制造企业。在大学和研究生院中设立时装专业,培养一流的时装人才。扩大海外人才在日本的受教育机会。完善衣料、设计的存档。在日本纤维产业联盟中设置"知识财产保护推进委员会"以加强对日本国内服装产业团体的设计和品牌的保护。② 强化宣传。把"东京出

发　日本时装周"作为国际宣传的据点。通过国际交流基金、JETRO 等支援海外开办展览会,强化对优秀衣料和服装的参展支持。支持日本优秀的设计师在海外做宣传时利用日本驻外公使馆。

在《2009 年知识财产推进计划》中,又提出了一个新概念——"软实力产业",从其内容上看"软实力产业"基本等同于文化产业,只是赋予了文化产业以更高的战略定位。该计划指出:"软实力产业是扩大海外市场、扩大内需的原动力,具有向海外宣传我国魅力的重要作用。"该计划中将文化产品、饮食、时装、设计等能够创造出软实力的产业定位为拉动日本经济的一个战略产业。由此可见,日本政府对文化产业越来越重视,对文化产业战略的内涵设计也越来越全面。

（三）文化产业全球战略

日本经济产业省商务信息政策局内部设有许多与文化产业相关的研究会,如"关于文化产业成长战略的研究会"（2010 年）、"文化产业全球战略研究会"（2006 年）、"文化产业交易与法律制度状况研究会"（2008 年）、"文化产业商务亚洲联携研究会"（2005 年）、"游戏产业战略研究会"（2006 年）等。其中,"文化产业全球战略研究会"在 2007 年提出了一个重要的报告——《文化产品全球战略报告书》。文化产业全球战略是日本文化产业战略的重要组成部分。

该报告指出日本文化产业面临着三大风险:① 内需增长的烦恼。2001 年到 2005 年日本文化产业的国内市场年增长率为 0.7%。数字文化产品市场以 DVD 和网络信息传送等影像产品取得了很大发展,但它只占全部文化产业市场的 18%,对整体市场的牵引力不大。② 人才流失的危险。日本国内文化产业整体增长困难,一些优秀的制作人才和创作人才有流向海外的可能。如果不开展有效利用流向海外人才的全球战略,把他们作为共同商务的联结点,文化产业人才就会出现从日本单向流出的危险。③ 从中长期看,日本文化产业整体有被（欧美乃至中国、印度等其他亚洲诸国的）全球化过程所吞没的风险。欧美增加了向亚洲文化产业的投资,新加坡、香港等国家、地区的文化产业商务中枢机能也正在被开发,日本的文化产业和市场有可能被吞噬。在这种情况下,日本文化产业应不断运用市场的力量,及早推进日本文化产业的全球化。报告指出日本文化产业今后应向四个方向发展:① 文化产业自身的全球化。日本文化产业应以日本的强项"创造性"和"感性价值创造力"为核心,与其他的全球产业一样根据"资本"和"产业"理论开展国际业务。通过与海外开展合作业务,提高产业自身的素质和竞争力。通过极为精细的地方元素的积累,推进全球化。② 人才、技术等文化产业业务"资源"的积累。不仅要在日本国内培养人才,还应把海外人才网络作为日本的资源来培养。

在资金方面要有效运用国内国外多种面向文化产业的投资渠道。③ 不仅在日本要构筑文化产业完成品交易市场,而且要构筑共同制作、策划、脚本、拍摄、人才和融资等所有与文化产业关联的信息收集和交易市场。把日本建设成对海外文化产品来说"在日本被交易本身就有价值"的市场。④ 通过商社、IT 企业和金融等多种参与者的参与和协作重新构筑"价值连锁"和开展新的业务活动。

该报告指出日本文化产业全球化战略面临着以下几个具体课题:一是商务的全球化。包含新兴市场,全世界的文化产业和文化市场都在急速成长。为了使日本文化产业实现全球化,顺利开展国际商务,有必要完善日本文化的基础。对此采取的措施有:① 推进国际共同制作和共同商务。为解决收集国际共同制作的全球策划问题,计划创设"JAPAN 国际文化产品纪念节",把它打造成最大的国际共同制作市场,并且在戛纳和柏林等主要电影节上开办共同制作工作间。同时,为了解决国际共同制作的制度保障问题,计划缔结政府层面和民间层面的双边协作协定。② 整备文化产品交易市场及其国际化。完善领先世界的具有多种机能的市场,扩充 TIFFCOM(文化产品市场),以促进包含脚本、漫画、人才和摄影等方面的市场化。完善能够一元化地提供文化产品所有权信息的系统,通过与文化产品展示平台协作,整备海外交易市场和向海外发送信息。构筑促进网络文化产品制作和投资的市场。对中小企业在海外展示自身的产品加以支援。③ 强化向亚洲转向。为了使日本在亚洲协作中起主导作用,在市场和产业上都要成为亚洲的盟主,计划召开日本主导下的面向强化亚洲文化产业合作的"亚洲文化产业讨论会",强化东京国际电影节中的亚洲项目,创设通过产学携手培育年轻 CG(电脑动画)创作人才的"亚洲 CG 创作者会议",策划推进今后三年面向亚洲的政策。二是人才的聚集和国际化。伴随着文化产业的全球化,国际共同制作增多、资金筹措多样化、文化产品制作的手法也变得国际化、复杂化。以制作为中心的业务也更加专门化,在文化产业制作方面精通海外业务的人才越来越稀缺,越来越重要。总之,促进国内外优秀人才的交流,实现人才的聚集化变得至关重要。为解决人才问题,需要在以下几个方面加大力气:第一,人才培养。培养制作人才,扩大实习生规模。通过国内各大学的文化产业系构筑新型人才培育体系。创设针对大学教育课程的认定制度。与国外大学协作强化人才培养。制定动漫、游戏创作人才的级别标准和评定制度。对走向海外的人才进行表彰。实施面向亚洲等区域的创作人才和制作人才等的研修制度。第二,强化人才交流和人才网络。在"JAPAN 国际文化产品纪念节"上召开人才培养、交流讨论会。创设通过产学连携来培育 CG 创作人才的"亚洲 CG 创作者会议"。促进与海外文化产业制作者的合作,通过支援国际市场通用文化产品开发计划的"J-Pitch事业"构建国际制作者网络。第三,融资的扩大和国际化。因为演出费的提高和开发环境的提高,文化产品的制作费用高涨,与此相伴资金的筹措规模也越来越大,筹措方法也越来越多。为此要针对独立的制作者,在实施国际共同制作资金不足时,可以通过国际共同制作投融资制度扩充融资。而且,向海外和一般投资家筹措资金时,可以提供必要的具有透明性的担保。第四,强化与技术革新的连携。在文化产业的所有领域,从制作到流通数字化、网络化正在发展,与此同时技术也正在加速融合。为加强与技术个性的连携,应在与其他技术人员很难交流的情况下,开展战略性的技术开发。建立产官学协作和技术人员交流的场所。制定文化产业关联技术开发路线图和重点分配研究开发经费。以日本具有优势的硬件技术等为杠杆,着眼日本文化产业的振兴。为提高CG技术以能与好莱坞相抗衡,应对文化产业开发费用的全面高涨,需要创设以提高CG技术为目标的"亚洲坐标图",整备文化产业软件的横向开发基础。为摸索有效运用网络的新型业务模式,尝试构筑网络文化产品的制作和促进该领域投资的市场。为解决海外很难获得日本文化产品所有权信息的问题,应促进海外日本文化产品的利用,通过与文化产业门户网站携手向海外传递信息。为实现通过软件与硬件联手开发新业务的可能性,通过"JAPAN国际文化产品纪念节"中的硬件、软件、职业连携来创设新项目。促进利用网络有效地抵制盗版,加强对海外新渠道防范盗版的实证调查。第五,知识财产的全球化应对。随着文化产业数字化的进展,很容易出现高质量的复制。而随着网络化的进展,这些高质量的复制品也很容易被传送到全世界。在这种情况下如何有效保护文化产品的权利成了重要问题。这方面的具体对策有:通过各省厅连携,建立适应新时代的数字文化产品流通促进制度。为使企业在亚洲能安心开展业务,积极支援亚洲知识财产基础设施建设。为解决国际共同制作时缔结条约的繁杂性,通过专业律师积极提供法律支援。对于期望在海外开展业务但缔结契约已经晚了的企业,政府可以提供咨询和契约模本。为有效抵制盗版,加强海外抵制盗版新途径的实证调查。为进一步加强盗版对策,需加强盗版的法律执行和扩大对正版的流通支援。

该报告就文化产业的各个具体类别的国际战略也作了说明。

一是电影业的国际化战略。电影的国际化主要可以通过以下途径展开:① 日本电影本身的出口。在此之前,日本国内制作的电影通常是通过海外电影节和电影市场实现出口的。今后日本电影的重点出口市场在亚洲,通过有效运用字幕等方式,积极加入亚洲各国市场,扩大业务。② 翻拍权的贩卖。贩卖翻拍权也是获得收益的重要手段。但是,目前日本电影所有权人通常以很便宜的价格就将翻拍权贩卖出去了,翻拍权本身的盈利并不多。今后应当改变低价出售翻拍权的做法,尽可能地转向共同制作。③ 国际共同制作。为了有效获得海外市场,从企划到海外制作、共同开发脚本,由两国演员共同出演等的共同制作是今后电影业国际化发展的大方向。④ 翻拍＋国际共同制作。今后在摸索与好莱坞的共同制作上,最有可能性的一个方法就是翻拍＋共同制作。这种方法在原作的书籍、漫画等已经很流行的国家非常有效。

二是动漫的国际化战略。动漫的国际化可以通过以下途径展开:① 动漫作品本身的出口。在此之前,日本的动漫产业走向海外的主流做法是向当地代理店颁发贩卖许可,通过代理店来开展业务。这样做的好处是追加成本和风险都比较小,但因为作品都是以满足日本市场的需求而制作的,所以很难能满足海外市场的需求,世界级的杰作也很少。特别是电视动漫,海外受众主要是孩子,而日本动漫以高龄层为对象的作品不断增多,播放标准也不同,造成日本的动漫作品无法在海外直接播放,从而影响了销售。② 通过当地法人进行销售。最近几年日本大型动漫制作公司在北美、欧洲等地设立了当地法人,开展自我海外营销。设立当地法人因为要招募当地工作人员,所以需要耗费很大成本。但是,通过当地法人可以在当地开展更细致的工作。③ 售前销售(Pre-sales)。最近不仅向日本市场,从计划一开始就把海外市场纳入视野,有效利用售前销售,寻找当地制作人员,从而获得市场支持的方法正在普及。这种方法的优势是,售前销售因为从产品开发时就与对象国市场的主要工作人员共同合作,能够获得对象国市场的重要市场支持,从而能够收获更大利益,成功概率较高。④ 参加国外主导的项目。在国外大型企业主导的项目中,承担一部分制作工作,这也是动漫产业国际化的重要方法。因为对方是国外大型企业所以可以获得大量的制作费收入,但我方很难在业务上获得主导权,难以确保我方的权利。并且,因为迎合海外的口味来制作作品,所以难以在日本国内打开销路。

三是游戏产业的国际化战略。近年来日本海外企业的业务能力和软件开发能力得到了很大提高,游戏业的国际竞争日益激烈。为此日本游戏产业应着力推进国际化,继续引领世界游戏产业。① 通过当地法人销售游戏软件。② 通过颁发许可证实现国际化销售。日本游戏公司在没有设立当地法人的国家或地区,通过允许当地游戏公司或其他公司在当地销售本公司的游戏软件,也可以实现进入该国或地区市场的目的。③ 通过海外开发据点来开发软件。在日本的游戏公司中,有些公司不仅在海外设立游戏销售点,而且还在海外设立了游戏开发据点。在中国等工资低的国家或地区设立开发据点,由他们来负责CG的制作,可以大大减少开发费用。④ 同海外开发公司开展国际分工合作。在海外不仅要设立自己的开发据点，而且也要与海外已有的开发公司开展国际分工合作。

四是电视节目的国际化战略。电视节目是最能有效地将日本文化和生活方式等传递给海外的文化产品。但是，日本电视节目海外发售的时间并不长，只有10年左右。日本电视节目国际化途径主要有以下几种：① 电视剧。日本电视剧国际战略，主要是以中国台湾地区为中心展开的，中国香港地区、大陆地区和韩国等亚洲圈是战略的重点。在欧美市场日本电视剧人气不高，因此在欧美地区日本电视剧国际战略的重点应放在开发面向孩子的专门节目。关于电视剧的重新制作和共同制作在此之前并不多，今后有必要尝试开展。② 纪录片。纪录片是包括欧美在内的世界各国都需要的节目。纪录片目前存在两极化，以通常预算制作的纪录片主要是面向日本国内市场的，以大量预算共同制作的纪录片是面向国际市场的。今后与海外媒体联合制作纪录片是纪录片走向世界的重要方向。③ 教育节目。教育用文化产品的制作在日本有很长的历史，作品质量也很高。为促进教育节目国际化，NHK设有"日本奖"，它是针对世界性教育节目的一个奖项。除了要继续这个奖项之外，今后还必须在与市场的联系上下功夫。④ 演艺会。日本是演艺会大国，但是出演者的魅力和谈话对演艺会非常重要，因此很难走向海外市场。在亚洲因为日本明星人气很高，所以将他们出演的演艺会原封不动地出口也是很有可能性的。在欧美地区，日本的演艺会可以设计处理后再进行出口销售。

五是音乐的国际化战略。在数字化和全球化的发展过程中，日本的音乐市场很难稳居世界音乐市场第二位的位置，因此有必要以全球化的视点积极地使日本音乐推向海外。音乐产业走向国际化的方法有以下几种：① 扩大以实况录音为中心的曝光活动。日本音乐要走向海外，继续在海外现场积极开展巡回演出和宣传活动是最有效的方式。音乐家自己积极地参与到音乐商品交易会等海外市场，与当地的艺术家共同演出、竞赛表演或现场巡回演出等也都是使日本音乐走向世界的重要方法。另外，通过在海外设立日本音乐介绍节目或利用 SNS（Social Networking Services，互联网应用服务）等网络向海外发布日本音乐的新进展，也是一种增加外国人收听收看日本音乐文化制品机会的有效方式。② 有效利用翻唱。通过积极推进当地艺术家翻唱日本乐曲，可以促进当地人无障碍地接受日本音乐。有效利用翻唱可以为唱原唱的日本艺术家将来更容易走向海外，同时也为翻唱日本歌曲的外国艺术家走入日本市场提供桥梁，这是对双方都有利的事情。③ 与其他文化产品携手合作。音乐要打入海外市场，不要只集中于音乐这一点，而是要通过与电视剧、电影、动漫、时装等其他文化产品相结合，创造更广泛的成功的契机。④ 克服语言的障碍。因为存在语言障碍,音乐从传递信息的意义上,比其他文化产品更难打入海外市场。为了克服这个缺点,应从中长期的立场上踏踏实实地打好日本音乐在海外市场的基础。

六是漫画的国际化战略。日本漫画在北美、欧洲、亚洲等世界各地都很有人气。但是,日本国内漫画杂志的销售数量却连续10年以上持续减少。日本漫画的国际化也面临着进一步加强的问题。为此,第一,需要有效地利用故事力。日本漫画的故事性一直受到很高评价,充分发挥这一强项,对于漫画打入海外市场是非常有效的。另外,日本漫画通常是以日本人为对象创作的,今后应该创作出更多以海外读者为对象的漫画作品。第二,全方位立体宣传(media mix)。漫画本身就是具有竞争力的文化产品,不仅如此,它还具有与电影、TV等相结合的亲和性。在日本通过开展这种全方位立体宣传所取得的协同增效作用已经有目共睹,在开拓海外市场上,也应采取同样的方法以提高扩大海外市场的效率和效果。第三,有效利用权利战略。在日本漫画真正进入国际市场时,不能只是被动地与海外出版社签订授权契约,日本出版社方面要积极地销售本社的漫画作品。为此,日本出版社有必要在海外设立子公司,通过与当地出版社的业务合作,确保出版社自身的出版渠道。第四,灵活运用网络等工具构筑新型经营模式。现行的经营模式是从杂志单行本再向媒体拓展的,将来有必要构筑一开始就在网络上向世界各地同时传输的新型经营模式。为此,需要高效的翻译系统和数字传输的技术开发。第五,确立包含多种商品的代理契约惯例。第六,培养专门从事国际业务拓展的制作人才。将日本漫画家创作的作品以更高的价值推向市场的制作人才不仅包括出版社的编辑,还包括精通著作权的律师和销售代理。

七是卡通人物的国际化战略。卡通人物销售市场要比漫画和动画市场大得多,也需要进一步推进国际化。进一步推进国际化的方法有以下几种:① 地域化。为了推进卡通人物商品的海外市场拓展,有必要提高卡通人物的知名度。卡通人物本身基本都是无国籍的,即使其原型是写实的,然而通过适当地域化,把日本演员出演的场景替换为当地演员来出演,也可以使卡通人物的原型得到复活。如果通过地域化,卡通人物能够融入当地市场,利用当地电视大幅提高卡通人物的知名度,对卡通人物商品的销售将有很大帮助。② 积极开展卡通人物展览活动。对于具有一定知名度的卡通人物,为了进一步扩大市场,可以开办"卡通人物展览"。通过这种方法,日本有些卡通人物在美国迪士尼乐园和海外主题公园都获得了非常高的人气。③ 许可证颁发制度。从许可证颁发者的立场上积极地利用在北美、欧洲、亚洲等地已经开办的"许可证展览"等展览会来拓展卡通人物的海外市场。

三、日本文化产业战略的特征

日本政府在 21 世纪初将发展文化产业提高到国家战略的高度,这对发展日本文化产业起到了至关重要的推动作用。纵观日本文化产业战略的产生和发展过程,主要有以下几个特点:

第一,日本文化产业战略是文化战略的重要组成部分,也是大国战略的重要组成部分。"1993 年,战后冷战时期形成、适合日本经济大国、政治小国状况的'赶超型'政治体制——'五五年体制'走向崩溃以后,日本进入了构筑适应政治大国目标、与欧美发达国家'竞争型'的新政治体制的时期。"[①]确立日本文化产业战略不仅是因为文化产业是能帮助日本经济走出困境的牵引力,而且在于通过振兴文化产业,可以促进文化输出,打造日本的国际形象。在《2009 年知识财产推进计划》中日本政府将文化产业战略进一步扩展为软实力产业战略,足见日本越来越重视文化产业的政治效果,将其作为提高国家软实力、为大国战略服务的手段来定位的。为了达到这个目的,日本政府突出强调了文化产业战略的大国性、全球性和外宣性。日本政府在《2006 年知识财产推进计划》中就明确提出了要大力发展文化产业,将日本建设成世界顶级文化大国,包括文化产品的消费大国、文化产品的制造大国、文化产业的人才大国和文化产品的交易大国等。日本政府重视日本文化产业的全球化,支持企业走出国门开发全球文化市场,提高人才、技术等文化产业的资源积累,促进文化产品制作和交易的全球合作。日本政府重视通过文化产品宣传日本文化。通过鼓励在海外开办文化产品介绍会等活动来扩充强化日本品牌的对外宣传力。利用据点地域强化海外宣传能力,强化在外公使馆在当地的信息宣传能力,支援日本文化产品拓展海外市场;充分利用日本驻外公使馆的设施,宣传、普及日本的食品、食材、传统工艺品、文化产品、时装等。同时,我们也注意到,实际上日本政府也是通过创建文化产业的国际化战略来强化对亚洲的战略性宣传的。

第二,日本文化产业战略注重品牌的影响。品牌战略是日本文化战略的重要组成部分。日本政府在《2005 年知识财产推进计划》中就系统地提出了日本的品牌战略。报告指出:"为了将日本变成受世界热爱和尊敬的国家,需要进一步提高我国的文化力,确立强化富有魅力的'日本品牌'。"在制定日本品牌战略之前,日本的生活方式贸易主要由民间来推进,进入 21 世纪后,日本政府将塑造日本品牌作

---

① 李寒梅等:《21 世纪日本的国家战略》,社会科学文献出版社 2000 年版,第 105 页。

为一项重要的国家战略,政府开始参与其中,着手排除民间自由竞争中的不利因素,完善日本品牌进一步发展所需的教育、财政等各种基础保障,支持饮食、地域品牌、时装等享誉世界的日本品牌走出去,有战略性地宣传日本的独特魅力。日本的品牌战略注重地方独特性,鼓励地方打造具有地方特色的地方品牌;日本的品牌战略注重树立品牌的信誉,强化对生产过程的监督、管理以及对盗版的打击。日本的品牌战略注重对专业人才的培养,着力完善教育体制,支持专业人才跨国交流。

第三,日本文化产业战略的内容不断丰富完善。在《2003年知识财产推进计划》和《2004年知识财产推进计划》中发展文化产业是单独的一章,但是还没有明确地将其放在国家战略的高度。从《2005年知识财产推进计划》中就已经开始明确提出:"充分利用文化产业使日本向文化创造国家发展",文化产业战略被提高到国家战略的高度。从内容上说,除了保留前两份《知识财产推进计划》中的"文化产品的创造""文化产品的保护""促进文化产品的流通""扩大海外市场、强化盗版对策""保护地方有魅力的文化财产并强化宣传"等内容外,增加了"正确运用文化产业促进法"和"充分利用生活方式推进日本品牌战略"等新内容。《2006年知识财产推进计划》中仍然有文化产业战略的内容,而且更加系统化。在该计划中将文化产业战略分为两部分,即"实现世界顶级文化产业大国"和"充分利用生活方式,推进日本品牌战略"。而在"实现世界顶级文化产业大国"中又将文化产业大国战略细分为"实现使用者大国""实现创作者大国""实现贸易大国""实现改革的地图"和"正确运用文化产业促进法"等五部分。《2007年知识财产推进计划》中的文化产业战略内容相比《2006年知识财产推进计划》增加了许多内容。其中比较重要的是"完善促进数字文化产品流通的法律制度和契约规则""促进海外拓展""推进文化产品研究开发"等。《2008年知识财产推进计划》中的文化产业战略是对2007年文化产业战略的丰富和发展,突出强调了数字网络时代的文化产业发展。《2009年知识财产推进计划》中更是将文化产业定位为"软实力产业",从"振兴软实力产业""充实创作者的创作环境、培养创作人才""强化文化产业的海外拓展""在据点地区强化宣传力""通过促进访日活动,提高认知度""促进提高品牌力的努力,构筑知识财产制度""完善适应数字网络时代的知识财产等制度""强化网络上的著作权侵害的文化产业对策""正确运用文化产业法"等9个角度说明了软实力产业成长战略的内容,表现了日本政府对文化产业的高度重视。

第四,日本文化产业战略是由各部门统筹协调的结果。文化产业本身是一个内容复杂的产业,它既有文化的内容,又具有产业的本质,所以经济产业省和文部科学省都很重视文化产业发展。经济产业省主要从产业发展规律的角度考虑促进文化产业发展的策略,文部科学省主要从文化的保护、创造和发展的角度思考促进文化产业发展的方略。除此之外,总务省、内阁官房、农林水产省、外务省、国土交通省、警察厅、财务省等也都从各自的角度参与到文化产业战略的制定中。总之,日本文化产业战略是一个综合战略,是由内阁府知识财产战略本部牵头,协调各关联省厅共同制定、充实的结果。

综上所述,在冷战后不久,日本开始积极地发展文化产业,制定了较为系统的文化产业战略,有效地促进了文化产业的发展和国家软权力的提高。日本文化产业战略是一个内涵丰富的整体,既有将日本打造成文化产业大国的文化产业大国战略,也有打造、充实日本文化品牌的品牌战略,还有积极融入国际社会的日本文化产业全球战略。

数字时代与文化产业投资：
简论法国文化产业发展思路①

中国数字图书馆有限责任公司副总裁　林青

法国是一个文化大国，在 2008 年金融风暴以来全球经济不振的情形下，一直主张加大文化产业投资，以此带动国内经济复苏，增加就业。每年一度的阿维尼翁文化论坛可以说是近年来从文化发展角度切入探索复苏经济的有益尝试。

阿维尼翁论坛全称为"文化、经济与媒体发展论坛"，是一个非营利性论坛，它是由法国公共和民间文化机构、文化创意从业人士、媒体人士、学者等积极参与构成的民间论坛。法国文化和通讯部从论坛设立以来一直给予大力支持，近年来论坛的影响力逐步扩大，形成了品牌文化论坛。该论坛还专门设立网站，每年将论坛有影响力的讲演及讨论结集出版。

论坛每年 11 月在法国的阿维尼翁举办，每年设立一个主题，2011 年的主题为"投资文化"，2012 年的主题为"文化，期盼的理由"，2013 年的主题为"文化的能力"。从这三年论坛举办情况看，2011 年论坛的影响力最大，参加人士的规格也最高。而从其主题上看，也是与经济最紧密相关的，具有很强大的现实意义。这次论坛中，时任法国总统萨科齐参加了分组论坛并做主旨发言，从政策层面为法国力图通过文化产业的创新走出欧洲经济危机提供了一些思路。

下面就萨科齐的发言以及讨论归纳法国在经济危机的背景下发展文化产业的设想。

一、投资文化的重要意义

这个问题实际上很重要，但很多国家对此的理解不尽一致，但在金融危机后，普遍的认识是，发展文化产业需要国家强有力的政策导向和扶植，以通盘考虑重新

---

① 本文完成于 2013 年 7 月。本文之引文出自《投资文化》(*Inverstir La Culture*)一书，该书为 2011 年阿维尼翁论坛文集，由法国伽利玛出版社出版于 2012 年。引文出自萨科齐参加的其中一个论坛，参见原书第 81 - 104 页。

调整经济结构。就此议题,法国前总统萨科齐表达了自己的观点,实际上也是法国文化发展的一种政策导向:萨科齐认为,"正是有了经济危机,才应当谈论文化,因为文化才是回应危机的首要问题。问题不是危机也不是文化,不是要在危机一过去就又重提文化,法国面对危机给出的答案是,要在文化领域大规模地进行投资……我要对欧洲国家现在政府表明的是,法国视文化资产为生活必需的资产。这是我们选择的基础。人为了生存,需要食物,需要良好的健康,但也需要文化。法国是经济危机三年以来唯一没有削减文化预算的发达国家,尽管法国也面临着三个危机:金融危机、经济危机和今天的主权债务危机。我们不仅没有削减文化方面的财政支出,反而有所增加,相反,在欧洲一些国家近三年来分别消减了20%、30%和50%的文化财政支出"。

二、保护知识产权就是保护文化创造力

萨科齐在讲演中特别重视知识产权问题。他认为:在全球化的今天,文化及文化创造者的作用日益重要,文化的存在日益成为公众生活的必需,因为文化使生活更有意义,它创造了各民族之间的沟通,为在个性化情感基础上更好地体验人类共同的情怀创造了前提。这种全球化的倾向导致了世界公民的一种共同的诉求,而这恰恰缘起于对自己国家文化的发现、理解和认同。但目前在数字文化发展的时代,传统的发行和销售渠道受到空前的挑战,不同的文化要素交织在一起甚至相互冲突,传统的书籍、唱片和电影的发行及销售渠道仅过了几年就已分崩离析,不论从系统还是从运营角度看,在保障知识产权的前提下,都需要对文化经济发展的模式重新考虑。

为此,萨科齐鲜明地阐述了法国的立场,这就是坚决捍卫作者的权利,因为不尊重作者的知识产权就没有文化创造。法国是个保护艺术家知识产权历史悠久的国家,从18世纪戏剧家博马舍时代开始就产生了知识产权的概念。过去王公贵族迷恋于艺术家的作品,这实际上也是对其进行保护。后来艺术家挣脱了这种依附,有了独立性,而赋予这种独立性和尊严的恰恰是他们赖以生存的知识产权,依赖于私人性的慷慨是根本无法获得独立性的,不会有真正的自由创作。萨科齐说:"我坚决不能接受,技术革命,不管它是多么有用或是多么正面,都不可颠覆知识产权保护这一基本原则。面对无节制的盗版行为,任何文化经济,任何法律形式都不可持续。"正是基于这种信念,萨科齐说,2005—2006年,正值总统竞选,有很亲近的朋友告诉他说,别提这些思想,以免丢掉年轻人的选票。有人甚至说,"如果你不能理解这场改变了一切的特殊革命,你将丧失掉这场竞选"。尽管盗版已形成趋势和

习惯,但这不能成为理由。正是在这种思想的驱动下,萨科齐推动成立了网络著作传播与权利保护高级机构(Haute Autorité pour la diffusion des œuvres et la protection des droits sur internet,简称：HADOPI)。"仅仅在这一法律实施几个月后,法国的盗版行为就消退了35%。因此,可以说这场战斗并没有输,越往前走,网民越会明白,虚拟社会无论如何是需要一个起码准则的,如同在任何一个民主社会中一样。"同时,萨科齐也指出,所有互联网都是依靠丰富内容的网站而吸引网民,达到盈利的。内容和渠道应当是平等的,文化产品的创造者在需要互联网传播作品的同时,也需要保护。正是由于互联网的革命,文化传播才真正促成所谓世界化的趋势,而这其中最大的受益者是那些互联网的巨人,但问题是,这些巨型互联网公司在利用跨越国家的文化产品盈利时,纳税确是不平等的。"著作权人的权益不是个空洞的词汇,而是数字化产品的财政问题。因为,我们要问的是：谁为能够使我们在互联网上通联的基础设施买单？世界化使得互联网巨头在法国市场上赚了很多的钱,但他们却没有给法国赋任何的税,我不想说倒霉的是我们,我不接受这种状况。应当有一种平衡。不可以接受的是这类公司所有的客户在一个国家,而出于多交税的担心将其合作者安排在另一个国家,但公司的税却缴在第三国！"[①]

就此,萨科齐做出结论说,文化和互联网不是对立的,而是需要两者汇集,相互理解,需要建立一种新的经济基础,而它应当使互联网文化的创造和运营者在不损害(传统)文化创造者的前提下获得收益。

三、文化是旅游业发展的动力

萨科齐在讨论文化与旅游业关系时说："法国每年接待 8 000 多万名游客,如果法国没有文化,没有画家、作家、建筑设计师、文化遗产,凭什么吸引这么多游客？政治家也同样认为文化是沟通的桥梁。文化是素未相识的男女可以得到共同感受的最根本的原因,没有文化就没有民族……文化不是位于生活的边缘,文化是我们自身的认同。文化与故步自封、宗派主义、俗旧老套、保守主义、俯首帖耳、巴甫洛夫式的条件反射格格不入。"

正是这种文化创新动力才使法国在摆脱金融危机的道路上另辟蹊径。萨科齐举了几个旅游与文化结合创造新型文化经济的实例：

西班牙钢铁城比尔堡被经济危机拖垮了,整个城市和关联区域沦为废墟,因为

---

① 这种做法是跨国互联网公司常用的结构,以避免多缴税。真正缴税主体的公司设立在一个免税或税负极少的国家,而运营时又尽量安排合作伙伴在缴税相对少的一个国家,客户消费所得却落在与该公司利益相关的国家。

那里几乎所有的经济活动都是和冶金业相关的。但这个城市却找到一种拯救的方法，拿它的独特建筑和文化做赌注重建经济。建筑艺术方面独树一帜是弗兰克·盖里①的设计，而文化方面则以古根海姆博物馆的建设吸引游客。正是这两个文化方面的创意每年为比尔堡带来2.1亿欧元的文化活动收入，仅博物馆相关的旅游活动就为比尔堡带来额外的3 000万欧元的财政收入。可以说文化投资拯救了比尔堡。

民主德国和联邦德国统一后，定都柏林，而柏林确实是个建筑非常奇特的城市。柏林能够成为首都，其重要原因就是文化。最初吸引企业进驻柏林还是挺费劲的，但这个城市却吸引了大量的艺术家，今天德国首都13%的就业是与文化息息相关的。

英国利物浦曾遭受灾难，一度衰落，但史无前例的文化产业投资却拯救了这个城市，还有鲁尔（德国）、艾森（德国）、多特蒙德（德国）、杜森博格（荷兰）也都是通过大规模的文化投资获得转机，重振经济。

法国也经历了这种城市功能的改造。莫塞勒区和梅兹市原来是法国的军事要地，三分之一的人口从事与军事相关的服务行业。法国前总统希拉克决定撤销这个军事基地后，梅兹市就面临着转型的问题。于是萨科齐政府做出决定，建设梅兹市蓬皮杜艺术中心，尽管有金融危机，但政府没有削减任何建设经费，中心建成后仅一年多时间就接待了超过100万名游客。萨科齐说，梅兹的现状就说明了一切，政府大规模投入是值得的。不仅于此，法国政府还做出决定，在楞斯开设卢浮宫分馆，展出非凡绝伦的收藏，因为楞斯曾经受两次剧烈的产业革命，传统的矿业和纺织业在经历危机后纷纷关闭。萨科齐很有信心地认为，卢浮宫分馆也会像梅兹蓬皮杜艺术中心一样获得成功。另外，萨科齐还说，政府还计划在马赛开设地中海博物馆，在诺曼底省开设奥塞博物馆。尽管危机仍在肆虐，但文化投资在法国始终没有停止。

而就文化遗产保护问题，萨科齐说，法国政府历来重视文化遗产的保护，已经启动了一个4亿欧元的修缮文化遗产的预算，另有1亿多欧元已在经济危机之前就已投入计划。这个计划旨在修缮50座大教堂和一般教堂。同样法国政

---

① 弗兰克·盖里，1929年2月28日生于加拿大多伦多的一个犹太人家庭，17岁后移民美国加利福尼亚，成为当代著名的解构主义建筑师，以设计具有奇特不规则曲线造型及雕塑般外观的建筑而著称。他是纽约哥伦比亚大学有名的建筑学教授。

府也在财政上支持将来会成为文化遗产的活态演出(spectacle vivant)①。作为结论,萨科齐认为:"文化不是一种观念,而是一种介入,一种信念。投资文化以应对金融危机,就如同我们投资航天和健康领域一样。这也正是法国的优势所在。"

而就法国电影为何长盛不衰,萨科齐总结道:"如果要说明法国电影现状,可以很幸运地说,法国电影行业的前辈给我们留下了一个健全的我们仍在沿袭的行业体系。这才导致法国没有落入世界或欧洲一些国家电影行业明日黄花的境况。即或没有政府政策支持电影业的发展,这一体系仍然对艺术家和他们的创作起到积极的作用。"

四、培养青少年文化消费习惯与文化普及

年轻人沉迷于网络,习惯于从网络中获取一切所需的文化娱乐消费产品,如游戏、电影、各类视频、图片,甚至数字化艺术品等。这是全球性的普遍问题。萨科齐直言不讳地说,这是一个不可回避的问题,不仅家庭条件不好的青少年,甚至家庭条件好可以很方便地接触到文化消费的家庭的孩子,也渐渐地失去对电影院和博物馆的兴趣。为了重新培养孩子们的文化素质和趣好,法国政府在文化与通讯部的牵头下做了一个实验项目,这个项目名称为"电影—中学"(Cine‐Lycee),政府出资买了200部电影版权并在中学放映。这种做法并不构成与商业电影院的竞争,相反,可以从小培养孩子在学校看电影的习惯,一旦出了校门,这些孩子就可能形成新的电影消费群体。法国有264个受资助的演出场所,600多个演艺公司和数量庞大的演出节目,但这些演出有多少人看呢?文化演艺所需要的费用如何通过观众的文化消费得到补偿呢?这些问题是网络时代产生的,并不是说传统艺术场所,如电影院、剧场等相对网络没有竞争力,而是年轻人没有机会去享受,甚至不知道还有比网络文化消费更好的形式。因此,培养新一代的电影和各类演出的观众兴趣势在必行。这一思路如果可行,也许可从根本上解决文化产业发展的市场问题。

实际上从根本上说这是文化普及的问题,只有让所有大众可以方便享受到高品质的文化,大众的文化素质才会提高,相应的文化需求也就会激发出来。为此,

---

① 活态演出是指演出者(通过表演让人看和听的演员)和观众(看和听的人)共同出现的表现形式。它可在观众那里唤起一种情感:如悲剧、忧伤、喜悦、焦虑等情感。此外,活态表演还被赋予多种艺术表达形式,如戏剧、舞蹈、马戏艺术、街头艺术、木偶艺术、歌剧和活态音乐。人们也称其为演出艺术,但此种表述在某种概念上也包括了电影,特别是在大学的课程中采用这种称谓。

法国政府发起了一个名为"流动的博堡格"(Beaubourg mobile)①高端艺术品普及项目。萨科齐在视察法国小镇寿蒙发现这个项目很受欢迎。小镇有 25 000 名居民,其中 10 000 人参观了"流动的博堡格",欣赏了包括克林和毕加索在内的 14 个艺术家的顶级艺术品。萨科齐还举了另外一个例子:一项研究表明,上-马尼市 19% 的居民曾经去过博物馆。因此,这个项目说明将大博物馆的收藏分散在中小城市展出是很有需求的,对普及艺术很有帮助。一听说毕加索来了,市民们排队参观。很多人即使去巴黎路过博堡格也未见得参观那里的博物馆。"流动的博堡格"使大师的作品融到小城小镇,大师不再陌生。

从艺术普及角度看,萨科齐说,法国目前对 18—25 岁及教师参观博物馆是免费的,这项举措实施以来收到较好的效果,萨科齐认为应当鼓励教师多参观博物馆,这样教师才能激发学生参观兴趣,形成新的观众群体。但萨科齐认为,博物馆免费是不可取的,因为文化是有价值的,同时博物馆也需要收入以维持其运转。

五、通过税收政策推动文化产业发展

法国的增值税(TVA,Taxe sur la valeur ajoutée)为 19.6%,数字化的产品也一样,但纸本图书的销售增值税为 7%,而新闻和活态剧行业却享受更低的 2.1% 增值税率。这也反映出法国政府通过税收扶持文化产业的意图。但数字文化产品却没有享受到与传统文化产品一样的优惠,为了扶持数字文化产业的发展,与亚马逊这类数字文化巨头竞争,萨科齐坚决主张将数字化产品的增值税率降至与纸本图书一样。萨科齐政府的这一提案得到法国议会投票通过,并于 2012 年 1 月 1 日起开始施行。

作为结语,我们要说的是,之所以介绍 2011 年的阿维尼翁文化论坛,其意义就在于这一年论坛主题最贴近中国文化产业发展的现状,法国和中国一样,是一个拥有悠久文明和丰富文化遗产的文化大国。法国和中国分别代表着西方和东方的文明。法国政府投资文化的切入点和实践对中国大规模投资文化产业有一定的借鉴意义。中国文化投资的热点是文化科技园区、文化消费基础设施、数字化产业、文化产品在移动终端上的应用以及文化旅游等;而法国则注重因地制宜地将过时的产业向文化旅游转型,同时投资对文化遗产的修缮,以及传统艺术和经典艺术品的普及。法国的思路是在文化投资过程中注重文化传承,注重普及,目的是使更多的

---

① 博堡格在巴黎四区,蓬皮杜艺术中心、信息公共图书馆(法国最大的公共图书馆)、国家现代艺术博物馆(欧洲最大的现代艺术博物馆)、音乐及听觉研究中心等都坐落在博堡格,因此博堡格也就成了巴黎艺术博物馆的代称。

人能够并愿意欣赏消费文化,这样才能使无法再生的文化经典不断创造价值,维系人们之所以蜂拥法国旅游的兴趣。萨科齐在讨论文化时反复强调文化是人类共同情感的激发,从某种角度看,萨科齐的观点包含着更深层的经济因素。文化是情感表现不断延续的过程。不断阐释文化的内涵,激发并认同文化所蕴含的情感,这种需求正是人们到法国旅游,偿愿却情的原因,而这也是延续文化的基础。当文化真正成为人类精神归宿和不可或缺的食粮时,文化的传承和发展也就自然成为社会经济发展的最基本的条件。也许,这也是投资文化在哲学和人类发展层面上的理由。

文化产业战略研究

文化产业战略布局的忧思与
文化批评的责任[①]

中国人民大学文学院教授　陈奇佳

一、当前我国文化产业战略布局存在的问题

进入21世纪以来,我国文化产业有了极大的发展,取得了很大成就。所有这些,人们如不带着有色眼镜进行挑剔,都是无可否认的。

不过,作为一种在国民经济发展中占有重要战略地位的产业模式,在我国,文化产业毕竟是一种新生事物,它在狂飙突进式的发展过程中,不免存在着这样或那样的不够成熟之处。以下,笔者就尝试着从地缘性因素、技术支持、产业链布局、制度建设等几个方面,来讨论当前我国文化产业在宏观战略布局方面可能存在的问题。

(一)对教育、交通等地缘因素在产业布局上的决定作用认识不足

相比传统产业,文化产业的确存在受现实物质资源约束较小、投入产出比较大、转型灵便等优势。人类历史上,从来没有哪一家煤矿企业是专门设在煤炭资源匮乏之地的,但的确有一群人用自己的双手在一片文化荒漠中建起了好莱坞电影城。

不过,文化产业的这种优势并非绝对。当它作为一种产业类型开始走向稳定、成熟、规范的时候,先发者的各种优势就会大打折扣,它受现实物质条件制约的一面可能就会凸显。归根到底,文化产业毕竟仍要尊重产业追逐利益的本性,有力的外部条件能够有助于产业利润的最大化原则。白手起家、另起炉灶毕竟是一件苦难而又存在太多不确定因素的事情。好莱坞式的成功模式是不可复制的。事实上,如果没有爱迪生等资本巨鳄的逼迫,当时势力尚小的电影人不会离开经济繁荣的东海岸来到西部这一片荒芜之地;没有第一次世界大战和美国独特的贸易保护

[①] 本文完成于2013年11月,在资料收集、整理上受周云蕾、苏岩帮助甚多,特致谢忱。

法案,好莱坞在其幼小的时期未必能够成功抵御法国电影业的冲击。要言之,当我们谈论文化产业发展问题的时候,并不能动辄夸口文化产业的各种特殊能动因素,而需要关注各种外部条件——首先就是地域因素对某一特定文化产业的无可回避的制约作用,某种有特色的文化产业总和当地有特色的文化资源是相适应的。

怎么来理解特色文化资源和特色文化产业相适应的问题呢?这就需要具体问题具体分析。现在不少地方都以建设动漫产业基地为荣,我们就以动漫产业为个案对这一问题略加讨论。

笔者认为,教育产业是一个容易被人忽视却对动漫产业具有决定性意义的外部制约条件。不难理解,没有大量的熟练绘画技工,动漫的产业化是不可能的。举例来说,一部时长 90 分钟的标准 2D 动画电影是由 129 600 幅图画组成的。这其中,主创人员最多完成其中的几百幅关键帧图画,剩余部分就需要掌握一定绘画技巧的技工来完成。诚然,电影公司能够调动许多专业技术手段来减少工作量,但剩余的工作仍然是极其庞大的。一部电影工作量尚且如此,当一个动漫生产基地需要推出成千上百部产品的时候,到底需要多少熟练的产业工人呢?这些产业工人可以没有什么好的审美眼光,但他们需要懂得基本的绘画技法,懂得视线顺接、颜色渐变之类技术(不然就会出现许多穿帮的情况)。当然,这还仅仅是问题的一个方面。一部完整的动漫作品,还需要文字、音乐、数字技术、营销等方面人力资源上的支持。没有此种人力资源的保障,文化产品制作不免停留在传统手工作坊的水平上。计划经济时代倾国家之力量在某些偏远地区打造现代文化工业是一种特例,不能够引为常态——事实上,即使在那时现代文化工业布局的诸种要素通常也是被充分考虑了的。

文化产业内部构成形态千差万别,不同行业类型具有其各自的要求。我们这里所要强调的是,如动漫产业一类,实际上是文化产业中的劳动密集型产业,需要投入大量的人力资源成本。如果没有成规模、成体系的现代教育产业作为支持,在某些文化较不发达的边远地区硬要斥巨资建设动漫产业之类,不免事倍功半。

除了人力资源方面的因素,交通运输同样是文化产业地缘布局必须考量的一个方面。人才的自由流动本来就很大地受制于交通运输方面的因素。另外,就国际文化产业的发展水平来说,我国目前整体水平较低。因此,一方面我们需要引入国外的技术、资金支持,另一方面,在一个相当长的时间阶段内,我们的文化产业还有必要承担外国文化产品粗加工的任务——比如为日本、韩国动漫产品承担上色、制图、简单数字加工等工作,以回笼资金,降低运营成本等等。

要言之,除了少数特例(这种特例一般发生在某一行业兴起之初),文化产业如同其他传统产业形式一样,会受到外部物质环境条件很大的影响,而像动漫产业一类劳动密集型产业,人力资源、交通运输等客观地域条件在很大程度上更制约着其发展。我国现在某些地区,明显缺乏这些必要条件,却以为招来宫崎骏、久石让等大师炒作一番,即可推动当地动漫产业的发展,这实在是对动漫产业之产业属性的巨大误读。

事实上,在一定的经济文化发展阶段,不同的地域总有相对于自身的较为适合文化产业发展之路(一些经济不发达地区风光险峻、多元民族文化气氛浓厚,实可加强电视剧生产基地、游戏开发的建设)。当然,不同的地域条件能够吸引的投资量有大有小,不同的产业类型收益周期有长有短,各种情况很难整齐划一。文化产业的经营,总的说来需要有一个较长的培育周期。当前我国不少地方急功近利,不考虑自身地域条件的限制(或优势),盲目上马各种所谓的动漫基地、动漫产业园区,令人担忧。

(二)"创意"的技术转化手段过于单薄

一些学者指出,"文化产业"实应称作"文化创意产业"。这个观点有一定道理。"创意"在文化生产中的灵魂作用,怎样强调都不过分:甲、乙两个内容近似、物质外化形式没有明显差异的两个产品,在同等条件下,市场选择甲而淘汰了乙,大多数情况下正是两者间包含的创意的含量不同造成了市场选择的差别。

不过本文试图指出的倒是:就中国当前的文化产业态势而言,我们可能对其"创意"一面强调过多,对其技术硬实力要求一面强调太少了。

在我们身处的这个消费时代,文化产品的各种"创意"不免是为满足各种消费欲望而展开的。我们不能像过去那样,一谈到"创意"就联想到个体独立价值、"无目的的合目的性"审美趣味等高蹈的境界。在消费时代,"创意"需要和人们的各种日常生活欲望充分联系,既能极大地满足这些欲望,又为它们带来多种新鲜刺激。满足了此种消费的逻辑,"创意"才能被市场认同为有"创意"。在这种情况下,创意就必须拥有相应的时代技术表现手段。因为消费欲望是一种极度物质现实的东西,它所能感受的"创意",最好是贴着时代技术的创新前沿而展开,不然,消费欲望便容易感觉"过时"(所谓"深度"云云对它来说是过于奢侈的事情,文化产品的制作者切不可在这方面对它抱有指望),便容易失去追求新鲜刺激的本能欲望。

在消费时代,技术能够为"创意"提供的支持可分为"软包装"和"硬实力"两个层面。

"软包装"的意思是:创作者运用现代技术分析的思维,极力在表现内容或表现形式上凸显某种具有技术含量的事情,使得文化产品在形象上具有引人瞩目的

"刺点"①，能够激起观赏者的巨大兴奋。

怎么理解这一点呢？这里且以"高达"（Gundam）系列动画为个案对问题略作讨论。自1979年第一部高达动画《高达0079》问世以来，"高达"系列动画至今在日本流行已有30多年，计有30余种，其周边产品无数，所创造的动漫产品价值何止以万亿日元计算。"高达"动画业已成为日本机器人文化的一个重要代表。但如果我们对"高达"故事本身略作文本细读，则可以发现其构成内核并不十分复杂。独特的叙事风格和出色的造型设计是其长盛不衰的根本保证。叙事一面的因素在此暂且不论，其造型设计除了美学方面的因素，更多地就包含着技术方面的考量。比如"高达"在战斗时（"高达"的含义就是"战斗机器人"），它奔跑的姿态是符合怎样的力学原理，它的急停包含着怎样的技术突破，它的武器装备又有怎样的观念创新，甚至它外形上的美学设计，也多带有巧妙的功能作用，能够在战斗中起到巧妙的辅助性作用。就这样，"高达"故事系列实际上成了"高达"型号系列，以至于每一部"高达"动画问世，其"fans"就会撰述专文分析新高达的各种技术参数。

"高达"此类技术参数云云实际上当然都是出于虚构的，甚至其所谓的各种技术原理，大抵也是出于空想，冠以"伪科学"之名并不为过。然而这并不是问题的关键。作为"软包装"的技术在"高达"形象创制过程中的关键意义，在于它提供了一种带有指向性作用的知识背景。此种知识背景贴合了人们当前的认识水平和科技崇拜心理，它在拓展人们之于特定对象想象空间的同时，也拓展了人们之于特定对象的想象热情。——需要指出，"高达"之类的技术"软包装"多集中在科学技术的想象上，但事实上，技术"软包装"含义所指是非常广泛的，它的实质是聚焦于知识，要求创作者在作品中有意识地提供新鲜知识的刺激和不同凡响知识体系的建构。比如在神话故事中，提供一个貌似很有渊源的神谱的系统就是容易令观众亢奋的事情。再比如在历史题材作品中提供历史考据的细节、在现实题材作品中对社会现实矛盾展开深入分析等，都属于此列。自然，在为各种作品增添技术性包装的时候，想象的快乐和新鲜的刺激始终是两种主导性的力量。这是此类消费型产品与以求真为主要诉求的传统现实主义作品本质不同之处。

对技术"软包装"的重视及深入运用是日本动漫风行世界的一块重要基石。

国内动漫界在这方面与日本动漫的差距是明显的。国内动画界模仿日本动漫的很多，但其着眼点，大抵还停留在造型风格或是工艺制作流程的模仿上，一言以

---

① 在此且引罗兰·巴特的一个概念。巴特在《明室》中提到他对照片感兴趣的两个要素：一个是studium指一种专注，不特别剧烈的热情，这是巴特接受照片的基础；另一个是punctum，译为"刺点"，是指照片中一个偶然的细节。第二要素会损害或加强第一要素引起的情感。

蔽之,希望以日本的方式,以较小的投入博得较大的收益。诚然,相比美国的动画制作,日本的单部动画投入成本要低上许多。但日本动画界的成就也绝不简单靠拍脑袋的"创意"就能获得。它的创意需要大量技术支持才能实现,至少需要创作者懂得怎样把现代技术理念转化成受众喜闻乐见的形式。像我们的《赛尔号》,有关打斗场面的设计仅仅是主角"雷伊",只需要放一个"动感光波"——一道白光,坏蛋就被打飞,此种场景怎可能引起小朋友的兴奋呢?难道创制者还以为我们的文化氛围仍停留在30年前播映《恐龙特急"克塞号"》时的水平线上吗?从这个角度说,"喜羊羊"系列成为当前国产动画的唯一拳头产品更是一种悲哀。"喜羊羊"不失为一种风格,但这是美学内涵上平庸到极点的一种风格。该故事系列中不同的"羊"奶声奶气的声音以及灰太狼千篇一律的"我会回来的"嘶叫,已经摒弃了创作者艺术想象的必要,当然就更不用提什么技术"软包装"了。

技术为"创意"提供支持的另一面是"硬实力"。

所谓"硬实力"是指,物质硬件的革新(包括新的编程软件的设计、新的科学技术的使用)能够激发人们的创新思维,或者将以前仅存在于人们想象空间中的思想方式具象化、生动化、细节化。简言之,这是一种在新的物质现实基础上产生的新的意识形态,是前所未有的、不可逆转的(所以我们以"硬"名之)。比如《魔戒》中人类骑士与戒灵大战的场景,没有数字技术的支持就不可能达到现有效果。传统中,这种幻想之物,只能通过手工绘画而成,然后通过种种技术手段"抠"入画面。但此种合成画面在观看时有两个无法遮掩的弊端:其一,"抠"入的画面与原画面之间总有一条无法完全清除的边际线;其二,图绘而成的形象在运动时动作总是不够流畅,有生硬的感觉。而在数字合成的画面中,这两个问题已基本得到解决。也可以说,数字技术越进步,这些问题就越显得肉眼难辨了。再比如《阿凡达》的制作,除了数字合成技术、数字传感技术外,还涉及最新的视觉生理学方面的技术。因此,其图像制作中,人体虽有变形,但看起来仍然赏心悦目;其图像运动也总在人们的视觉神经运作的微妙之处,爆发出合适的冲击力。此种制作方式,虽也有"软包装"的成分,但更多体现的是硬实力:一种新型技术机械的力量承载着我们的想象飞向我们的思虑从未梦见之处。

我们的文化产业界早已认识到,如果在硬实力方面与欧美国家产品展开正面比拼,我们的文化产品将处于十分不利的地位。因此这10多年来,我们的不少文化行业,如动漫业、游戏业等,主要以日本为师。这种思路在战略上大体不错,但这其中也有两个问题值得我们注意。第一,"软包装"与"硬实力"是一体两面的东西。日本动漫强调走"软包装"的道路,诚然开创出了一条非常具有民族文化特色的产业道路(当然绝不能说日本产业界不重视硬实力的开发,事实上它们在这方面的投入和成就在亚洲仍居于绝对领先的水平,较之欧美强国也无愧色,只不过不如其在"软包装"方面所取得的成就那么突出罢了),但它的这一条道路并非没有局限。就是说,"创意"如果过分依赖"软包装",那么,"软包装"的形式用遍的那一天,也许就是创意枯竭之日。日本动漫业在2006年之后,已明显呈现出后劲不足的态势了。自《铁臂阿童木》以来,日本几乎每一年或隔几年便会涌现出一些公认的动漫巨作,即使在1989年前后所谓的"动漫冰河期",这个势头也未被遏制。但进入21世纪后,这一势头明显放缓。自《叛逆的鲁鲁修》之后,似乎更没有什么公认的TV版动画作品问世了。近几年,除了"萌"(大体意为"偏于低年龄段形象、可爱的、具有微妙性诱惑的")、"腐"(大体意为"具有偏执爱好、尤其对于同性恋情尤有爱好的女性")、"基"(基本即男同性恋的意思,但当前的意义可能也发生了一些扩展,用以形容极亲密的男性友情)题材,日本动漫界似乎已不知道故事情节为何物了。造成此种状况的因素当然有很多,但"硬实力"储备不足可能是一个客观上不可回避的原因。第二,即使强调"软包装",各种"软包装"的技术储备也需要一个长时间的积累过程——简言之,这其中也包含着很"硬"的技术内涵。比如像"高达"之类的形象设计,动漫界如果没有对有机体的模块构造、机械体在空气中运动动力学等知识的必要储备,在需要"创意"时才临时拍脑袋想象,恐怕除了"动感光波"之类货色而外,也别无其他东西可以想象了。

过于强调"创意",以为"创意"就是胡思乱想,缺乏必要的技术及技术知识的储备,这也是我国文化产业界当前一个令人担忧的现状(本文虽然多以动漫生产为个案,但事实上,类似的问题,在游戏、电视剧、电影乃至与文化开发比较相关的旅游业界等,也是普遍存在的)。

(三)忽视剧本质量和过分突出周边产品开发

文化产业的一个重要特点是不同性质的行业之间关系比较密切,产业的收益点较为分散,有时也具有某种不可控的特点。传统行业的收益都是以其行业的经典产品为核心的,比如汽车业的行业利润,总是和汽车制造相关。但文化产业则不然,它的主要利润点常常出现在与之相关的周边产品中,比如一部动漫作品,其收益点也许主要不在该作品的销售数量,而是在玩具、服装、游戏、食品、音乐各行业使用其动漫形象所支付的授权费用上。因此,就文化产业各特定的行业领域来说,它试图面面俱到是不可能的,也没有必要。各行业应当在市场体制中有意识地优化组合,突出各自的优势项。

但从目前情况看,我国的文化产业基本还处于各自为战的态势,文化资源的配置很不合理;此外,产业链问题还存在着某些影响深远的误导性的说法。忽视剧本质量和过分突出周边产品开发是其中两个最明显的结构性弊端。

所谓文化产业各自为战的态势,在剧本生产这一环节得到了突出表现。

许多人都已经认识到,制约我国文化产业发展的一个瓶颈就是剧本生产。文化产业的各行各业都需要大量的剧本:电视剧需要剧本,动漫需要剧本,电影需要剧本,游戏需要剧本,展会需要剧本,剧场需要剧本,民间曲艺需要剧本,甚至各地旅游业的串场表演也需要合适的剧本。在这种卖方市场主导的情况下,可以想象,我们难免看到许多粗制滥造的作品。某些电视剧为了拖时间,把每一句台词都重复三遍,制作者还堂而皇之地将之当作"生产秘诀"。

文化工业化的时代出现各种粗制滥造的作品本不足为奇。欧美电视剧界很多胡编乱造的作品也是不堪入目的,但问题是我国文化产业界优秀作品的比例相对来说确实是少了一些,这其中耐人咀嚼的剧作就更少。相对来说,欧美电视剧界的那些名作(诸如《老友记》《越狱》等),尽管带有许多商业气息,但即使以较为严格的文学评论的眼光分析,其剧构也不失精彩之处。日剧中的精彩剧构就更多。这种差距的存在固然可以以我国文化产业起步较晚、剧本生产环节不够成熟为由加以辩解,但我们在此试图质疑的则是:既然我们当前专业的剧作者比较匮乏,单单依靠他们很容易榨干他们的想象力,那为什么我们不能设计一种有中国特色的生产机制,吸引、包容一些有志人士走上这条道路,在这个过程中,充分吸收他们的创意,乃至将他们培育成为成熟的剧作者?

我们产生这样的构想并非出于向壁虚构。因为当前中国文化产业的实际情况本来就是:一方面各行各业都囿于剧本生产不足的环节,处于"等米下锅"状态;另一方面则是大量的剧本粗胚被弃之如敝屣,被人匆匆看过就再也无人提及。在此,我们指的是网络文学的创作至今未引起文化产业界充分重视这一情况。

进入 21 世纪以来,网络文学崛起成为一种新兴的文学现象,这已是一个无可避讳的事实。网络自 20 世纪末诞生以来,已催生了大量的原创文学文本。如果将起点、幻剑书盟、爬爬、榕树下等几十个国内知名原创文学网站和各种同人(即出于相似爱好而形成的群体)网站中流传的文本总合起来,最保守地估计,现今在各网站流通的原创作品不会少于 100 万种。而从接受的一面来看,网络原创文学的阅读事实上已成为时下最重要的文学消费形式之一。以中国最大的原创文学网站起点文学网为例,其排名最前的几部小说的点击次数早已超过千万次,其排名前 400 名的作品点击都在百万次以上。以此,各文学网站已获得不菲的商业利益。

但事情也就到此为止了。各种红火的网络作品,在网络上被点击过后,它的价值就算完成了。但这实在是巨大的浪费。不可否认,网络文学作品泥沙俱下,多为劣作。但按照笔者个人所见,排除掉这些作品,以较严格的标准估量,网络文学中仍大约会有百分之一的作品不失通俗小说精品的资格。虽然成材率较低,但考虑到那巨大的基数,优秀网络文学作品的绝对数量其实并不少。通过几年来的发展,网络文学已积聚了一批优秀的原创作品,也出现了一些优秀的网络作家。从早期的江南、老猪、宁财神、慕容春雪、说不得大师、孙晓、小椴、圣者晨雷到近来的随波逐流、猫腻、酒徒、府天、更俗、荆轲守、石斑鱼、天下霸唱、齐橙、志鸟村、天使奥斯卡、爱潜水的乌贼、何事公等,这些人的写作实力并不比20世纪一些通俗文学名家如张恨水、金庸等逊色多少。而诸如雾外江山、踏雪真人、神圣智狼、庄毕凡、唐家三少、萧潜、血红、忘语等人的作品,尽管艺术性稍弱,但其笔下故事内容上强烈的传奇色彩,形式上超长篇的文本架构,也是非常合适于改编成各种电子游戏、电视连续剧、动画的剧作脚本的——至少提供了一种创意想象的空间。事实上,就文化产业自身的属性而言,它所需要的文学脚本倒不一定是文学性很强、自身结构完整成熟的(不然,邵逸夫、琼瑶的制作就完全没有市场了),它需要的是一种积极迎合读者现实消费趣味的意识。

令人遗憾的是,除了个别例外,这成百上千的颇为应时的写手基本没有引起过文化产业界的重视,自然,那成千上万的不失为可读的网络作品也基本没有进入过有关人士的眼帘。[①] 这些写手、这些作品既然在网络媒介中能够得到如此好评,其商业价值其实已经部分得到认证,但业界仍报以此种冷漠的态度,只能说明业界还存在着一种强烈的闭关自守的精英心态。但事实上,明明从事商业活动却以学院派精英的身份对所谓圈外人士挑挑剔剔,这是可笑的。在这方面,邵逸夫、琼瑶等人的经营之道颇值得我们学习。

关于文化产业链,还有一点必须强调指出:当前业界对产品收益问题的理解可能普遍存在过于急功近利的心态。

前已谈到,文化产业的主要收益点很可能不在产品本身,而在其相关的周边产品,但这一点在国内业界很容易被夸大。许多人士常常隆重推出"日本动漫产品其

---

① 当然,目前已有一些成功的网络文学改编作品。《蜗居》可能是其中最有影响力的一个。但我们在此要指出的则是,《蜗居》一类并不属于当前网络小说的主流,换言之,网络小说作为文化产业界天然的文学脚本资源库这个特点并不能由此而表现。另外,据说《诛仙》《鬼吹灯》等业已在筹拍中或已拍摄完毕。笔者认为,《诛仙》即使在网络小说中也属三流以下作品,它的走红多少有些炒作成分,有关人士如试图以它为基础打开局面,未必是一个明智的选择;《鬼吹灯》是一个有特点的作品,但以中国当前的拍摄水平和资金实力,未必能够顺利地把它很好地图像化。这些事实说明:业界即使有人认识到了网络文学作品的商业价值,但对它们的利用相当程度上还是盲目的。

产品与周边产品的收益比是1∶8"①。这一数据极言周边开发的重要性,强调周边产品开发的重要性本身并无问题,但某些业界人士的表述却容易被理解成产品本身的开发无足轻重,抓住周边产品的开发就抓住了问题要害。以至于某些地方,其动画作品还没上市,就准备其周边产品的热卖;还有一些公司,其经营的某种"猫"的作品,声名狼藉,却在国内大张旗鼓地布置各种专卖店,企图大卖周边产品。

"皮之不存,毛将焉附",这是一个极为简单的道理。哆啦A梦、高达、柯南、圣斗士、米老鼠等卡通形象的周边产品能够热卖,没有其过硬的产品内容作为支撑是不可想象的。无论文化产业发展到何时,也不论文化产品原作与其周边的收益比例到达何种不可思议的地步,都有必要强调其产品本身的核心地位。离开了作品本身去谈所谓的周边产品,是一种极不负责任的从业态度,是在透支行业的信誉为个人谋取私利。

(四)配套制度建设明显不足

我国文化产业已步入快速发展阶段,产生了许多新的问题,出现了许多新的矛盾。目前,各条块分割的管理部门尚能以行政命令的方式对这些矛盾、问题加以调控管理,但没有疑问,加快制定相关的法规制度,才是文化产业长期、平稳、快速发展的真正有效保障。如果没有健全的制度保证,文化产业很容易堕入无序开发、无序经营的窘境。

第一,对于何为"文化开发""文化产业建设",国家应做出一个普遍有效的界定。有些人似乎把能够吸引眼球的想法一概命名为"文化创意",因此,这些年来某些地区才频频上演争夺"西门庆的故乡"之类的闹剧。此类闹剧居然都是经过一级党政领导班子的授权而进行的,更可见其荒唐性,也可见文化产业在实施过程中可能会出现多种不可预期的、完全不可以接受的发展歧途。因此,有必要在文化产业发展之初,就对文化产业的性质、目的、社会功能作用加以规范界定,对那些把渣滓当瑰宝、把肉麻当有趣的反文化的行为,以立法的方式在源头上加以遏制。同时,也有必要在根源上强调文化产业在国家文化精神培育、软实力建设方面的应尽职责。

第二,文化产业与其他类型产业交叉的情况较多,这些行业、产业具有各自的管理部门,如何明确各部门的管理职责、甚至将原管理部门的部分职能剥离重组,

---

① 这个"1∶8"的数据尽管被征引甚多,但笔者始终深表怀疑。笔者关注此点近十年,未见到其权威的数据来源(最初像是来源于一种口耳相传的议论);也不知道这个结论是根据日本文化产品的销售资料得出,还是综合了欧美文化产业发达国家的相关数据。事实上,这个数据即便有所根据,它是否适用于中国的市场情况也是值得商榷的问题。

这也需要加以明确。如旅游景点的文化开发,如教育业的汉语国际推广等,都较有可能涉及文化产业开发的问题。对于这些行业明显的文化产业的行为,是否有必要加以立法上的某些限制或者支持?

第三,文化产品的进出口贸易在当前国民经济生产体系中已日益占据重要地位。诚然,有关这方面的问题也需要制定专门的法案加以规范治理、保护。但仅仅靠贸易方面的法条不可能解决问题,文化产业法规的制定也必须关注相关问题予以配合。近来关于"合拍片"的争议就是一个典型案例。

广电总局声明,将严查"中美合拍片",剔除那些假意合拍、实为逃避电影大片进出口配额限制的好莱坞电影。近年来颇有一些美国电影试图靠点缀些中国元素或明星就被中国方面立项为"合拍片",从而躲过中国政府每年进口 34 部分账大片的配额限制。《环球时报》2012 年 8 月 28 日的《严查"合拍片"关键在落实》一文对这方面做了较为深入的报道与分析。该文指出:"中国电影与国际接轨,从电影艺术的角度来讲无可厚非。不过事实上,近来中国的'合拍片'市场,却完全是为了配额而合拍、为了市场而合拍。像即将上映的《云图》《敢死队 2》和《环形使者》以及正在拍摄中的《钢铁侠 3》,往往都是在纯粹的美国故事中加一些中国元素,或者带上一两个中国演员,就被贴上'合拍片'的标签。且不说这些中国元素出现在电影中是否牵强,单就出现的频次与数量上讲,也难让观众认为此片值得合拍。真正的'合拍片',原本就应该是艺术与投资两个层面上的合作。如果仅仅只是通过零星中国元素和中国脸的加入,很难令中国对此类影片一直追捧。相反,这种合拍片还会令外国观众片面理解甚至是误解中国文化,这都与中国电影与中国文化走向国际的初衷背道而驰。"

因此,广电总局对于"中美合拍片"的严查是有其合理性的。但问题是,"如何确定'合拍片'的准入标准。是演员比例?戏份多少?还是角色轻重?另外在整个电影项目的运作过程中,合拍双方按何种形式介入算是'合格'的合拍?这都需要一系列具体而又有可操作性的量化指标。令人忧虑的是,一旦有了这些条条框框,合拍双方是否还能顺利履行电影作品的创作初衷?"这些问题,仅仅从进出口贸易的一面考虑确实难以解决。如果从生产的源头抓起,一方面明确各种有效的量化指标,一方面充分考虑合拍双方优势互补、各取所需的初衷,广电总局严查"中美合拍片"之类的做法就不会是一时的政策性行为,而是一种规范的制度保障了。事实上,严查"合拍片"进口只是问题的一个方面,在未来,随着中国文化产业的发展,相比还有更多的"中×合拍片"出口的问题,如何有效保障我方的利益需求,文化产业的法规制定也需要有一定的前瞻眼光。

第四,文化产业发展过程中,还有可能被恶意利用。文化部原部长蔡武先生在一次讲话中就指出,某些地方以建设文化产业基地之名,行圈地之实。对这类行为,唯有以明确的法律规范才能有效遏制(同时,还能给予那些需要长期培育的文化企业必要的成长空间)。

当然,所谓的制度建设不可能是一蹴而就的事情。文化产业发展中可能出现的各种问题,有些可以预见,有些则会出乎一般经验设想之外。知识界因而既没有必要过分重视市场的短期效应,唯市场至上,也不能恪守精英传统,认为"天不变,道亦不变",过分蔑视文化生产所促生的各种新问题、新情况。当前,人文知识界之于文化产业问题至少有三件迫切可做的事情:一是加大批评考察的力度,对文化产业发展中存在的各种问题提出中肯的建议,而不是一味表扬吹捧,附和市场资本的膨胀欲望。二是文学批评界尤其可以对网络创作的情况进行系统梳理,评点其中较为成熟或具有改编潜力的作品。三是经济法律界应当加强对欧美各文化产业发达国家相关法律法规的研究。我们虽然不能照搬它们具体的法条规定,但有必要对其立法的精髓以及其实施过程中积极与消极的作用展开深入研究。本文限于篇幅原因,不能对上述三点一一展开论述,下文仅就文学及文化批评在解决文化产业布局问题上能够做出的努力作申说,以供参考。

二、文化批评在解决文化产业布局问题上的作用

事实上,文化批评作为一种极富"在场性"的研究方法,在文化产业发展方面有着很大的发挥空间。从宏观方面来讲,文化批评作为新兴的人文学科,要对文化发展的大趋势有自己的预判和估测,要对大众文化和娱乐形式产生的合理性及其弊端进行认真的研究。当代社会结构的复杂性决定了相应的文化语境的复杂性,在各种大众文化和娱乐形式当中,严肃与搞笑、戏仿与反讽、高尚与低俗同时存在,这些良莠不齐、好坏掺杂的当代大众文化中蕴含着各种非理性的社会能量,必须对这些大众文化和娱乐形式加以认真、细致的研究和阐发,才能发掘其中有利于社会发展和人性健康的"正能量",发挥人文知识分子的当代作用。从微观方面讲,网络文学等新兴文学形式的写作技巧及其缺陷、文化产业的分类体系、文化产业发展过程当中的资本运作等都需要文化批评学者进行研究和讨论。总之,文化批评在文化产业发展过程当中大有可为,由于笔者学力以及篇幅所限,本文仅以目前的网络小说批评及网络小说的产业化问题为例来谈一下笔者的看法。

(一)网络小说批评存在的问题

近年来,随着网络文学的繁荣和发展,网络文学批评也日渐受到各大网络文学

网站和主流文学研究界的重视。2012年5月,盛大旗下的云中书城斥资百万创建了"白金书评人"群体,目的在于搭建中国网络文学批评体系,改变主流批评界对网络文学的"集体失语"状态。2012年6月,中国作协举办了首届网络文学创作研讨会,此次研讨会采取了作家与批评家"点对点"交流的形式,主流文学界开始主动参与网络文学批评。这次活动表明主流文学界已经开始正视我们的网络文学创作现状,力图针对目前网络文学创作和批评泥沙俱下、良莠难辨的状况做出应有的努力。

从文本形态来看,当下的网络文学批评可以大致分为两种不同形态:一种是以传统理论对网络文学创作进行分析和评价,多数是见于传统媒体形式诸如报纸、期刊和专著中的对于网络文学的分析和评价;另一种是采用网络形式进行的评论,这种评论形式很多都会采用超文本链接等多媒体形式。前一种类型的网络文学批评由于主要以传统的文学理论眼光来看待网络文学,多数时候难以把握网络文学作为一种新兴媒介文学形式的特点,更加难以对网络文学的产业化问题做出恰当的讨论。后面一种批评大多带有随意性、感悟性太强的缺陷,因而难以在网络文学产业化这一问题上做出进一步的讨论。

从批评主体来看,目前网络文学批评的写作主体是网络文学网站编辑和读者(网友),主要以在各类文学网站和社交网站上发帖、跟帖的形式为主。这种批评样式相对于传统批评来讲,具有较大的自由度。网络自身的匿名性消除了读者作为言说者的社会面具和人际焦虑,能够做到真正以自由的立场和独立的身份对作品畅所欲言。同时由于不需要见诸报纸、期刊等传统纸媒,网络文学批评的文体形态和语言形式也可以灵活多样,既可以是条分缕析的长篇大论,也可以是灵光乍现的雪泥鸿爪,总之可以随意挥洒,不拘一格。更为重要的是,这些发表在网站上的跟帖具有传统批评样式所不可比拟的即时性和互动性,网友的评论可以在几分钟之内就被作者或者编辑看到,双方可以进行有效的互动。对于网络文学的创作水平的提升来说,这一优势是传统批评难以达到的。

然而,与此同时我们发现网络文学批评的优势并没有得到充分和完全的发挥,近年来日益受到重视的网络文学批评实际上还存在着诸多缺陷和问题,人文知识界必须开始正视和思考这些问题。

第一,网络文学批评存在着很大的随意性。这些发表于各种网站、论坛的评论帖子通常都是由读者(网友)信笔由缰随手写来,大多数都从自己的阅读感觉出发就作品的只言片语做出的评论,这些评论中偶尔也会有一些令人感到耳目一新且颇受启发的作品,但是多数作者都是仅凭自己走马观花式的浏览就开始对作品做出评价,缺少理性分析和学理深度。网络上多数批评文章的作者,都不是专业的文学研究者,缺乏一定的理论知识素养,有时候即使想要认真地写一篇高质量的网络文学批评也会感到心有余而力不足。更有读者并不是以认真、严肃的态度进行批评,而是抱着好玩、娱乐、游戏甚至是发泄情绪的目的来评论网络文学作品的。这些读者通常从自己的阅读口味出发,做出一些不切实际的评论,对于那些合乎自己口味的东西恣意拔高,而对于那些并不符合自己阅读习惯的作品则直接贬到臭水沟里,认为这些作品一钱不值,形同垃圾。另外有一些批评,语言粗俗,且动辄进行人身攻击,难以以理服人。

网络文学批评的第二个问题是商业化倾向对批评的中立性、客观性的侵蚀。网络文学和电影、流行音乐一样是伴随着新媒介的产生而出现的艺术形式,它们与传统的文学艺术形式相比,与市场和大众的结合更加紧密,因而也就具有更加突出的商业化特征。网络文学的点击率和电影票房、唱片发行量一样决定着一部作品的生命力与其产业价值,因而不断拓宽艺术产品的大众需求就成了网络文学作者和各大网络文学网站的求生之道。在影视和唱片产业中,职业批评被纳入了产品营销环节,专业的影评或者乐评成为畅销的电影和长篇的注释,有效地引领了大众对新兴文化产品的接受和消费。而在目前的网络文学评论中,尚未见到如此有效地平衡商业利益和作品艺术价值的批评模式。由于过分追逐商业利益,一些网络文学网站不惜以牺牲作品的艺术价值甚至故意制造一些突破社会道德底线的噱头来吸引大众的眼球。诚然,我们承认在市场经济高度发展和信息化时代来临的今天,网络文学追求经济利益和商业价值正是文化产业化发展的大势所趋,文学生产毕竟也是社会生产系统的一部分。但是文学生产之所以不同于其他的社会物质生产部门,正在于其自身所具有的超功利的审美价值,文学批评的功能和作用正是要守住文学的这一价值。而在这一方面,我们目前的网络文学批评陷入了过分追求商业化和大众化的泥淖之中,缺乏对作品之精神价值和艺术水平的深度分析与求索。

网络文学批评的第三个缺陷是"圈子"太过明显,党同伐异,对作品缺乏一种真正客观理性的分析。文学批评的圈子化现象并不是网络文学所独有的现象,在传统的文学批评当中也存在着这样那样的"圈子"。但是由于网络这一媒介的独特性,使得传统批评中的"圈子效应"扩大了。不少知名的网络文学作家都有自己的粉丝群,这些"粉丝"往往追风逐浪,仅仅依据自己对某位作家或某部作品的喜好大放厥词,多数是一些起哄谩骂,而较少学理性的探讨和对作品的深入研究和读解。这样圈子太过明显的后果往往是将严肃认真的文学作品讨论变成无理谩骂的网上"口水战"。除此之外，大量的网络文学批评都是以发帖、跟帖的形式出现的，其中有一些相当具有深度的批评在众声喧哗的网络空间中很容易被淹没。这些帖子如果没有人置顶的话，很容易在众多的回帖当中销声匿迹。

虽然目前的网络文学创作泥沙俱下、良莠不齐，网络文学在未来的文学格局中能否替代传统的文学形式也未可知，但是这毕竟是当下和今后文学发展的主要趋势之一，尤其对于文化产业的发展而言，网络文学将会起到极为重要的支撑作用。因此，为了改变目前网络文学批评过分随意化、商业化和圈子化的现状，人文学界应当正视这一问题并以严肃认真的态度介入到网络文学批评中来，用客观、学术的眼光和深入独特的视角对目前的网络文学作品做出切中肯綮的评价。应该说，这样一项工作不仅是必要的而且是很有价值的。主流文学界切不可因为网络文学属于大众文化就认为这种东西没有仔细研究的必要，文学经典的建构不仅是一个自上而下的精英化的过程，同时也要经历一个自下而上的经验筛选过程。在这一点上，以金庸、古龙为代表的通俗武侠小说的经典化过程正好可以给我们提一个醒。金庸小说在刚刚进入内地的时候，学界对之要么不屑一顾嗤之以鼻，要么认为其乏善可陈毫无艺术价值可言，可是进入21世纪以来文学界开始"发现金庸"，这些原本属于大众文化之列的通俗文学作品进入了严肃的文学研究的视野，并且成为当代文学史上不可或缺的组成部分。这一过程恰恰说明了文学经典的建构和文学史的书写一方面是接受者、学者以及多元化语境共同"协商"的结果，另一方面是因为经典已经成了收藏一切文本发明的仓库和反映人类各种智慧的模式所导致的结果；同时，雅俗共赏的文本特质也是其进入经典的一个必要条件。

从这个角度来看，目前不论是网上还是网下都缺少富有相当思想内涵和学理深度的网络文学批评，批评对于网络文学发展的推动作用还极为有限。笔者认为，要改变这一现状，文学研究界必须积极承担起用严肃、客观且富有学理深度的眼光来对网络文学进行甄别、分析和评价的责任。瑞恰慈指出，批评的功能就在于努力区分各种文学经验并对其进行评价，文学批评所要回答的正是这样一个问题：是什么赋予阅读一部文学作品的体验以价值？用通俗的话说就是我们为什么要读这部作品？它好在哪里？普通读者的"自发的批评"还远远不能为这一问题提供令人满意的答案，这时以专业的文学研究者为主体的"职业批评"的登场就是必要的了。这些专业的批评者无论是在领悟文学作品思想内容方面，还是在把握文学作品的技巧形式方面，都有着一般读者所无法企及的优势。对于那些相当富有内涵和想象力的作品，专业批评者的解读往往比一般读者更加深入，甚至会挖掘出一些连作者都没有意识到的东西。① 同时对于那些在网上名过于实或毁誉参半的作家,②要用客观的眼光进行甄别,指出其作品中的得失。总之,专业批评的介入正是为了端正网络文学批评的价值指向,对网络文学批评中存在的极端民主、过度商业化和功利化倾向起到纠正与平衡的作用,而不是加入网络水军的骂战之中推波助澜。

(二)批评如何成为网络小说的产业链中的一环

对于目前文化产业资源战略配置中存在的问题,上文已有论述,即过度注重周边产品的开发和忽视剧本质量是目前文化产业链结构中存在的突出问题。这一问题出现的原因,一方面固然是文化产业从业者在收益问题上过分急功近利的结果,另一方面也与批评介入的缺失有关。目前的网络文学批评基本上以读者大众"自发的批评"为主,真正富有学理深度和内涵的批评比较少见,这导致业界在选择剧本时往往缺乏客观有效的标准,难以在数以万计的作品中真正找出适合作为文化产品脚本的作品。另外,专业批评在介入网络文学时,往往以传统的批评模式为主,缺乏产业化思维和意识,没有意识到批评之于文化产业的重要作用。事实上,文化批评在这点上恰恰具有传统批评所不具有的优势。

专业批评家在客观、专业地分析网络文学作品的基础之上要进一步考虑作品如何才能更好地转化成文化产品,也就是说,文化批评之于网络文学,除了要发挥传统批评的分析、评价职能之外,还要考虑作品如何才能与文化产业链接轨的问题。对网络文学作品产业化的优势、途径以及限度的考量,都要以对作品本身的分析和评价作为基础。除此之外,在研究文化产品受众的阅读和消费心理、分析文化产品的市场化运作过程等方面,文化批评同样可以大显身手发挥自身的学科优势。下面仅以网络小说对网络电子游戏的剧本支持为例,来说明一下文化批评在文化产业链中可以发挥怎样的作用。

1. 电子游戏的剧本支持及其产业意义

电子游戏按照游戏内容和方式分为角色扮演游戏(RPG)、冒险解谜游戏(AVG)、动作游戏(ACT)、格斗游戏(FTG)、射击游戏(STG)、模拟游戏(SLG)和策略类游戏等。其中动作游戏、格斗游戏、射击游戏以及冒险解谜游戏一般以单机

---

① 如猫腻、荆轲守、贼道三痴、黯然销魂、夜凉若水等人的作品,相当程度上有改编成动漫连续剧的潜质。但另一方面,他们的作品,又有枝蔓太多或过于与主流意识形态相抵牾等弱点,批评家正需要有的放矢地提出各种可行性方案。

② 如唐家三少、辰东、跳舞、我吃西红柿、天蚕土豆等是典型的名大于实的网络写手。尤其辰东、跳舞、我吃西红柿等人的作品,除了能够满足部分人较低层次的排遣欲望外,几乎没有其他可取之处。而忘语、唐家三少等人虽然名气大,但其作品也存在着一些明显的形式或结构上的弊端。他们的作品如要进入改编领域,批评家显然需要付出更多的心血来予以点化。

游戏为主,故事情节和游戏模式一般来讲较为简单,像植物大战僵尸之类的游戏根本就不需要任何情节,因此这些游戏一般也不需要剧本支持。同时,在当前游戏市场上,单机类游戏的获利空间远没有网络游戏那么大,近年来单机类游戏的市场份额更是呈大幅缩水趋势。究其原因,一方面是由于国内版权制度还不完善,游戏玩家不仅可以购买盗版光碟,还可以通过网络下载获得游戏;另一方面国产单机类游戏缺乏创新和创意也是其不受欢迎的一个重要方面。比如说多少年都没什么变化的"仙剑"系列,以及我们在网游界屡见不鲜的抄袭手法。比如国产游戏《血战上海滩》,其情节类似目前热播的各种"抗战神剧"不说,仅就游戏本身而言,就完全是《VR战警》的仿制品。

与单机游戏相比,网络游戏的获利空间则要大得多。同时由于网页游戏的发展,使得网络游戏在承载更为复杂的故事情节方面要更胜单机游戏一筹。目前比较受欢迎的网络游戏基本上以角色扮演、模拟游戏和策略游戏为主。从某种程度上说,这些游戏更加需要剧本支持。这里的意思不局限于将原作的故事搬到另一个平台由另一种手法进行表现,有时"故事"并非剧本支持的核心。比如网络游戏在进行改编的时候,更多是侧重原作的世界观和人物,故事情节反而触及不多。但目前国内网络游戏的发展存在着很大的问题,其中之一便是不重视游戏的故事情节和文化内涵,很多游戏的历史和文化主题只是一种噱头,有的甚至借中国传统文化的外衣包装一些低俗的卖点。而外国网游在文化内涵方面则较为重视。这一点与动漫产业的发展类似,产品的文化内涵不仅可以起到教育作用,也便于开发周边产品,产生更大的经济效益。

与此形成鲜明对比的是我们的网络小说每年都会产生出大量的优秀作品,这些作品如果仅仅以文字的形式存在于网上或者出版,其生命力和影响力无疑会大打折扣。同时,网络小说的向外衍生意味着以网络小说自身的文化影响力和创作内容对其他行业产生推广、促进和带动作用,而产业衍生对于网络小说来说既是一种向外推广,也是一种内在的创作动力。网络小说参与产业链的意义在于让网络小说在经济和文化层面不再是一个孤立的存在,并且在此基础上能够创造出更多的财富和价值。

2. 目前网络小说对电子游戏的剧本支持现状

图1是目前网络小说在产业化改编方面的基本情况,从中可以看出网络游戏的改编量位居第二,仅次于受众面最广的电视。这一方面是网络小说中的另一大类(如玄幻、奇幻、武侠、仙侠、修真等)和网游有着天然的血缘关系;另一方面,网络游戏的受众和网络小说的受众有很大的重合。根据CNNIC发布的历次《中国互联

网络发展状况统计报告》，目前我国的网民以 35 岁以下的年轻人、未婚者为主体，学生是各类职业中最多的，男性网民数量多于女性。这些网民上网的主要娱乐方式就是小说阅读，其中男性网民的一大娱乐方式又是网游。

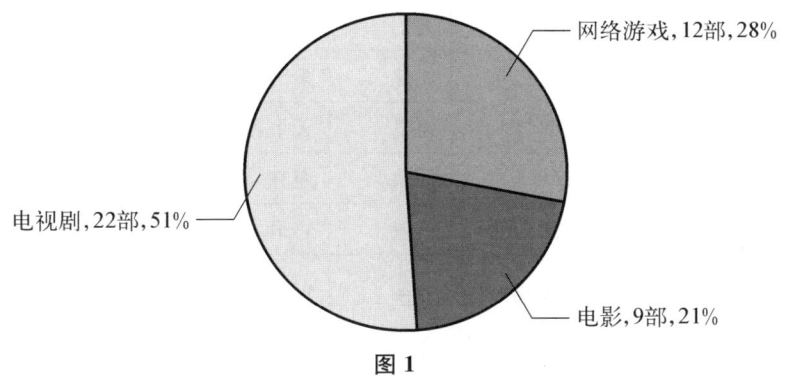

图 1

从目前我国网络小说改编电子游戏的现状来看，呈现出以下两个特点：第一，改编数量少，每年只有两到三部网络小说会被改编成电子游戏(参见表1)，这说明网络小说在为网络游戏提供剧本支撑方面还有着巨大的空间。第二，在网络小说改编的网络游戏当中，目前仅有一款游戏宣布停止运营，并且运营时间两年以上的游戏比例高达 62%，基本可预期 90% 以上运营周期超过两年，这比目前国内整体 30% 的水平高出了很多(参见表2、图2)。如此高的成功率，显示了网络小说改编网络游戏这种商业模式是成功的，当然这样的商业模式可复制性究竟如何，还需要更大量的改编数据才能检验。不过至少网络小说试水网络游戏改编没有出师未捷身先死，一个好的开始可算是成功了一半。

表1

游戏名称	游戏类型	原著名称	原著类型	作者	开发商	运营商
诛仙	MMORPG	诛仙	仙侠	萧鼎	完美世界	完美世界
梦幻诛仙	MMORPG	诛仙	仙侠	萧鼎	完美世界	完美世界
斗罗大陆	RPG 页游	斗罗大陆	玄幻	唐家三少	八加一	E侠网
星辰变	MMORPG	星辰变	仙侠	我吃西红柿	盛大	盛大
盘龙	MMORPG	盘龙	奇幻	我吃西红柿	成都锦天	盛大
恶魔法则	MMORPG	恶魔法则	玄幻	跳舞	空中网	空中网
兽血沸腾	MMORPG	兽血沸腾	玄幻	静官	百游汇通	百游汇通

续 表

游戏名称	游戏类型	原著名称	原著类型	作 者	开发商	运营商
神墓	MMORPG	神墓	玄幻	辰东	边城	游艺
佣兵天下	MMORPG	佣兵天下	玄幻	说不得大师	蓝港在线	蓝港在线
飘邈之旅	MMORPG	飘邈之旅	仙侠	萧潜	智乐堂	新干线
鬼吹灯外传	横版ARPG	鬼吹灯	盗墓	天下霸唱	麦石	盛大
天元	MMORPG	天元	仙侠	血红	网龙	网龙
凡人修仙传	MMORPG	凡人修仙传	仙侠	忘语	百游汇通	百游汇通
凡人修仙传之魔道六宗	MMORPG	凡人修仙传	仙侠	忘语	上海时迈	易橙在线
仙逆	MMORPG	仙逆	仙侠	耳根	重庆祥维	页游科技
盗墓笔记	RPG页游	盗墓笔记	盗墓	南派三叔	人人游戏	人人游戏
斗破苍穹	MMORPG	斗破苍穹	玄幻	天蚕土豆	搜狐畅游	搜狐畅游
第一次亲密接触	恋爱类AVG	第一次的亲密接触	青春	痞子蔡	/	/
清风明月会相逢	单机RPG	清风明月会相逢	同人	清朗	/	/

表2

游戏名称	测试开启时间	运营时长	备 注
斗罗大陆	2011年8月22日	1年零7个月	尚在运营
诛仙	2007年4月5日	6年	尚在运营
梦幻诛仙	2009年10月22日	3年零5个月	尚在运营
星辰变	2011年9月29日	1年零6个月	尚在运营
恶魔法则	2010年3月16日	1年零4个月	尚在运营
兽血沸腾	2010年1月15日	3年零2个月	尚在运营
神墓	2010年1月22日	3年零2个月	尚在运营
佣兵天下	2010年4月15日	2年零11个月	尚在运营
飘邈之旅	2009年5月31日	3年零10个月	尚在运营
鬼吹灯外传	2009年8月13日	3年零7个月	尚在运营

续 表

游 戏 名 称	测试开启时间	运营时长	备 注
天元	2010年7月27号	2年零8个月	尚在运营
凡人修仙传	2011年1月6日	2年零3个月	尚在运营
凡人修仙传之魔道六宗	2011年11月23日	1年零4个月	已停止运营
仙逆	2011年8月6日	1年零8个月	尚在运营
盗墓笔记	2011年1月6日	2年零3个月	尚在运营
斗破苍穹	2011年11月5日	1年零5个月	尚在运营

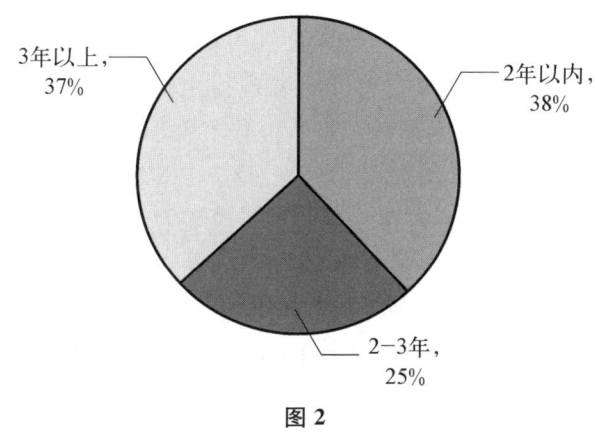

图 2

3. 文化批评在网络小说改编电子游戏中的作用

从上述分析中可以看出,网络小说在改编成电子游戏方面产业前景广阔,且有着很大的挖掘潜力。这一方面需要市场发挥自身的调节机制,另一方面也需要文化批评主动介入到网络小说改编的产业链中发挥作用。文化批评在为网络小说如何改编成电子游戏方面可以提供很多有益的建议。

例如,一部小说是否适合于被改编为游戏?适合改编成什么类型的游戏?这就需要文化学者对网络小说和网络游戏的类型进行对比。当然,一部小说是否适合改编,受到多方面因素的影响,如小说本身的质量,现有的经济、技术、文化、伦理、政治因素……此处先抛开其他因素,仅从剧本需求的角度,探讨网络小说为游戏提供剧本支持的可能性。笔者对比游戏和网络小说的类型,认为以下网络小说类型比较适合改编为游戏:

（1）玄幻、奇幻、武侠、仙侠——RPG。

玄幻、奇幻、武侠（去除讲述现代都市中获得国术传承的武者修行过程的"国术武技"）、仙侠（去除讲述在现代都市里承袭上古修仙之术并不断突破的"现代修真"）都比较适合改编为角色扮演游戏。它们塑造了一个跟玩家所处的现实世界非常不同的虚拟世界，这满足了RPG"世界观"的需求。另外RPG的重要构成要素是任务事件和角色升级系统，所以这些描述主角不断修行锻炼、打败敌人的小说，能为游戏提供所需的任务事件和装备、道具、招式技能等设定。

至于一部小说适合改编为"需建构较完整世界的RPG"还是"一条或几条冒险线的RPG"，需看情节的紧凑程度和整个小说的容量。如果小说情节前后联系紧密，整个小说容量不大，又有较细腻的情感线，那么改编为"一条或几条冒险线的RPG"会更合适。但是网络小说受其发表方式（边写作边按章节在网上更新）和计酬方式（按字数和订阅量）影响，写手经常会写得篇幅非常长，这样就很容易导致前后联系不紧密，但是会把小说的宏大世界展现得更详细具体，这样的小说改编为"需建构较完整世界的RPG"更合适。当然也有不少小说是两可的。

（2）都市、青春——恋爱养成、模拟经营、文字AVG。

讲述现代大都市中发生的感情、生活、事业碰撞的"都市生活"类小说，以年轻男女在同一屋檐下发生的生活、情感故事为背景的"合租情缘"类小说，都可以改编为"恋爱养成主题的游戏"。描述职场中的白领男女奋斗和生活的"职场励志"类小说，讲述娱乐事业沉浮、明星镜头前后故事的"娱乐明星"类小说，尤其适合改编为带养成系统的恋爱游戏，工作、进修的同时体验恋爱和友谊故事。讲述在校园中发生的学习、生活和友情、爱情故事的"青春校园"类小说也是恋爱游戏的最佳剧本支持，可以带有养成系统，以学习和学生活动为养成内容，也可以不用养成系统，做成恋爱主题的文字类AVG。

这几类小说都会塑造一群独具特点的人物，对他们的外貌、身材、家世、性格、喜好等会有详细描述，可以为恋爱养成类游戏提供人设支持；另外小说主角会和这些人物发生各种各样的故事，这些故事可以作为游戏中主角和可攻略角色的互动事件的蓝本。当然，为了游戏的丰富性，除了小说中提供的那种可能性，游戏制作者还应该设定不同的选项和相应的结果。而小说中如果有对主角学习、事业奋斗过程的详细描述，就可以拿来做养成系统的参考，比如以青春校园为主题的，可以以科目数值作为养成目标；以职场白领为主角的，可以以"领导能力""人际能力""策划能力""公文写作"等数值为养成目标；以娱乐明星为主角的，可以以"魅力""气质""名气"等数值为培养目标。

讲述当代商场、创业、股市、金融等领域生活、冲突等的"商战风云"类小说,如果小说更注重操作运营、市场的起伏动荡,可以改编为模拟经营游戏。当然如果小说是以商战为背景,以爱情为主题,也可以改编为恋爱养成游戏。

围绕近代、当代的间谍和特工两个特殊职业展开的"谍战特工"类小说,以豪门恩怨、社会仇杀、杀手恩怨为背景的"恩怨情仇"类小说,可以改编为"文字类AVG",是否以恋爱为主题视小说具体内容而定。

(3) 历史——恋爱养成、RPG、文字类 AVG。

现在的历史类网络小说,很大一部分是以恋爱养成为主题的,讲述男女主人公在古代建功立业同时圈后宫的故事,这样的可以改编为恋爱养成类游戏。

另一部分是描述历史事件、展现波澜壮阔的历史画卷为主的,可以改编为RPG或者文字类AVG。如果小说强调主角在体验这些历史事件的同时有一个成长的过程,那么改编为RPG更合适,如果不强调主角自身的成长过程只是去见证或推动改变这些历史事件,更适合改编为文字类AVG。

(4) 科幻——RPG、文字类 AVG、动作冒险、策略游戏。

科幻类网络小说也描绘了一个和现实世界很不同的虚拟世界,同样能为RPG提供"世界观"支持,主角会遭遇的各种故事可以作为游戏的任务事件。小说中描述的高科技产品也可以成为游戏中武器和技能设定的蓝本。

如果主角自身身手非凡,经历的事件更加惊险刺激,这类小说可以考虑改编为动作冒险游戏,不过对游戏制作的技术要求会比较高。

如果小说描绘的是更为宏大的战争场面等,可以改编为科幻背景的策略游戏,这也是策略游戏的一大种类。

此外,既不强调主角个人的成长、战斗冒险,也不强调宏观战争的,并且带有一定的解谜因素的科幻类小说,还可以考虑改编为文字类AVG。

(5) 灵异——文字类 AVG、动作冒险。

灵异类网络小说和"非恋爱主题的文字类AVG"匹配度极高,之下的"灵异奇谈""恐怖惊悚""推理侦探""悬疑探险"都适合改编为文字类AVG,这类游戏关键是要选取情节跌宕起伏、叙事手段独特的作品作为剧本支持,然后在声画效果上尽量配合文字。

如果主角的设定是身手不错,要靠敏捷、力量等逃生或者冒险的,也可以改编为动作冒险游戏,用3D动画的方式来呈现小说描述的内容。当然这样就对游戏制作的技术要求较高。

同时,文化批评在网络小说改编电子游戏产业前景等方面也可有所建树。从目前我国网络小说改编成游戏的具体状况来看(参见图3),以角色扮演类网络游戏为多,同时在被改编的网络小说当中仙侠、玄幻、奇幻等类型的小说占了很大比重。事实上,这种状况遮蔽了网络小说改编成游戏的多种可能性。单就小说题材角度来看,除了上述仙侠、奇幻类题材适合改编成游戏之外,还有历史、青春、都市等也适合改编成不同类型的电脑游戏。对此上文已有论述,此处不再展开。

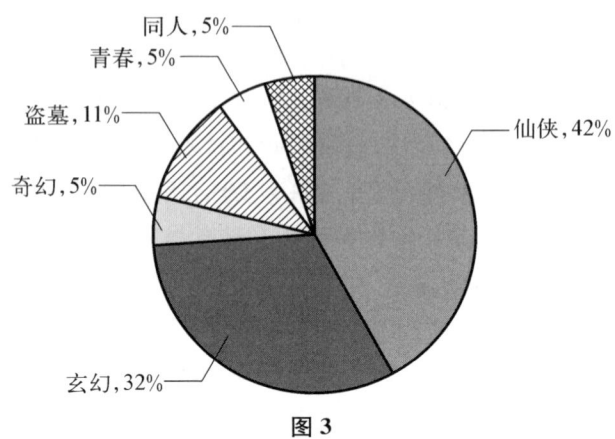

图3

通过上述分析可以见出,文化批评在文化产业链中应该而且能够起到非常重要的作用。文化批评既是一门新兴学科,也是一个备受关注的学术热点问题。从大的方面来看,文化批评在西方的兴起很大程度上是对形式主义、以新批评为代表的文学"内部研究"的一种反拨,其背后的理论指向在于重建文学与社会之间的联系。它的出现给批评界带来了新的挑战:如何使传统的文学研究和批评更加贴近当下的文化生活本身?首先,文学研究的领域不能仅仅限于传统的经典文学文本,要更加贴近当下新鲜的、具有广泛受众群体的文学形式和文化文本,不断扩展文化批评和文化研究的领域。其次,要改变传统文学研究以文本为中心的研究方法,运用多学科的交叉知识来对整个社会的文学/文化生产机制进行研究。在这样的学科视野下,文化产业研究应当而且必须成为文化批评关注的对象之一。

多重视域中的文化产业发展战略研究[①]

中央党校文史部教授 范玉刚

为什么要发展文化产业？中国究竟应以什么样的理念和价值导向来发展文化产业？这个问题不仅关乎发展文化产业的目的与国家需求之间的战略关系，还是中国文化产业发展战略最重要的理论基础和出发点。通常，在现代国家的发展史上，政治治理、经济治理、文化治理，是国家治理的三个发展阶段。新中国成立后，在国家发展理念上先后提出：政治一元论、政治和经济二元论以及"三个代表"重要思想，再至"四位一体""五位一体"的现代化事业总体布局，在治国理政上经历了政治治理（"以阶级斗争为纲"）、经济治理（"以经济建设为中心"）之后，正走向文化治理（"建设社会主义文化强国"）阶段，以文化发展引领中华民族迈向伟大复兴的征程。大力发展文化产业，是在中国国家治理进入文化发展阶段后被赋予担当国家文化治理功能的有机组成部分，而融入国家发展战略中。

导言

明确提出文化战略是一个国家在文化建设上成熟和文化自觉的表征，世界上任何一个国家的文化战略，可以说在理念上都确立了以国家利益为最高利益的文化发展观。只是基于不同的国情、文化传统、现代化发达程度以及不同的文化产业实际，有着不同的文化战略。当前国际上主要有三种比较典型的文化战略，分别是美国的自由发展战略、法国和加拿大的文化保护战略、日本和韩国的"新赶超"文化战略。美国的自由发展战略与其文化产业在全球的强势地位和绝对优势布局密不可分，它占据全球文化市场的制高点，主导着国际文化产业分工体系。与美国不同，无论英法加，还是日韩澳，基本上都主张文化产业具有特殊性，为保障本国的文化主权和捍卫文化安全，政府必须采取一定措施保护本国文化产业的发展。正是

[①] 本文完成于 2013 年 10 月。

基于文化保护战略，法国和加拿大据此较好地保护了本国的文化产业市场，2011年，法国35部本土电影的市场占有率为41.6%，而欧洲其他国家国产电影的市场占有率仅为20%—30%。以法国和加拿大为代表的基于"文化例外"采取文化保护战略的国家，一定程度上为本国文化产业发展赢得了时间，保护了文化的传承和高雅文化的发展，但还是难以从根本上抵御美国文化的入侵。此外，日韩在20世纪90年代末确立的"文化立国"战略，主要基于"国家竞争优势"实行文化产业的赶超发展战略。它通过政府主导型的文化产业政策，以政策和资金来培育本国主导型文化产业，通过设立海外文化中心，实施奖励措施来激励文化出口，在国际文化市场取得竞争优势，有效地提升了本国文化产品在国际市场的竞争力以及国家的文化软实力。

中国作为正在崛起的新兴发展中国家，虽然是文化资源大国，但因创意和创新不足，资源转化能力较弱，文化产业发展水平不高，亟须在战略上明确文化产业发展理念和方式，落实中央提出的"文化强国"战略目标。相应于国家发展战略，进入21世纪以来中央政府不断调整文化政策，试图建立一种新的文化价值体系框架，经由计划经济时期一体化的文化发展观转向市场经济条件下"五位一体"的现代化事业总体布局，以多元和谐的文化发展观引领现代化强国建设。通过政策调整旨在解决两大问题：一是如何适应建立市场经济体制的要求，不断完善文化政策体系；二是如何适应转变经济发展方式的要求，通过政策导向，以文化促进社会融合，实现文化的经济价值。这种调整契合了新的历史语境下文化发展的新趋势新特点，保证了中央政府始终掌握国家文化安全和产业发展的主动权；同时，把对国家文化安全的维护纳入一种广阔的、充满活力和竞争的文化产业体系中，在积极的文化竞争中实现国家的战略诉求。

一、战略与文化战略辨析

当今时代是一个战略时代，一定程度上，战略已经成为一个国家发展中最具有活力和决定意义的主题词。处于伟大历史复兴进程拐点的中国正处在这样一个战略时代，这是一个全球化语境中文化思潮相互激荡剧烈的时代，也是一个国家文化战略博弈空前加剧的时代。面对复杂的国际国内形势的风云变幻，中国的崛起不能缺失国家文化战略的支撑。

所谓国家战略是指一个国家总体性的根本战略，它广泛涉及一个国家的政治、经济、军事、外交、文化、科技、教育等诸多领域，是一定时期内国家战略利益的现实反映，是一个国家根据当前国内外形势与发展格局变化做出的一种战略选择，在不同的发展阶段,国家战略会以某种具体形态方式来凸显战略利益诉求。国家战略,不仅事关全局,还具有整体性和前瞻性。随着文化的地位和作用的全球凸显,文化发展被提升到国家战略高度,文化战略成为国家战略系统中的一个重要构成部分。在全球化时代,"文化战略"更多地指涉着文化间的竞争策略。所谓文化战略是一个国家在全球化语境下,对本国文化发展与世界战略的一种长远考虑和谋划,集中反映了一个国家的文化意志和对于世界的文化意图;是一个国家和民族在文化竞争、博弈日益激烈的语境下,为强化民族文化认同、增强凝聚力和有效价值传播及其文化形象建构,所主动采取或实施的一种具有战略性意义的立场或者国家行为。文化战略的制定要有效协调国家硬实力和软实力的均衡发展,"一个国家的国家潜力取决于该国现有的政治、经济和军事能力的总量、相关性、效果、不可抵抗性和持久性,取决于可用于加强和扩大这些能力的人力、自然资源的数量和质量"①,更取决于该国的文化能力。中国文化战略的实质是提升国家的"软实力",旨在实现与中国经济崛起同样的影响世界文化增长的力量,在使世界尊重五千年中华文化的同时,更要尊重和倾听当代中国文化发展的态度和声音,建构当代中国的国家形象。当下,发展文化产业成为全球化时代日益凸显的国家文化战略命题。美国战略学家约翰·柯林斯在《大战略》中指出:所谓大战略"是在各种情况下运用国家力量的一门艺术和科学,以便通过威胁、物力、间接压力、外交、诡计以及其他可以想到的手段,对敌方实施所需要的各种程度和各种样式的控制,以实现国家安全的利益和目标"②。文化战略融入国家战略中,文化发展被赋予了更多的内涵和价值,从而引发了全球性文化竞争下的秩序重构。而文化竞争越发不能脱离文化产业这种主导方式和形态,因此,文化产业的竞争和博弈就成为文化战略的重要内容和领域。一定意义上,文化产业发展的现代化程度成为衡量大国文化地位和国际文化影响力的重要标志。

从国际视野看,无论是"文化例外"的提出,还是《保护文化及其艺术表现形式多样化的国际公约》的宣言,都离不开文化产业的背景。正是基于保护文化产业发展和最低的市场份额,使得文化保护的国际公约有了实质性内容,而不再空洞和抽象。冷战结束后,一些西方国家把向发展中国家输出文化价值观视作实现其外部利益的一种国家战略,世界因文化的联系和对文化产品的消费,而成为

---

① [美]傅立民著,刘晓红译:《论实力——治国方略与外交艺术》,清华大学出版社2004年版,第15页。
② [美]约翰·柯林斯著,中国人民解放军军事科学院译:《大战略》,中国人民解放军战士出版社1978年版,第412页。

国家战略利益的延伸,"文化热战"开始升温。发展文化产业作为一种国家战略形态和国家意志的体现,其实在经济利益的背后关乎国家文化安全和文化主权。20世纪90年代以来的美国历届政府都把文化问题纳入《美国国家安全战略》框架中,在全球范围内,从推行美国的价值观和文化贸易自由化两个层面实施其文化战略。

全球化语境下,文化产业不仅体现国家的文化利益,还包含重大的国家政治和经济利益与国家安全利益。文化产业的竞争,说到底是一国文化实力的竞争,文化产业之间的竞争其本质是不同文化体系之间的博弈。因此,制定和实施怎样的文化产业战略与文化产业的空间布局,就不单是战略取舍问题,还关涉国家战略的制定和调整以及核心竞争力的培育。一个国家的文化安全状态往往和一个国家的文化在世界上的影响力、感召力的大小成正向关系,这种关系与该国供给世界文化产品的能力相一致,因此,一个国家是否是文化大国/强国并不取决于该国历史的长短和文化资源的丰俭,也不取决于该国的国土面积和人口,甚至和经济实力也非决然对等,而是取决于该国的文化创意创新能力,正是这种人才、创意、资本和技术支撑下的文化生产和传播能力,成为改变国家文化产业力量对比与格局的重要力量。

在国家"五位一体"的现代化事业的总体布局中,发展文化产业的价值,在于它不仅构成国家文化战略的重要内容,还为国家"软实力"的提升提供有效路径和载体,以及由此在全球化舞台上形成民族生活方式和价值观传播的竞争体系,旨在有效地传播中国文化,进行深度交流和相互沟通与理解。在此进程中,中国文化产业要发展出维护国家文化安全的能力和实力,要能有效配合国家经济、政治、军事战略的实施,成为中华民族伟大复兴的积极支撑力量。文化发展不仅在民族凝聚力和国家认同上关乎国家安全,在价值观的建构上是民族的血脉和精神家园,还是综合国力的重要标志;就经济价值而言,发展文化产业之于当下的中国不仅是克服和消除"经济结构战略性调整中的结构性矛盾和体制性障碍"的重要政策选择,还是拉动内需、落实大众文化权益和转变经济发展方式的生力军。文化产业发展战略是国家战略的核心内容之一,是国家文化战略的落地生根和操作性实践。随着社会文明程度的提高,人们越来越认识到,物质财富的增加、GDP 的增长,并不是社会发展的终极目标,文化发展才是人类社会更深层次、更高境界的追求。说到底,发展最终要以文化、文明来定义,发展竞争的背后是文化的竞争,文化的繁荣是发展的最高目标。文化价值在国家战略层面被重新估量,文化繁荣被理解为社会全面均衡发展的重要基础。纵观世界发展大势,文化的发展繁荣才是一个国家在世界上真正崛起的标志,是一个国家融入国际主流社会、其文化和价值观被普遍认可的标志,是一个国家已经形成并具有核心竞争力的标志。从国家战略高度上制定推动文化产业大发展的政策,有利于在全球化的经济文化融合与竞争中提升国家综合竞争力。

二、文化产业发展战略出场的历史语境

随着全球化进程的日益深入,文化及文化产业已成为理解全球化的一个基本维度。一些发达国家如美国率先提出"文化走向国家发展政策的中心",发展应放在人类整个文明/文化框架内来考虑,发展最终可以用文化来解释或用文化概念来界定的观点逐渐获得广泛认同,发展文化产业已成为全球化时代凸显的国家文化战略命题。面对美国文化巨无霸的全球扩张,不仅法国、加拿大等发达国家基于对文化产业竞争重要性和特殊性的深刻认识,提出国际贸易的"文化例外"原则,通过文化外交宣扬"文化多样性"立场,还在联合国教科文组织框架内通过了《保护文化及其艺术表现形式多样性的国际公约》。就当下历史语境而言,发展文化产业已经成为各级政府、社会舆论的普遍共识,文化产业成为吸引人才、技术、资金等经济要素的最具活力的领域,民间对文化产业投资有着强烈的冲动,可以说文化产业迎来了大发展的重要机遇期。

第一,从全球视野来看,发展文化产业是21世纪的时代命题。时代的发展显现出,未来世界的竞争将是文化生产力的竞争,文化生产力、文化经济的发展成为21世纪最核心的话题之一。随着全球化进程的深入,文化的地位和作用全球凸显,文化领域的扩张和反扩张、渗透和反渗透作为国际政治经济竞争的内容之一,大多是经由文化产业来实现的。文化产业越来越成为全球政治、经济、文化战略格局重组,各种力量博弈的一条中轴线。特别是金融危机期间文化产业的逆势飘红,深化了人们对文化产业特殊性的认知,文化产业发展日益受到发达国家及其政要的倚重,纷纷出台政策,甚至提出"文化立国"战略,引导和推动文化产业发展。可以说,文化产业已成为许多发达国家的支柱性产业。当前,美国、英国、德国、日本、韩国等文化产业发达国家,正引领国际经济贸易、产业结构升级以及文化思潮的全球流动,已占据国际经济、文化、政治等重要而有利的位置,制约着发展中国家国际地位与作用的提升。

冷战后,美国对外文化战略的一个重要特点,就是把技术和贸易输出与文化输出相结合,在全球推行美国的文化霸权。实施文化自由发展战略的美国主要靠法律调控文化产业的发展,这看似对文化产业"创意属性"的束缚,实则是在客观上促

进了文化产业自身的规模化、企业的集团化,特别是对文化产品"版权"的保护,极大地刺激了产业价值链在全球分工体系中溢出效应的发挥。①

英国是世界上第一个提出创意产业理念的国家,也是第一个用政策来推动创意产业发展的国家。如今,创意已成为伦敦的新标签,其政府扶植创意产业飞速发展,使伦敦从世界最大的加工厂变为全球创意基地,创意产业已超过金融服务业成为最大的产业部门。英国不仅把发展创意产业作为提升经济发展水平的重要手段,还作为增强民族凝聚力的重要因素。政府希望用文化的发展来增强人们对国家的认同感,强化民族向心力和凝聚力。为此,政府提出,文化产品要面向大众,鼓励广大民众尤其是青少年积极参加各种文化活动,并为广大民众提供尽可能多的参与文化创意活动的机会。近年来英国政府在世界各地推出的一系列"创意英国"活动,极大地改善了英国在世界图景中"老大帝国"的形象。

作为政府主导型推动文化产业发展的日本,早在1970年就颁布了《著作权法》,逐步建立健全了关于文化产业的法律法规体系,为文化产业的发展和文化市场的培育形成提供了良好的法律政策环境。如今,日本的动漫、动画、游戏软件等具有代表性的日本内容产业在世界很有影响力,一些西方国家把日本内容产业赞为"Cool Japan"(酷日本),金融危机后一度流行日本的黄色的"快乐的小鸡"。通过文化产业振兴战略,日本以文化创意的力量提升了国家形象和综合竞争力。如今,日本的动画片占有世界65%的份额,在欧洲市场更高达80%以上。作为新兴文化产业国家的韩国,早在1999年就制定发布了《文化产业振兴基本法》,在2001年成立了"文化产业振兴院",在文化体制、法规建设、政府支持等方面开展了一系列工作。为激励文化产品的出口,韩国政府特别采取翻译费用全额补贴的办法,自主地增强、提升本国文化产品在世界范围内的生存力和竞争力,最终跻身世界文化产业五强。

第二,从国内来看,随着社会主义市场经济体制的不断完善,中央赋予文化产业的地位和使命越来越重要,文化产业发展已被纳入经济社会发展总体规划,纳入

---

① 美国政府在1976年《版权法》基础上及时出台了一系列法规,如1998年颁布的《松尼·波诺版权期限延长法案》,把自然人的版权期限和公司的版权期限分别延长至70年和95年。同年,美国还颁布了《数字千年版权法》,首次对网络媒体内容的侵权问题做出系统规定,有效维护了软件、音乐作品生产商的利益。2000年,美国政府出台了《防止数字化侵权及强化版权赔偿法》,该法提高了针对侵犯作品版权行为的民事惩罚力度,为包括计算机软件在内的创造性作品的版权筑起了高高的保护墙。2005年颁布《家庭娱乐和版权法》,规定只要共享文件夹中存储了未发行的电影、软件或者音乐文件就可受到罚款和最多三年监禁的惩罚。在国际版权领域,美国的法规有《与贸易有关的知识产权协议》《世界知识产权组织版权条约》和《世界知识产权组织表演和唱片条约》等。此外,美国还运用贸易法中的特别301条款,与发展中国家和地区签订双边条约,要求这些国家和地区保护其版权,允许其版权进入这些国家和地区的市场。

科学发展考核评价体系,摆在党和政府全局工作的重要位置,加快发展文化产业已成为各级党委政府的广泛共识,文化产业发展的组织保障和政策措施都很给力。党的十八大报告指出:以科学发展为主题,以加快转变经济发展方式为主线,是关系我国发展全局的战略抉择。转变经济发展方式,一要着力激发各类市场主体发展新活力,二要着力增强创新驱动发展新动力,三要着力构建现代化产业发展新体系,四要着力培育开放型经济发展新优势。文化产业代表先进生产力,承担着参与经济结构调整和转变发展方式的历史性使命,必须保持快速增长的基本态势;同时,它自身还处于转型中,面临结构调整的重任,要从转变发展方式中获得新的推动力和发展空间。转变经济发展方式,既是观念问题更有体制问题,而观念问题也往往因体制问题难免"封闭僵化"。从理论上讲,加快转变经济发展方式要解决三个问题:一是推动产业升级,解决我国在全球产业分工处于中低端的困境。中国作为"世界加工厂",处于全球产业链和价值链的中低端,根本原因在于原创能力不强、文化创意创新不足,许多基础性、原理性问题没有解决。只有通过科技创新、文化创新和创意,解决关键共性重大技术问题和开发重大技术装备,形成新的技术体系,推动创新链和产业链互动,提升产业附加值,形成优势产业集群,才能实现从"中国制造"走向"中国创造"。二是发展战略性新兴产业,包括新能源、大数据库和人工智能机器人,以及数字化技术引领下的新兴文化产业,通过创新驱动深度融入国际产业分工体系,向中高端产业链趋近。三是解决可持续发展的瓶颈制约问题。当前我国正处于加快工业化、城镇化的进程中,资源环境的压力巨大,必须走新型文明发展道路,避免坠入高投入、高能耗、高污染的陷阱,以新兴能源、生态文明、新兴文化产业的发展来实现"美丽中国"的诉求。在此过程中,能够真正支撑产业结构调整、转变经济发展方式的是内需,特别是有效消费需求的拉动,是促使中国经济转型之路。

当前,我国人均GDP已超过6 100美元,少数地方突破1万美元。党的十八大报告中提出2020年全面建成小康社会,"实现国内生产总值和城乡居民人均收入比2010年翻一番"的新指标。这表明居民消费要由生存型、温饱型向小康型、享受型转变,大众的精神文化需求迅速增长,呈现出多样化、多层次、多方面的特点。相形之下,文化产品供需矛盾和"结构性短缺"突出,满足广大群众文化消费需求的压力很大。据有关方面测算,与我国目前的经济发展水平相对应,2012年文化消费应达5万亿元,但实际消费还不足2万亿元,文化领域成为我国少数几个总供给不能满足总需求的领域之一,推动文化产业的发展任务艰巨。从拉动内需满足文化消费需求的视角看,文化产业发展的潜力巨大。

加快发展文化产业,把发展文化产业提升到战略性支柱产业的地位,是党中央科学把握国内外形势和文化发展规律做出的重大战略部署,是实施社会主义文化强国战略的必然举措,也是推进经济结构调整、加快转变经济发展方式的重要途径。文化产业发展上升到国家战略高度,离不开中国经济崛起的语境,离不开中国经济社会发展的全面转型及大变革,它服务于国家软实力的提升及现代化强国建设,最终指向中华民族的伟大复兴。就此意义而言,发展文化产业具有国家文化治理的性质。

第三,我国之所以在相当长一个时期没有把文化产业发展放在国家战略视野中,主要是对文化的理解局限在意识形态功能上,对于文化内涵的丰富性和多重属性以及发展方式的多样性缺乏科学完整的认识,狭隘的文化观制约了人的观念。文化产业发展水平的不平衡,一方面是各种现实力量和历史运动的结果,一方面是思想观念在文化产业发展问题上先进性程度的差异。当前文化产业规划中存在的突出问题是,不能在一个开放的视野和宽领域思考文化产业与本地区国民经济和社会发展的关系,而局限于本地区和本系统范围内的既得利益,这是妨碍文化体制改革深化的最大障碍。视野的开阔取决于观念的更新和思想解放的程度,取决于开放性的胸襟,否则指导思想的封闭狭隘就会导致地方和部门保护主义,就会对文化产业的认知流于肤浅,从而错失发展机遇。"当文化产业的出现以一种全新的文化方式打破了原有的生产力所构成的社会生产力结构的时候,并且日益表现出它在这个变化过程中的不可抗拒的作用的时候,即没有它现代社会生产力的进步就会失去它的前进动力的时候,文化产业的发展就成为社会生产力进步的一种动力项和现代国力形态的重要存在被置于社会发展的重要位置,列入国家的发展战略。"[①]可以说,文化生产力作为社会生产力结构的重要组成部分,表现了文化产业以全新的文化方式打破原有的生产力所构成的社会生产力结构,日益显现出不可抗拒的发展趋势,文化产业成为社会生产力进步的一种驱动力和现代国力形态的重要存在,从而由边缘化的社会存在走向社会发展中心,进入国家战略视野。就此而言,我们需要不断缩小与国际上对文化产业认知的差距,在文化观念上进一步解放思想。

崛起的中国不可能再次疏离于世界体系而获得自身的独立发展,因此,在强调中国特色时,更要凸显一种普适性的价值诉求和理念,坚持全球对话主义,以文化共享和"软实力"向全世界表达和传播和谐世界的理念。当全球化把经济发展水平

---

① 胡惠林:《中国国家文化安全论》,上海人民出版社 2011 年版,第 159 页。

和政治文化背景不同的国家拉入强势国家主导的原则框架下时,国家利益的内涵和外延都发生了重要变化,其中包括国家文化利益。离开国家利益这个根本价值取向,一切所谓国家文化安全和文化战略都毫无意义。国家文化安全的捍卫,需要全体公民的努力和不同民族间广泛的文化认同来实现,但维护国家文化安全不能成为阻碍文化开放的借口,文化安全和文化开放相辅相成。经济全球化语境下,在文化建设上如果实行闭关锁国的政策,只能脱离世界文明发展大道,落后于世界历史发展进程。哈佛大学肯尼迪行政学院塞奇教授认为,如果把文化保护理解为把文化放进博物馆,这等于宣布了一种文化的死亡。他认为文化本身是一个动态的、开放的、不断前进的过程。随着信息在全球范围的高速传播,人们的思想观念必将发生深刻的变化,一个国家应以开放的心态吸收各国文化之长,并把它融入自己的传统文化中。[①]文化的对外开放交流不可逆转,各国文化的共享是大势所趋。提高文化产业的开放度,就不能把眼光仅仅局限于国内市场。国际经验表明,缺乏世界眼光和全球意识,没有世界市场的支撑,文化产业的全面可持续发展是不可能的。中国文化产业之所以未能在国际市场形成有效竞争力,一个重要原因就是缺乏世界市场观念,没有世界受众意识,盲目地陶醉于国内市场的庞大,结果不仅使内容的生产缺乏想象力,还使国内的文化消费资源在国际文化产品面前大量流失。在国际文化产业竞争加剧的语境下,必须加快推进我国文化产业结构的战略性调整,自觉提高文化原创能力和生存空间选择的主动性,把文化"走出去"战略与文化产业结构的战略性调整结合起来,把文化"走出去"与经济"走出去"相结合,在文化产业经济结构的战略性调整的同时,调整文化外贸的产品结构和产业结构,充分利用经济领域走出去后积累起来的市场和经验,实现文化与经济的有机联动,不是停留在一般意义的文化交流和国际贸易概念上,而是树立国际文化贸易决定性影响文化产业发展的观念。

  文化产业是文化发展到现代工业文明阶段涌现的一种全新的文化生产方式和发展形态,是契合文化社会化大生产与消费产生的新的业态和生成方式。文化,作为日益强大的产业,已成为发达国家国民经济的重要支柱性产业。文化产业作为世界经济中最具活力的经济部门,具有创造财富、扩大就业和增加出口收益的潜力,同时有利于促进社会包容、文化多样性和人类社会的良性发展,有利于提升城市形象和知名度,是发展中国家新的选择路径,有利于经济发展模式的调整和增长

[①] 参见马小宁:《文化不应放入博物馆——访哈佛大学肯尼迪行政学院亚洲部主任塞奇教授》,《人民日报》2001年1月20日第7版。

方式朝着内生驱动型转变。今天发展文化产业已不仅是满足经济文化建设的需要，更是对一种新的战略资源的掌握，是对战略市场的一种争夺，对一种新的文化存在的主导权的争夺。因此，发展文化产业已成为培育和形成新的国家力量的战略需求。这在发展文化产业和国家整体利益之间建立了一种逻辑关系：文化产业的发展将影响国家战略利益全局。在发展中不能缺失全球视野的世界参照系，否则就无法选择自己在世界文化产业发展格局中的战略定位和在本国国民经济与社会发展中的战略定位。因此，必须全面领会中央提出的积极推动文化产业成为国民经济的支柱性产业的多维意义，充分发挥文化产业的多重溢出效应。对文化产业的深刻理解和定位，必须放在文化强国战略视野中。

令人忧虑的是，当前对文化产业理论研究不够而导致了实践中对文化产业特殊性认知不深。对文化产业的意识形态属性、文化产品的公共物品属性、文化产品的外部性以及生产、消费过程的特殊性等问题研究得不充分，没有达到文化产业特殊性理论建构的深度。理论阐述基本上附属于一般产业研究的框架，导致文化产业发展实践中忽视内容产业的提升，在"走出去"中未能从根本上扭转核心文化产业的贸易逆差。此外，对文化产业发展规律的认识不到位，导致实践中滋生急功近利的运动式发展乱象。文化产业核心竞争力不是产品量的简单增加，而是内容和形态的高端化，是思想的原创性和艺术追求的卓越性，是对精品和大家的诉求。如何协调日益突出的社会化大生产与差异化消费、个体性创作之间的矛盾即原创与批量复制之间的矛盾，现有的文化产业理论对此研究得还不深不透，这不但在深层次上制约着中国文化产业发展，还导致对当前的很多困境和矛盾难以做出有效疏通和引导，很难实现政策的针对性和前瞻性。提出文化产业发展战略研究的重要价值之一，就是从理论上系统地探索和回答我国文化产业发展的科学性问题。

三、中国文化产业发展战略定位的思考

当前文化产业已步入初级发展阶段，正处于新的战略性成长周期，如何把握历史机遇，根据文化产业发展实际和建立创新型国家的总体战略要求，基于文化产业发展的态势和国内外环境，制定恰当的文化产业发展战略，对于深度参与全球文化产业竞争的中国文化产业具有特别重要的意义和价值。可以说，处于挑战和机遇并存的历史拐点，必须在国家战略高度上全面深刻整体定位文化产业发展，以积极的姿态迎接世界的挑战和文化创意时代的来临。

（一）对文化产业上升到国家战略的理解

当今社会，人类文明和文化的发展与传播，已经到了不能脱离文化产业这样具

体的文化存在方式去抽象地谈论文化繁荣与发展的历史新阶段。文化产业作为现代文化生产和传播的载体,不仅一般地改变了人类社会的生产力结构,还深刻地改变了人们的精神存在方式,改变了整个现代社会精神世界的空间结构,具有物质创造所不具有的一种深刻结构和建构人与社会一切文化关系的无形力量。正是这种力量改变了国家间文化和精神空间的原有格局,影响和改变了人、社会与国家发展的走向与秩序建构。一定意义上,文化产业不仅成为当前国家现代化发达程度的重要尺度,还是理解社会文化结构变迁的重要视角。它不仅使得时间和空间作为阻隔文化传播的自然力量失去意义,而且使零时空跨越成为现代文化传播的战略性资源力量,这就决定了发展文化产业不是一般地满足社会的文化消费需求,也不是单纯地成为文化经济的新形态和驱动经济发展的新引擎,而是一种对新的战略资源的掌握。这在发展理念上是一种突破,即文化是社会经济发展的一种重要资源,文化产业是对这种资源的主要掌握方式。

　　文化的地位和作用的全球凸显愈发显现出,文化产业发展战略和国家发展道路、国家战略密切关联,某种程度上说,一个国家和地区选择什么样的政策和战略发展文化产业,往往关乎国家发展道路和发展模式的战略选择(为何中央一再强调社会主义核心价值观的贯彻和弘扬),这不难理解文化产业为何已成为国际政治博弈的"焦点"。因为文化产业日益作为一种重要的国家战略力量,被推到了世界政治、经济、文化竞争的前沿,成为国家"软实力"提升的核心载体。在全球化背景下,任何精神文化力量的传播不借助文化产业都难以达到目的。不仅如此,文化产业在全球化时代成为意识形态传播的基础,而且还进一步强化了意识形态的时效性和影响的广延性(如美国电视剧《豪门恩怨》和中国电视剧《媳妇的美好时代》在非洲热播对于增进文化互信都是最好的生动例证),同时,文化产业的发展还加强了意识形态传播的隐蔽性,悄无声息地输入了价值观和生活方式。从文化产业发展的宏观视野看:文化观念和发展逻辑变化的背后体现了文化领导权的变更。从文化逻辑上讲,马克思的艺术生产理论深刻阐释了资本主义条件下(市场经济)文化生产的特征和趋势;法兰克福学派对大众文化(文化工业)的批判,作为美学政治批判,预示着文化逻辑的变更和文化领导权转变的可能。随着资产阶级经济领导权、政治领导权的相继获得,美国本土的地道的大众文化不断觊觎并最终掌握文化领导权,特别是以经济搭桥和作为后盾(建立当代艺术博物馆和参与策划世界艺术展、进入大学校园和文化理论阐释等)率先掌握了"当代艺术"的领导权。这些作为文化产业发展的理论基础,丰富了其作为一个门类的产业群概念,其现实性基础是,随着资本主义的崛起和民族国家的建立,文化在分化中随着市场经济逐渐发展起来,并不存在"天命性"的事业与产业之分,只是有着现实考量的赢利与非赢利之别。只有当人们深刻认识到文化的经济价值和创造财富的能力与冲动,改善区域性经济发展状况,并带动就业和激发城市发展活力时,文化产业才作为一门产业,受到国家经济政策的鼓励。随着资本主义国家步入消费社会,在文化发展上呈现出诸多后现代特点,尤其在金融危机中逆势上扬的"反经济周期"特点,使人们对文化产业有了新的认知,在走出危机阴影和实现产业升级中,文化产业发挥了特殊作用,使人们意识到文化产业作为拉动新经济可能发挥的引擎功能,而纷纷通过政策调整使之上升为新兴战略产业。文化观念和文化逻辑变更的直接后果是使美国从一个没有"文化"的国家,成为国际文化市场上的"教父"。所谓美国文化、美国精神以及由此形成的文化霸权,正是美国以版权产业为核心的文化产业以无可比拟的竞争力在全球的胜出,并以其强势的霸权实力重构了国际文化秩序。美国战略学家约瑟夫·奈在《软实力:世界政治成功之道》中指出:大众文化不乏浅薄和追求时髦的因素,但一个支配着大众交往渠道的国家有着更多的机会传递自己的信息,影响其他国家的倾向,却是不争的事实。在全球化舞台上,只有提升中华民族文化的位态,使之成为影响全球化进程的几种文化主导形态中的一元时,中国才能成为名副其实的文化大国。有学者指出:"中国文化输出将使得中国现代经验逐渐成为世界经验,中国文化的世界化将使得东西方共同形成'世界新秩序',不仅能优化全球性的资源配置,而且还将取代以前的民族国家体制中的话语运作结构。"①中国要成为一个对国际事务负责任的大国,不仅在经济、政治上,而且在文化上,都要担负起相应的责任,积极有效地参与世界战略格局的重组。"文化大国战略的目标,是实现与经济增长同步的发展,拥有与经济增长同样的影响世界文化增长的力量。在让世界尊重五千年中华文化的同时,也要尊重并倾听当今中国文化发展的态度和声音,使文化成为中国和平崛起为一个负责任大国进程中的重要力量和重要标志。"②可见,中国要实现和平崛起的战略目标,就不能缺失文化产业在国内和国际市场上的战略崛起,否则就难以发挥中国文化在世界的影响力、渗透力和辐射力,所谓话语权的增强和提升就无从谈起。就中国而言,实现民族复兴的伟大目标,最大的可能是经由基于国家"硬实力"基础上的"软实力"提升的方式实现。因此,文化强国战略的目标是多向度的,战略价值是多维的,只有"软实力"与"硬实力"相匹配,才能真正发挥中国作为世界大国的影响力!

---

① 王岳川:《在文化创新中建立强国文化战略》,《探索与争鸣》2012年第6期,第11页。
② 胡惠林:《中国国家文化安全论》(第二版),上海人民出版社2011年版,第12页。

（二）对"中国文化产业发展战略"定位的理解

不能仅放在国家经济战略（新兴战略性产业）层面、文化战略（文化强国）层面和政策调整中心去理解"中国文化产业发展战略"的定位，还要在视野上往后退，以便获得一个可以回望的历史基点。基于当前全球化日益深化的视野，全球几大文明愈发交融和相互跃升并趋向太空文明的语境下，文化和文化产业发展必须放在文明之间的竞争博弈的高度来理解和领悟。在党的文化自觉中，文化不仅是推动社会发展的重要手段，更是社会文明进步的重要目标。这种文化认知不但把文化建设置于"五位一体"的现代化事业格局中，提到"文化强国"的战略高度，更是把文化发展上升到引领文明进步的世界高度。文化发展旨在激发全民族的文化活力、文化创造力和想象力，焕发全民族的文化激情，文化建设需要各领域、各民族和每个人都参与其中，以全民族文化素质和文化意识的提升释放实现伟大复兴的能量，这样的文化观念才能担负起建设文化强国的使命！处于伟大历史复兴中的中国，应站在人类思想的制高点上思考人类的未来，文化创新和超越应成为正在来临的文化时代的人类精神坐标。同时，对文化产业发展战略定位的理解还要往前移，以便使其获得现实操作的基点，能够有效落地，实实在在地担负起全面提升国家文化整体实力和综合竞争力的责任。聚焦到一点，就是文化产业要支撑起大幅度提升中国文化软实力、建构中国国际话语权的重任！

当下，需要合力打造提升大国文化影响力和国际话语权的基础与平台，将此作为世界大国崛起和实现伟大民族复兴的前提。就此而言，中国文化产业发展战略必然是国家战略的核心内容之一。无疑，作为遥遥领先的美国文化产业是我们强有力的竞争者，以"新赶超战略"后来居上的日韩是我们的参照系。如何与美国的霸权话语进行沟通和对话？如何借助国际经验依托后发优势实现"弯道超车"，使文化产业发展方式的跨越性与文化内容的积累和价值的传承与弘扬相协调？可以说，中国的经济崛起改写了"现代性"的原初内涵，使之成为复数结构。当前，中国文化复兴引领的中国的崛起正在改写人类历史。中国式现代性证明：在经济发展方式、文化观、价值观、道德观和体制性等方面，中国都植根于自己悠久的历史文化和现代性的创新文化。大国形象需要文化建构、阐释、传播和展示，并在全球战略格局和秩序重构中发挥文化影响力和涵摄力。遗憾的是，中国经济的崛起并未带来与之相匹配的文化复兴，民族文化还是居于全球的高位态，国家的文化形象还是模糊不清。日本的动漫、韩国的"韩流"都是文化产业支撑下的国家文化形象输出的载体，在其背后都有国家战略意义上的有意为之！日、韩、新加坡的"文化立国"战略是以文化创意产业为核心的国家战略，是整合国家与全民族力量的合力推动。

中国文化产业发展在战略层面势必关乎：中国文化产业"走出去"的真正使命和价值是什么？什么是当代中国在全球的文化身份和地位？中国文化可以为世界文明做出什么贡献？作为最具中国文化精神的"和谐"文化理念如何成为世界发展的主导词之一？何为中国文化"走出去"的价值祈向？什么是我们普遍认同的核心价值观——文化自强的标志,文化强国必然有自己的核心价值观——以及对内广泛民族认同、对外普遍认可和展示清晰的国家形象？如何摆脱时代的文化困境（在西化思潮强势压境下成功突围）走向文化发展的盛景？首先是对内增强民族文化的凝聚力；其次是拓展文化的传播力和辐射力。其前提是警惕中国文化核心价值虚无化以及文化发展的空心化现象。正如有学者指出的："如果中国没有找出一种代表性的文化编码,西方就会丧失对中国文化身份的识别和差异性文化价值区分。""内部的虚空与外部的游移不定是中国最大的文化安全问题。"[1]一定意义上,在中国的文化发展甚至文化产业发展中都弥漫着一种焦虑感和紧迫感。政府正在通过政策创新和理论突破进行文化价值重构,试图突出西方强势文化的合围。其实,通过历史的今昔对照,不难发现日韩自大的"岛国心态"背后是对西方文化的依傍。对此,有学者提出：亟需重建"汉字文化圈"的文化感召力和辐射力,[2]沉湎于过去显然无效。在历史的螺旋式上升中,我们必须坚定地建设现代化强国,但不是西方化,更不是回到前现代的某个"时空",而是在文化交汇融合中实现文明程度的跃升。中国文化战略的价值祈向应成为对西方单边主义、霸权主义文化的纠偏和启示,是守护自身文化立场和文化自主发展的典范。"中国崛起将不再是中国越来越像西方,而可能是西方世界开始吸收中国经验和智慧。一个明智的领导集团在中国威胁论、中国崩溃论的噪音中,应该有魄力和眼光来参与调整世界文明进程。"[3]有着五千年文明史的中国,应自觉担当起文明跃升的领跑者的角色。文化产业竞争的结果表明,产业链的高端不仅是经济效益的高利润区,同时也占据了主导文化影响力的制高点。只要中国的文化产业能够融入世界文化经济体系中,成为国际文化产业分工体系的有效组成部分,并不断向中高端产业趋近,就没有国家能够封堵和阻遏中国文化力量的增长,就能够有效提升中国的国际话语权。

四、文化产业发展战略的理念原则和目标

当今时代的国家之间竞争,不仅包括经济实力、科技实力和军事实力的竞争,

---

[1] 王岳川：《在文化创新中建立强国文化战略》,《探索与争鸣》2012年第6期,第13页。
[2] 王岳川：《在文化创新中建立强国文化战略》,《探索与争鸣》2012年第6期,第12页。
[3] 王岳川：《在文化创新中建立强国文化战略》,《探索与争鸣》2012年第6期,第16页。

也包括文化实力和政治实力的竞争。在各种力量的博弈中,文化的力量,不仅是一个民族生命力、创造力、影响力和凝聚力的决定性要素,也越来越成为综合国力和国际竞争力的重要组成部分,是世界各国综合国力竞争中最根本、最持久、最难以复制替代和模仿的核心力量。究其底蕴,最终决定一个国家、一个民族生死存亡的力量,是这个国家和民族的文化理想与生活价值观使之形成的生存方式、生活方式及生命方式。

从全球视野看,文化发展的繁荣强盛所形成的国际感召力和全球文化位态的提升,是一个国家在世界上真正崛起的标志,是一个国家文化和价值观被世界认可的标志,是一个国家已形成核心竞争力的标志。随着全球化趋势的加剧,由此引发的文化价值观激烈碰撞、各种思想观点激荡游移,要想提升国家综合竞争力,就必须把文化产业发展提升到国家战略高度。文化产业作为战略性新兴产业,受各种历史机缘影响而使其发展上升到国家战略高度。在国家战略视野中规划产业布局,就不能为眼前利益牺牲质量和效益。要在国家层面做到胸有全局、全国一盘棋,不断提升宏观调控的能力和政策引导的水平,不能各自为政、恶性竞争。因此,制定文化产业发展战略,在指导思想上必须明确国家的战略主体地位,中央政府不能缺位,要体现鲜明的国家意志和政策主导方向,还要充分调动战略实施主体的积极性,发挥地方政府、企业和民间以及个人的主动性、创造性,尊重其首创精神和创造成果。在产业发展的政策导向上,不能单纯考虑经济效益,还要考虑其对意识形态、社会思潮、风俗习惯、道德水平、价值观念等方面的影响,在推动文化产业发展的同时,确保文化产品内容的健康积极——符合主流价值观和社会道德标准;同时,在产业布局上要形成社会合力、凸显不同省市的主导行业优势,通过差异化竞争重构文化产业地形图,在统一、广阔的国内市场化程度提高的基础上形成"拳头"产品;在文化市场的结构布局上,文化产品的生产和服务要兼顾大众需求和小众趣味,谨防为了小众丢了大众、损害大多数人消费权益事件的发生,既考虑消费者当前的感受和产品生产者眼前的利益,更要考虑文化产品长期的社会影响。因此,文化产业战略的制定要符合长远利益,融入前瞻性的综合判断,也要提出现实可行的量化目标,通过科学评估激励文化产业发展。

说到底,文化产业是一个产业群的概念,不仅是文化现象和经济现象,还是政治现象和社会现象,对文化产业的研究必须有"学科群"的支持。文化产业发展战略的制定必须服从并服务于所处的制度环境,必须与所处的制度环境相吻合。文化产业战略规划必须遵循文化生产力主导原则、差别化发展原则、产业结构优化原则和与社会发展相协调原则。只有建立在充分发挥自己的文化比较优势上,才能实现文化软实力的提升。在深度融入现代世界国际产业分工体系的过程中，积极参与现代国际文化秩序的重组，并在这个过程中实现中国文化产业体系的全面创新，这是中国文化产业发展的价值取向。此外，相对于一般产业的发展战略，它还要遵循一些特殊的原则：

一是体现正确导向的原则。不能逾越主流价值和社会道德底线。

二是社会效益优先，社会效益和经济效益相统一的原则。对国家倡导的具有较好社会效益和较高文化内涵的产品进行奖励；对文化产品的内容进行审查，对不良文化产品及其市场乱象进行规制；不断完善对企业违法行为的处罚及违法经营企业的退出机制。

三是民族优秀文化遗产及其少数民族文化生态保护的原则。通过政策调节，鼓励和引导文化企业深入挖掘、积极弘扬、自觉传承优秀的民族文化。

四是维护国家文化安全的原则。牢牢掌握文化领导权，把握社会舆论导向。

五是扩大本国文化影响力的原则。建构积极有为、刚健清新、包容和谐的中华民族的国际形象，提升中华文化的国际话语权。

从文化战略诉求来看，文化产业发展战略要有利于推进文化产业结构调整，这对于提高文化产业发展质量和效益，促进文化产业又好又快发展具有决定性意义；要有利于转变文化产业自身的发展方式，通过鼓励文化产业的集约化发展，通过加快培育骨干文化企业，发挥辐射、带动、示范作用，并通过文化产业园区内的知识和技术共享，发挥孵化功能，促使中小企业的产业集聚，形成具有影响力的特色产业集群；要有利于推动文化产业管理体制机制创新——大部门制的管理方式，新的管理体制的建构和完善具有解放文化生产力与重建文化生产关系的重要价值；要有利于发挥政策的引导作用，文化产业政策的制定既要遵循产业发展的一般规律，也要考虑产业自身的特殊性，既要立足于本国经济与社会发展的客观实际，又要符合世界文化产业的发展趋势。在文化产业政策目标的制定上，要协调好文化产业政策主体、文化产业政策客体、文化产业政策实施手段三者之间的关系，形成有效的文化产业政策实施机制。因此，为实现文化产业发展战略的价值诉求，必须在文化产业发展战略中融入必要的文化理念：应确立文化发展是社会政治经济发展的最终目的的理念，用文化去评价整个社会的进步；应确立文化竞争力是国家核心竞争力的理念，把文化的大发展大繁荣上升为国家战略；应确立文化可以创造永久性财富的理念，推动我国的文化积淀、文化资源和文化创意转化为更多财富；确立文化是重要无形资产的理念，使文化和文化创意发挥比货币资本更大的渗透力；确立文化具有独特规律的理念，不能像搞运动和发展制造业那样去发展文化产业；确立大力发展文化贸易是优化贸易结构战略的理念,加快转变文化的贸易增长方式;确立文化发展是推动产业升级的理念,用文化产业的大发展带动现代服务业的发展;明确文化产业的发展必须是开放的、国际性,需要不断提高开放度的理念;明确文化产业是一个产业群的概念,需要大部制的管理体制;更要明确文化产业是当今时代文化传承、发展、生成的主导方式的理念,其核心是价值观的传播和弘扬。文化建设不只是推动文化产业跨越式发展而成为我国新的经济增长点,更在于构建现代文化生产方式并实现文化内容生产的现代化。

文化产业发展战略要放在中国现代化进程中"五位一体"的现代化事业总体布局中来理解,它不但是传播和弘扬社会主义核心价值观的有效路径和载体,还重在以文化的现代价值体系重构推进整个社会的现代化进程,促进科技文明与民主文明的同步发展,促进中华传统文化精神的复兴与道德体系的重构,使中华文化在新的历史语境下,重新实现说法与活法的统一。文化产业发展的逻辑起点是经济活动,是经济事件,其最终的归宿点则是文化价值,是文化事件。文化产业发展的重心是问道文化发展,而非单纯的产业——经济效益的追逐。因此,不能狭隘地把文化产业的发展集中在一般经济学意义上的投入产出上,以 GDP 为衡量标准,以经济发展的指标要求制定文化产业发展战略,而是必须赋予投入和产出新的内涵和价值,以多维价值建设为导向,以复合的文明发展指标为衡量标准,明白文化产业是当代文化发展的主导形态,以市场经济的方式发展文化产业,旨在利用市场的活力解放文化生产力,满足人们精神文化消费需求的多样性。应确立以文化消费为主导来发展中国文化产业的方向这一基本战略准则,并以此来选择和制定中国文化产业发展战略的方向和道路。正是因为文化产业具有改变现存文化秩序与建构精神世界的价值与功能,当文化产业现代发展的成熟度及其在一个国家的国民经济和社会发展所处的地位以及所发挥的文化作用与影响的程度,将直接构成一个国家国民文化精神和国家文化形象关键要素时,文化产业的现代发展就具有了战略意义和战略价值,从而具有战略资源价值。开发这种战略资源、控制这种战略资源并且在全球垄断这种战略资源就成为国际战略竞争的重要内容。

党的十八大报告首次提出提高文化产业的规模化、集约化、专业化的要求,这表明文化产业发展不能走粗放式追求 GDP 的老路,体现了国家对文化产业发展趋势和模式的新认识。规模化指在规模上做大,重在"健骨",即文化产业要有一些跨区域、跨行业、跨所有制、跨国界、以多种技术手段为支撑的骨干企业,鼓励通过兼并重组形成核心竞争力;集约化是指做强,重在"强筋",即通过提高发展质量与效率,增加科技含量、自主创新能力、知识产权含量来提高产业的集中度;专业化意味着在专业上做专做特做精,通过政策扶持和资金支持使中小文化企业活力四射,提高专业化水平,进而推动产品和服务创新。

文化产业成为国民经济支柱性产业有多项指标,既有定量的数据支撑,也要有定性的人文尺度的评估。文化产业增加值占 GDP 5% 仅是作为支柱产业的一项经济指标,成为支柱产业不单是量的增长,更是质量和效益的提升,它具有多重意义和价值。①支柱产业不单是规模扩张,更是经济发展水平和现代化程度的提高,是文化影响力和国家软实力的提升。从数据来看,根据 2004 年文化产业统计分类口径,2010 年我国文化及相关产业法人单位增加值为 11 052 亿元,占国内生产总值比重为 2.75%;2011 年文化产业法人单位增加值达 13 479 亿元,占 GDP 比重达 2.85%;文化产业法人单位增加值占 GDP 比重从 2004 年的 1.94% 增至 2011 年的 2.85%,年均增长 23.35%。2012 年 7 月份,国家统计局印发《文化及相关产业分类(2012)》,增加了文化创意和设计、文化信息传输等新兴产业门类,按照新修订的统计标准,2012 年文化产业实现增加值 18 071 亿元,占当年 GDP 比重为 3.48%,对国民经济的贡献率为 5.5%。在当前宏观经济增速放缓的背景下,2012 年的文化产业发展迅猛,文化产业增加值依然保持 20% 以上的增速,105 家中央文化企业主要经济指标同比实现两位数增长,有超过一半的上市文化公司全年业绩增幅在 50% 以上。按照这一发展速度,文化产业增加值占 GDP 比重在"十二五"期末达到或接近 5% 是有良好基础的。按照"十二五"规划,②从就业方面来看,文化产业吸纳就业人数的年均增长速度为 9.5%,到 2015 年就业总量将超过 3 000 万人,占就业总数的 3.6% 以上、占第三产业的 8.7%、占城镇就业人数的 7.8%;从消费支出上看,农村人均文化消费支出年增长速度为 5.5%,2015 年农村文教娱乐用品及服务人均支出 600 元左右,占消费性支出的 23%,而城镇人均文教娱乐消费支出增速为 6.5%,2015 年文化消费支出 1 320 元,占消费性支出的 15%;从文化产品的出口贸易来看,出口额年均增速保持在 8.5% 以上,与我国其他商品和服务的出口额同步发展,与外贸进出口总额占世界贸易进出口总额的比重大致相当(进口约占 8%、出口约占 10%),不断缩小与发达国家在文化产品占全部商品出口总额比重上的差距。

当前文化产业发展进入实质性拐点和新的发展周期,即从"政策红利期"(政策效应开始减退)走向"制度红利期"(制度建构愈发迫切)。只有充分把握当前产

---

① 范玉刚:《文化产业价值新论》,《探索与争鸣》2013 年第 3 期,第 74 - 79 页。
② 相关数据参阅中国社会科学院财政与贸易经济研究所:《"十二五"文化产业规划》,见朱之鑫、刘鹤主编:《中央"十二五"规划建议重大专题研究》,党建读物出版社 2012 年版,第 427 - 428 页。

发展所面临的内外部机遇和挑战，从建立健全现代企业制度和法人治理结构入手，在追求企业整体价值最大化前提下，以获取和提升企业内在优势为重点，有效整合外部优势，推动企业发展战略从追求产品和业务数量的增加向品牌塑造和效益提升转型，从单纯产业链上下游整合向更高层次的平台化发展转型，真正做到向改革要红利、从市场找动力、向品牌要效益，尽快提升文化产业发展的"三化"水平，推动文化产业发展的近期目标的实现。

  基于中国的现实，中国文化产业发展应采取在先进理念引导、夯实产业发展根基、保护文化传统基础上实现"弯道超车"的跨越式发展战略。具体来说，只有在国家战略高度上对内容产业发展实施强力推动和政策引导，才能抓住文化产业发展的实质；进一步明确文化走出去的核心问题是文化价值的传播和相互沟通，由对中国文化的了解到认可及至认同；所谓"文化强国"不仅通过发展文化产业强经济，更是强文化，使经济发展融入文化品格，增强经济的文化品位和可持续性，以文化和经济的相互促进建设社会主义现代化强国。

文化战略的多学科研究

文化政治的内涵构成与学理脉络[①]

扬州大学教授 姚文放

上篇 文化政治的内涵构成

一、文化政治何为？

在如今文学理论中，"文化"无疑是最热门的概念了，"政治"也一直是再熟悉不过的概念，然而联结这两者而合成"文化政治"的概念，那就变得陌生了。但这恰恰是时下崭露头角并迅速趋热的新概念和关键词。

那么，什么是"文化政治"呢？先得追溯一下这一概念的缘起。

1991年，一位出生于美国的非裔女作家贝尔·胡克斯写了一本题为《向往：种族、性别和文化政治学》的书，书中第一次提出"文化政治学"的概念，这可以视为文化政治研究的发端。此后，同在1994年有两本以"文化政治学"为名的著作问世，一是格伦·乔丹和克里斯·威登的《文化政治学：阶级、性别、种族和后现代世界》，一是艾伦·森费尔德的《文化政治学：酷儿读本》。贝尔·胡克斯等人从女性主义、种族主义、后现代主义出发，吸收了阿尔都塞的意识形态理论、葛兰西的文化霸权理论、福柯的话语权力理论等，铸成了侧重研究所谓"非常规政治"或"非正式政治"的"文化政治学"，在从伯明翰学派开宗立派算起已颇有时日的文化研究中开了新生面。当今文化研究中大力推崇文化政治学并予以身体力行的是弗雷德里克·詹姆逊和特里·伊格尔顿，他们不仅以卓著的理论建树推进了文化政治学，而且在具体的文学、文化研究中采用文化政治批评方法，取得了许多重要的成果。目前文化政治研究的势头甚猛，对其今后的发展空间是可以预期的。

"文化政治"的倡导者们有一个共同的观点，即任何东西都是政治，他们不同意文化与政治可以截然分开，或政治只是文化中并不起眼的从属之类流行观点。他

[①] 本文完成于2013年7月。

们往往使用最高级的形容词来强调政治在文化中的绝对性、永恒性和普适性。詹姆逊认为,在对文学文本所作的阅读和阐释中,政治阐释具有优越性,"政治视角……是作为一切阅读和一切阐释的绝对视域"。他还将这一道理推广到其他所有社会文本:"一切事物都是社会的和历史的,事实上,一切事物'说到底'都是政治的。"① 特里·伊格尔顿则将这一问题放进文学理论中来进行考量,指出文学理论从一开始就是一个政治问题。他认为,那种无关乎政治性的"纯"文学理论是根本不存在的,只是一个学术神话。在任何学术研究中,人们选择的总是自己认为重要的对象和方法,而人们对其重要性的评价则是由深深植根于社会生活实际形式中的利益结构、权力结构来支配的。由此得出的结论是:"我们所研究的文学理论是政治性的。"②

但是"文化政治"的倡导者们明确指出,"文化政治"不同于人们通常所说的"政治"。特里·伊格尔顿声明:"一切批评在某种意义上都是政治的,人们往往把'政治的'一词用于政见,这里讲的不是这个意思。"那么,特里·伊格尔顿讲的是什么意思呢?这也许可以"文化政治"的开创者贝尔·胡克斯为例说明之,这位出生在美国南方肯塔基州一个乡村小镇穷苦家庭的黑人血统女作家不啻是文化政治的一个样本,她因特殊的身份地位而成为一个集地缘、阶级、性别、种族、民族和族裔问题于一身的文化符号,成为多方面文化政治的交集。文化政治讲的不是派别而是性别,讲的不是政体而是肉体,讲的不是阶级而是种族,讲的不是地界而是代沟。这些问题之成为可能是建立在对于通常所说"政治"概念的重新理解和进一步拓展之上的,而这些更新和扩展了的领域一般是不被纳入通常所说"政治"概念之中的。这里需要指出的是,通常所说"政治"概念只是指社会政治,它主要是指国家制度、经济体制、科层机构、国际关系、政党、议会、政府、工会等社会权力关系,而文化政治则主要是指性别、种族、民族、族裔、性、年龄、地缘、生态等文化权力关系。现在事情发生了戏剧性的变化,人们的研究兴趣从前者转向了后者,从中发现了以往被遗忘了的角落,而这更是文化政治研究或文化政治学可以大显身手的广阔空间,如果说社会政治更适合政治家去关注的话,那么文化政治则更值得文化学者去开拓和耕耘。

二、文化政治与社会政治

无论是社会政治还是文化政治,其核心问题都是权力的问题,包括权力的分

---

① [美] 弗雷德里克·詹姆逊著,王逢振、陈永国译:《政治无意识——作为社会象征行为的叙事》,中国社会科学出版社1998年版,第8、11页。

② [英] 特里·伊格尔顿著,刘峰译:《文学原理引论》,文化艺术出版社1987年版,第229、246-247页。

配、使用、执行、生效、争夺、转移、巩固、延续等要义。以往这一认识主要集中在社会政治上,不争的事实是,古今中外历朝历代对于社会权力的掌握、行使、争斗和扩张,始终是最大的政治。然而在文化研究中,一个新的问题被提了出来,权力无所不在,它不仅表现在国家、政党、政府、议会、军队、警察、司法机关、监察机关的职责之上,而且事关人们的种族关系、民族关系、性别关系、性关系、年龄关系和地缘关系等,后者往往也建立在不平等关系之上,一方强势而另一方弱势,而强势一方支配、压迫弱势一方。可见文化政治也与权力攸关,或者说,正因为与权力相关,"文化"政治才成其为文化"政治"。可见必须打破以往相沿成习的思维定式,对权力问题作更为宽泛更为弹性也更为实际更为人文的理解,从阶级、政党、体制关系中的权力拓展到性、性别、种族、民族、年龄和时空等领域内的文化权力。文化政治在性、性别、种族、民族、年龄和时空等方面所涉的文化权力关系更加切近人的生命、人生、家庭、族类、肉身、官能、欲望、情感等个体性、私人性、血缘性、生理性的部分,这是每个人从出生起就置身其中且终身不能摆脱的命运际遇,更多自然淳厚的人间气、人情味和草根性。

特里·伊格尔顿曾以讽刺的口吻批评以往的一些理论对性别和性欲不屑一顾,甚至对人的食欲存而不论的做法,称之为"不食人间烟火"的理论,其中人类似乎既没有生殖器官,也没有胃和肚皮。[①]这一批评是切中要害的。中国古人早就说过:"食色,性也。"(《孟子·告子上》)"饮食男女,人之大欲存焉。"(《礼记·礼运》)这些说法都肯定了人的自然需要和本能欲望的必然性与合理性,其中贯穿着最基本的权力关系,那就是人权。从这个意义上说,饮食男女、衣食住行、身份族类也是最基本的政治。因此可以说,对于文化政治的发现,乃是今天文化研究取得的重要学术进展和理论成果。时至今日,人们终于承认,理论探讨和学术研究不仅与真理、理性、信仰有关,而且与性别、种族、民族相涉,其中内涵极其丰富多彩,乃是一个完整的世界、人性的世界。特里·伊格尔顿说:"文化理论的作用就是提醒传统的左派曾经藐视的东西:艺术、愉悦、性别、权力、性欲、语言、疯狂、欲望、灵性、家庭、躯体、生态系统、无意识、种族、生活方式、霸权。无论任何估量,这都是人类生存很大的一部分。要想忽略这些,目光得相当地短浅。这很像叙述解剖学而不提肺和胃。或者像那位中世纪的爱尔兰僧人编了半部字典,却遗漏了字母 S,让人无法解释。"[②]

---

① [英]特里·伊格尔顿著,商正译:《理论之后》,商务印书馆2009年版,第5—6页。
② [英]特里·伊格尔顿著,商正译:《理论之后》,商务印书馆2009年版,第30页。

其实那些激进的理论也并非像人们所理解的那样极端,如果对其作一番深入考察的话,便会发现其中恰恰不乏对于文化政治的关心。例如法兰克福学派中人霍克海默、马尔库塞("精神—心理解放论","快乐原则")、阿多诺("生命本体论")、本雅明、哈贝马斯等,颇多关于文化政治的论述。又如晚近的文化理论家像罗兰·巴特、朱丽娅·克利斯蒂娃、利奥塔、德里达、拉康、福柯、阿尔都塞、亨利·勒菲弗尔、布尔迪厄、鲍德里亚等,对于文化政治的研究也情有独钟。甚至可以这样说,如果缺少了对于文化政治的关心,这些人的理论也就不能成立了。进而言之,就是马克思、恩格斯的理论学说,也从未将性、性别、民族、种族、殖民主义等问题排除在它的研究之外。马、恩提出了"两种生产"理论,肯定生活资料的生产和人类自身的生产即种的繁衍是人类两种最基本的生产活动;他们研究过妇女解放和男女平等的问题;阐述了民族与阶级、民族解放与社会革命的关系问题;讨论了殖民主义的问题,特别是对于中国问题写过多篇文章,对于西方列强对中国发动的殖民战争做了大量经典性的论述;他们还对殖民主义推行的种族主义和种族歧视予以谴责。马、恩的上述理论,当为如今文化政治研究的先声。

以上论列,无非是想说明一个事实:文化政治从未在学术理论中缺席,就像它从未在现实生活中缺场一样,而与社会政治相比,它更富于文化的意味。性别、肉体、种族、民族、族裔、族群、年龄等概念原本属于自然性、生物性、生理性的范畴,具有很强的人类学意义,从而与文化有着千丝万缕的纠葛,往往被文化所规定、所塑造。时至今日,在全球化、市场经济、消费社会、大众时代等构成的新语境下,这些概念的文化内涵又得到了扩充和刷新,被赋予了全球性、国际性、地缘性的文化意味,例如移居国外的移民创作的"移民文学"和从乡村迁移到城市的打工者创作的"新移民文学"的崛起,都只是在当今新的语境下发生并被当今新的文化建构的事儿。总之,文化政治与社会政治从来就是一种互待、互动、互补的关系,只不过它在今天得到了充分凸显,更加引起人们的关注而已。在当今新的语境下,人们所说的"文化",已经与商品化、产业化、电子技术、大众传媒、网络写作、广告策划、符号消费、娱乐享受等结下不解之缘,转而特指性别、族群、躯体、感性、审美、欲望、快感了,从而所谓文化政治也就不能不发生相应变化,转而成为一种"身份政治""性别政治""性政治""消费政治""身体政治""肉体政治""审美政治""娱乐政治"了。

三、后阶级政治/阶级政治

将文化政治称为"后阶级政治"(post-class politics),而与作为"阶级政治"

(class politics)的传统社会政治相对应,是特里·伊格尔顿的首创。①伊格尔顿此说呼应着冷战之后的全球政治格局与后工业社会的到来所引发的新社会运动,后者认为当今社会矛盾主要并不表现为阶级对抗,而是表现为文化挑战,主张以多元文化抗争取代轰轰烈烈的阶级斗争和社会革命,提倡政治的宽容性和中性化。

伊格尔顿对于文化政治的认定是从发现"肉体政治"的重要性开始的,而且此事与关于美学本质的认识直接相关。他认为,鲍姆加通当年创立"aesthetic"这一新学科,旨在开辟一个有别于形而上学的"感性学",但后来人们的注意力大都只是集中在感觉和知觉等认识活动方面,恰恰忘却了人的肉体和感官等生物性、生理性的领域。这一发现给了他极大的震撼,他觉得"对肉体的重要性的重新发现已经成为新近的激进思想所取得的最可宝贵的成就之一",从而要为这一"时髦的主题"进行辩护并"试图通过美学这个中介范畴把肉体的观念与国家、阶级矛盾和生产方式这样一些更为传统的政治主题重新联系起来"②,从而在"阶级政治/后阶级政治"的维度上寻求文化政治的意义。当然这里伊格尔顿所说的"肉体"并非仅指人的原始动物性方面,而是指那些经由文化陶铸的生理性、遗传性因素,包括性别、性取向、躯体、种族、族裔等,而这些东西是传统的阶级政治不予重视甚至不屑一顾的。但是如果从文化的角度来进行考量的话,那么它们恰恰意义重大,像男人/女人、白人/黑人、富人/穷人、精英/草根、西方人/东方人、城里人/乡下人、青年人/老辈人的对立,无不显示着文化身份之别且带有浓厚的政治意味,它们引发的种种矛盾、冲突和对抗正是"文化政治"的重要问题。

基于这一认识,伊格尔顿指出,从20世纪60年代以来,"文化"这个词的内涵已经发生了重要变化,正从一个相对古典和自律的概念变成一个充满政治色彩的概念,文化不再是解决政治问题的一种途径、一种手段,而是问题的本身,"对于过去几十年间支配全球议事日程的激进政治的三种形式——革命的民族主义、女权主义和种族斗争,作为符号、形象、意义、价值、身份、团结和自我表达的文化,已经是政治斗争的通货"。③由此可见,革命的民族主义、女权主义和种族斗争,作为文化政治的主要形式和样本,它们所展开的政治较量属于文化权力之争而非阶级利益之争,已经越出了"阶级政治"的范畴而带有"后阶级政治"的性质。

晚近以来"文化"概念向政治靠拢有其特殊的历史背景,以1968年5月法国巴

---

① [英]特里·伊格尔顿著,王杰、傅德根、麦永雄译:《审美意识形态》,广西师范大学出版社1997年版,《导言》第8页。
② [英]特里·伊格尔顿著,王杰、傅德根、麦永雄译:《审美意识形态》,广西师范大学出版社1997年版,《导言》第7-8页。
③ [英]特里·伊格尔顿著,方杰译:《文化的观念》,南京大学出版社2003年版,第44页。

黎爆发的"五月风暴"为标志,西方社会的历史发生了断裂,同时思想也发生了崩裂。"五月风暴"也可以说是一个哲学事件,它张扬了一种怀疑精神和叛逆精神,使得整个社会风气为之一变,人们不再用以往的方式来看待、思考和讨论问题。其中一个重要的变化在于,人们不再将种种文化矛盾和对抗简单地归结为阶级压迫和剥削,不再将文化政治放在阶级斗争的刻度上进行衡量。女性主义运动、性解放运动、争取有色人种权利斗争、土著居民争取平等权力运动、和平运动、环境保护运动等新社会运动风起云涌,导致了性别政治、性政治、躯体政治、种族政治、地域政治、生态政治等"后阶级政治"的兴起,有力地影响了历史发展的进程。

四、微观政治/宏观政治

后现代理论在法国学者手中得到最早的确立,得风气之先者有德里达、福柯、德勒兹、鲍德里亚、利奥塔德等人,他们在20世纪下半叶不约而同提交了一批后现代理论的奠基之作,如德里达的《人文科学语言中的结构、符号及游戏》(1966)、福柯的《知识考古学》(1969)、德勒兹和加塔利的《反俄狄浦斯——资本主义和精神分裂分析》(1969)、鲍德里亚的《生产之镜》(1975)、让-弗朗索瓦·利奥塔德的《后现代状态:关于知识的报告》(1979)等,这批论著的共同之处在于它们都带有消解文化的特点,对于启蒙运动以来知识领域恪守的中心论、总体性和同一性进行解构,转而崇尚边缘性、片断性和差异性。正如论者所说:"后现代理论批判了诸如再现、真理、理性、体系、基础、确定性、一致性以及主体、意义和因果关系等现代理论的核心概念。正如哈桑所指出的,后现代理论是一种'消解'文化中的一部分,这种消解文化的原则包括:'非创造'、解体、解构、非中心化、置换、差异、非连续性、离散、消散、分解、非定义、去神秘化、非总体化、去合法化。"①

其中利奥塔德关于"宏大叙事"/"微小叙事"的论述值得注意。他指出,人类的知识状态正在发生一个重要的转折,如果说以往的知识状态用"现代"来加以标示的话,那么今天的知识状态则可以用"后现代"来进行界定。他对"后现代"给出了一个简明扼要的界说:"后现代"就是对于元叙事的质疑。这一定义抓住了后现代的解构本质。"现代"的知识状态凭借元话语来证明自己的合法性,这种元话语总是表现为宏大叙事,它属于启蒙叙事,一代知识英雄借此追求理想的伦理、政治目标,仰望宇宙的和谐和安宁。而"后现代"知识状态则对此表示怀疑,认为其叙事功

---

① [美]道格拉斯·凯尔纳、斯蒂文·贝斯特著,张志斌译:《后现代理论——批判性的质疑》,中央编译出版社1999年版,第329-330页。

能正在失去其种种要件,包括崇高伟大的主角、生死交关的险情、波澜壮阔的航程、宏阔辉煌的目标等。它们已经分崩离析,消散在各种具体叙事的迷乱星空中,为异质性、多元性、边缘性、局部性所统摄。总之,史上最发达社会亦即后工业社会的知识状态恰恰表现为宏大叙事被微小叙事所取代、推崇总体性被倡言片断性所置换的后现代转向,导致了一种新的原则的崛起,那就是"局部决定论"。[①]

这一变故也是后现代政治的天命,德勒兹和加塔利提出了"微观政治"/"宏观政治"的概念,指出以往那种总体性、普遍性、宏大性的政治已经弥散于具体的社会文化和日常生活之中,渗透在性别、性、身体、种族、民族、族裔、年龄等微小的局部事项之中。

总的说来,"微观政治"主要包含以下内涵:

首先,微观政治带有后现代性质,是一种后现代政治。它反对宏观政治对于社会、历史、文化的总体性、同质性、统一性把握,而主张大力阐扬事物的片断性、异质性和多元性,因此可以首肯这一判断:"'后现代政治'——一种建立在局部性基础上的微观政治"[②]。

其次,微观政治之为"微观",有两层意思:一是指局部、片断、零星,已如上述;二是指具体、感性、平常,人们的消费行为、娱乐活动、视觉冲击、官能享受、审美经验、形式快感等均属此列。它们与人们的日常生活息息相关,是世俗化、人间化、平常化的,但凡它们与权力相关,便都具有了政治意味,只不过它们不那么强制和刚性,而是相对宽容和柔性罢了。因此微观政治说到底就是一种日常生活政治。

再次,微观政治对于个体的垂顾更多,更切近个体的人生、生命和生活,更关心个人的命运遭际,更多倾听人的悲欢和歌哭,比起宏观政治来,对于人本身的体贴和担当也更多。进而言之,既然发现了人,那么势必发现人的内心,发现人内心的欲望、意愿和情感。所谓"微观",也是指解构历史理性而个体欲望的传统对立,将个体欲望的表达也归入政治的范畴,重视它在躯体、性、交往、话语、生活风格等日常生活实践中的表现形式。因而,德勒兹和加塔利提出了"欲望政治学"的概念,认为必须对欲望进行重新估价,不是按照黑格尔、弗洛伊德和拉康的方式将欲望理解为匮乏性的需要,只具消极的、负面的、否定的性质,毋宁说人的欲望恰恰是积极的、正面的、肯定的,在本质上是生产性、创造性、革命性的心理动力。虽然它往往

[①] [法]让-弗朗索瓦·利奥塔德著,赵一凡译:《后现代状态:关于知识的报告》,见王岳川、尚水编:《后现代主义文化与美学》,北京大学出版社1992年版,第25-26页。

[②] [美]道格拉斯·凯尔纳、斯蒂文·贝斯特著,张志斌译:《后现代理论》,中央编译出版社1999年版,第6页。

只是在日常生活细节中表现出来,却不乏重大的社会意义,成为创造社会历史现实的原动力,包括经济活动也植根于其中,虽然个体欲望显得感性、日常、局部、零散,但它却能产生爆炸性的后果,导致对于总体性、全局性的历史理性的质疑。

最后,"欲望政治学"并不排斥阶级政治,因为后者与欲望政治并不矛盾,它原本就必须具备一个重要前提,那就是诉诸革命的强烈欲望。不过,阶级斗争并不能穷尽各种各样的政治形式,特别是那些由文化身份的悬殊和个体欲望的碰撞而引发的政治较量。

正是由于以上诸多原因,微观政治替代了以往作为主导的宏观政治,在后冷战时代新的历史条件和文化语境下得以流行,成为种种新社会运动的理论支撑,在由文化身份和个体欲望的对抗而引起的政治博弈中大显身手。正如有论者指出:"(人们)转而拥抱微观政治学,把它视为真正的政治斗争领域。……后现代理论家们因此把注意力转向了诸如女性主义、生态学团体及同性恋组织等政治运动。这些新兴的社会运动都是对资本主义、国家以及诸如性别歧视、种族歧视和同性恋恐惧症等有害意识形态给社会和个人生活带来的压迫性后果的反应。"①

五、审美政治/实践政治

自从康德将审美判断力与纯粹理性、实践理性区分开来,审美活动与伦理实践、政治实践的相互疏离、相互隔绝便成为一种常态,审美成为自律的、封闭的、不及物的,它无关乎伦理实践,更无关乎政治行为。这一状况被现代主义推向了极致。现代主义以荒诞、晦涩、神秘、杂乱、扭曲的形式表达了对于商品社会、金钱世界的拒绝,它以反审美、反形式的方式抗拒一切来自经济资本、市场机制的收买和招安,远离污浊的势利心和铜臭气,以保证艺术的本真、质朴和纯洁,可见现代主义极端的自律性恰恰成为反叛和抗击商品社会的正统秩序和流行风尚的利器。现代主义艺术创造性地故意转向自身,以自律性、纯粹性为盾牌,保持一种抵抗商品社会秩序的缄默的姿态,阿多诺将其比喻为"这是用枪口对着自己的脑袋"②,从而使形式变成了内容,审美变成了意识形态,艺术变成了实际行动。因此不妨说,现代主义是一个否定性的概念,在当时语境中它否定一切、拒绝一切。而这种否定的立场毋宁说更是一种政治态度。伊格尔顿借用挪威画家蒙克的表现主义绘画《嚎叫》

---

① [美]道格拉斯·凯尔纳、斯蒂文·贝斯特著,张志斌译:《后现代理论》,中央编译出版社1999年版,第31页。
② [英]特里·伊格尔顿著,王杰、傅德根、麦永雄译:《审美意识形态》,广西师范大学出版社1997年版,第369页。

来说明这一道理,画面中的人不知性别,没有头发,鼻孔外露,眼神空洞,整个头脸像个骷髅,最引人注意的是尽力咧开的嘴巴和大声嚎叫的表情,双手紧捂着耳朵的动作更加助长了这种嚎叫的力度和尖利度,但其声音再强也无法穿透画布的屏蔽,这是一个被剥去了社会特征的生物性的肉体。伊格尔顿指出这幅画带有抗拒市场权力和工具理性的政治意味:"我们现在进入了晚期资本主义,进入一个明显空洞的、具体化的、理性的和管理化的领域。你不能通过有组织的技术迫使其屈服,因此你不得不采取沉默的嚎叫",从而"审美成为秘密的颠覆、沉默的反抗,以及顽固地拒绝的游击战术"。正是在这个意义上,特里·伊格尔顿说:"审美的自律性成为一种否定性政治。"这样,现代主义便用极端的自律性超越了康德倡导的美学现代性,它不是把审美活动与纯粹理性、实践理性相互割裂开来,而是"把审美与其他两个系统合拢起来,努力把艺术与社会实践重新挂起钩来"①。同理,现代主义开启了一种审美政治,通过极端的自律性将审美与政治实践重新挂起钩来。

关于审美政治的存在方式,詹姆逊也有很好的论述。他认为,对于艺术作品,最终还是必须做出政治上的判断。他说:"我历来主张从政治社会、历史的角度阅读艺术作品,但我决不认为这是着手点。相反,人们应从审美开始,关注纯粹美学的、形式的问题,然后在这些分析的终点与政治相遇。人们说在布莱希特的作品里,无论何处,要是你一开始碰到的是政治,那么在结尾你所面对的一定是审美;而如果你一开始看到的是审美,那么你后面遇到的一定是政治。我想这种分析的韵律更令人满意。不过这也使我的立场在某些人看来颇为暧昧,因为他们急不可待地要求政治信号,而我却更愿意穿越种种形式的、美学的问题而最终达致某种政治的判断。"②例如布莱希特创作了许多政治题材的戏剧作品,寄寓着他对种种社会问题的政治思考,如《马哈哥尼城的兴衰》《三分钱歌剧》《卡拉尔大娘的枪》《伽利略传》《四川好人》《高加索灰阑记》等。然而布莱希特的政治自觉始终是与美学追求结合在一起的,那就是通过创建"史诗剧"这一剧种和确立"间离效应"原则而实现的艺术革新。他说:"现在是尝试对这种戏剧(按指"史诗剧")在美学中的地位进行检验的时候了,至少要为这样一种戏剧勾勒一个可以设想的美学草案。离开美学来描述间离论,大约是非常困难的。"③正因为如此,在布莱希特的剧作中可以看到

---

① [英]特里·伊格尔顿著,王杰、傅德根、麦永雄译:《审美意识形态》,广西师范大学出版社1997年版,第369页。
② [美]詹明信著,张旭东编,陈清侨等译:《晚期资本主义的文化逻辑:詹明信批评理论文选》,生活·读书·新知三联书店1997年版,第7页。
③ [德]贝托尔特·布莱希特:《戏剧小工具篇》,见《外国现代剧作家论剧作》,中国社会科学出版社1982年版,第85-86页。

政治通往审美,而审美又通往政治的回环往复运动,二者总是表现出相摩相荡的"韵律"。这种"韵律"恰恰就是审美政治的常态和最佳境界,审美活动的政治功效可谓是"有意栽花花不发,无心插柳柳成荫",那种在政治诉求上直奔主题而无视审美形式的急功近利态度最后总是欲速而不达。

不过,肯定对于艺术作品最终势必在政治上做出判断,并不意味着这种政治判断是以现实的、直观的模样现身,它往往是以隐秘的、抽象的形式潜入人类群体的心灵底层,凝结为一种集体无意识,以文学艺术和大众文化的象征形式得到表达并继续发挥作用的。伊格尔顿是最早提出"文化政治"的理论家之一,他针对"文化政治"兴起之初出现的偏差提出了尖锐的批评。当时有些"左派批评家"认为美学属于"资产阶级的意识形态",必须为文化政治这一替代形式所击溃和取代。伊格尔顿对此不予苟同,认为这种全盘否定美学的偏致只能导致非辩证的庸俗化倾向。[①]在伊格尔顿看来,上述偏见基于一个绝大的误解,那就是忽视了美学与政治之间固有的联系,从而将二者对立起来。他指出:"审美只不过是政治之无意识的代名词:它只不过是社会和谐在我们的感觉上记录自己、在我们的情感里留下印记的方式而已。美只是凭借肉体实施的政治秩序,只是政治秩序刺激眼睛、激荡心灵的方式。"[②]可见,美学中有政治,只不过美学中的政治往往不是以现实的、直观的模样现身,而是以潜在的、抽象的形式若隐若现。它像一座冰山的底座潜藏在海面之下,深不可测但体量巨大,正是它托举着冰山的顶端。其深层机理在于,人们对于种种事物的政治态度遭到压抑以后沉入意识底层,经过长期积累和沉淀转化为一种集体无意识,一旦条件成熟,它便会以某种象征形式出现,而美学就是这种象征形式。因此伊格尔顿称之为"政治无意识"。詹姆逊对于"政治无意识"也做了深入的探讨,他用诺思罗普·弗莱的"原型说"来说明之,弗莱认为在诗的背后终究是"原型"在起作用,一种经常出现的意象、情节和题材,背后可能就有一个潜在的原型,因此可将文学作品划分为四重图式,即直义的和描写的、形式的、神话的或原型的以及神秘解释的。詹姆逊认为只有在第三个层面,即在神话的或原型的层面"才达到真正的阐释"。[③]这一阐释也适用于后现代审美景观,一旦条件具备,这种"政治无意识"便会从民族、人种、族裔、地域、身份、性别、年龄等各种领域和路径浮

---

① [英]特里·伊格尔顿著,王杰、傅德根、麦永雄译:《审美意识形态》,广西师范大学出版社1997年版,《导言》第8页。
② [英]特里·伊格尔顿著,王杰、傅德根、麦永雄译:《审美意识形态》,广西师范大学出版社1997年版,第26-27页。
③ [美]弗雷德里克·詹姆逊著,王逢振、陈永国译:《政治无意识——作为社会象征行为的叙事》,中国社会科学出版社1998年,第59页。

出海面,升华为一种象征性的审美文本。如今族裔文学在西方发达国家异军突起,生态批评在发达工业社会成为显学,我国从新时期到新世纪女性主义文学独树一帜,以"80后写作"为代表的青年文学取得骄人的市场效益等,都说明这种"政治无意识"一旦升华为审美政治,便会对于现实生活发挥特殊的实际效用,而这恰恰为一般实践政治所不及。

下篇　文化政治的学理脉络

一、文化政治与身份差异

20世纪60年代以来,"文化"从带有古典色彩、精英气质的奥区变成了一个充满了政治冲突火药味的战场,文化对于政治冲突的介入和主导导致了"文化政治"的横空出世,它极其深刻地支配着全球的议事日程,影响着每一个人的日常生活。原始要终,可以在文化政治中梳理出一条清晰的脉络,即德里达解构理论的逻辑,正是它关连着文化政治的由来和前景。而这一点恰恰容易被人们所忽视。按说解构主义是从结构主义中脱胎而来,是"语言学转向"走到尽头,在形式主义营垒中发生的化蛹为蝶的蜕变,与文化政治这种轰轰烈烈的社会运动互不搭界,尤其是以晦涩难通著称的德里达式的玄思,与这种日常化和世俗化的政治形态更是大异其趣。然而正是在这看似不相干的两端之间却暗藏着种种勾搭连环的玄机。

回眸近几十年来的世界史,人们不会不对期间种种社会思潮的起起落落留下深刻印象,包括女权主义运动、民族解放运动、种族斗争运动、同性恋运动、绿色和平运动等。这些社会思潮具有强烈的政治色彩,我们却不能将其当作以往反剥削、反压迫的阶级斗争和革命运动的延续,它有着迥然不同的标准,即文化的标准,与性别、民族、种族、族裔、性等文化身份的归属有关,属于文化身份之争且带有显著的政治意味,于是有了"文化政治"的概念;也正因为以文化身份为划分标准,所以又有了"身份政治"以及"性别政治""种族政治""性政治""地缘政治""生态政治"等说法。①

---

① 1991年,美国籍非裔女作家贝尔·胡克斯的《向往:种族、性别和文化政治学》(Yearning: Race, Gender, and Cultural Politics)一书出版,第一次提出"文化政治学"的概念,这可以视为文化政治研究的发端。此后同在1994年有两本以"文化政治学"为名的著作问世,一是格伦·乔丹和克里斯·威登的《文化政治学:阶级、性别、种族和后现代世界》(Cultural Politics: Class, Gender, Race and Postmodern World),一是艾伦·森费尔德的《文化政治学:酷儿读本》(Cultural Politics: Queer Reading)。当今文化研究中大力推崇文化政治学的是弗雷德里克·詹姆逊和特里·伊格尔顿,他们不仅以卓著的理论建树推进了文化政治学,而且在具体的文学、文化研究中采用文化政治批评方法,取得了许多重要的成果。

历来不同人群的文化身份是有高低优劣之分的,男人/女人、白色人种/有色人种、西方人/东方人、富人/穷人、城里人/乡下人、青年人/老辈人,从来就不是被一视同仁、等量齐观的。人们往往习惯成自然地认定某种身份优于其他身份,譬如男人优于女人,白色人种优于有色人种,西方人优于东方人,富人优于穷人,城里人优于乡下人,如此等等。其极端表现就是性别歧视、种族歧视、民族主义、地方主义等社会偏见的流行。造成这些社会偏见的是一种先验的本质主义,它将身份差异奉为天经地义、不证自明的公理,视为不同人群与生俱来、一成不变的本质,并据此对各种人群进行归类和分层,即所谓"物以类聚,人以群分"。

　　这种在男人/女人、白人/黑人、富人/穷人、西方人/东方人等不同群体之间形成的身份差异导致了文化政治的产生,因为"群体之间的关系是一种权力关系"[①],不同群体之间存在着各种身份差异,有多少种身份差异就有多少种权力关系,如男人对女人的权力、白人对黑人的权力、富人对穷人的权力等。而权力关系也就是政治关系,因为政治的核心问题就是权力问题,政治的要旨或功能就在于处理和协调不同人群之间的权力关系。人群之间的身份差异无所不在,因此权力关系无所不在,于是政治也就无所不在。但是不同人群的身份差异往往有其文化的规定性,属于文化身份的殊异,由此引出的政治问题就是"文化政治"。这一认识刷新了历来对于"政治"概念的理解,不是将政治的内涵仅仅囿于阶级、党派、制度等社会关系,而是将其扩展到所有的文化关系,延伸到性别、性、种族、民族、族裔、贫富、年龄等方面,与种种文化身份和群体关系攸关。而后者过去往往是不被划归"政治"范畴的,如今却作为"文化政治"而获得广泛的承认。特里·伊格尔顿对此做出如下论述:

　　　　"文化"这个词……它现在的意思是对一种特殊身份——国家的、性别的、种族的、地域的——的肯定而不是超越。鉴于这些身份都自认为受到了抑制,曾经一度被构想为一致性的领域已经被转变成了一个冲突的地带。简而言之,文化已经由解决办法的组成部分一跃而成了问题的组成部分。文化不再是解决政治争端的一种途径,一个我们纯粹地作为人类同伴在其中彼此遭遇的更高级或更深层的维度,而是政治冲突辞典本身的组成部分。……对于过去几十年间支配全球议事日程的激进政治的三种形式——革命的民族主义、

---

① [英]阿雷恩·鲍尔德温等著,陶东风等译:《文化研究导论》(修订版),高等教育出版社2004年版,第143页。

女权主义和种族斗争,作为符号、形象、意义、价值、身份、团结和自我表达的文化,正好是政治斗争的通货,而不是其威严的选择对象。①

总之,文化身份差异的存在导致了文化权力的生成,而文化权力的生成则使得文化政治的出现成为必然。

二、德里达:对传统形而上学的批判

如果对于上述理论逻辑和学术脉络做进一步的鉴别和厘定的话,那么就不难发现,"文化政治"的形成与德里达的解构理论不无关系。

德里达的解构理论一般不涉及文化政治的具体现象和各种义项,很少对性别、民族、年龄、贫富等具体问题加以讨论,但值得注意的是,德里达在开创解构理论之始就表现出建立一门"人文科学"和标举"人的目的"的巨大热情,而他的目光恰恰投向了种族学,认为在人文科学中,种族学占有非常特殊的地位。他说:

> ……种族学作为一门科学只能产生于当取消中心的活动已经出现的时刻:……这个时刻并不主要是一个哲学或科学论说的时刻,它也是一个政治、经济、技术等等的时刻。人们可以完全肯定地说对种族中心主义的批判——这是种族学的根本条件——无论在系统上还是在历史上都与对形而上学史的摧毁是同时的,这种批判决不是偶然的。两者同属于一个时代。②

不妨认为,德里达这里对于"种族学"的理解代表了对于人的问题的一般看法,而人的问题的展开,便是文化政治所涉的具体现象和各种义项。

德里达所要摧毁的形而上学史,就是从古希腊哲人到卢梭、黑格尔再到索绪尔、列维-斯特劳斯、弗洛伊德、胡塞尔、海德格尔的西方形而上学传统,他认为这一形而上学传统普遍奉行逻各斯中心主义(logocentrism)。"逻各斯"(logos)一说是沿用古希腊人的说法,古希腊人所说的"逻各斯"是指本质、规律和原则,这是万事万物的本真之所在,也是人们必须恪守的准则。对于逻各斯的崇尚和追求始终是哲学的信念和动力,哲学受到这种逻各斯冲动的驱使而去认识世界、把握世界。同时,从古希腊人开始,神和上帝就是逻各斯的化身,在基督教文化传统中逻各斯又

---

① [英]特里·伊格尔顿著,方杰译:《文化的观念》,南京大学出版社2003年版,第44页。
② [法]雅克·德里达著,刘自强译:《人文科学语言中的结构、符号及游戏》,见戴维·洛奇编,葛林等译:《二十世纪文学评论》(下册),上海译文出版社1993年版,第541页。

被赋予了宗教的意味。因此,西方形而上学无论宗教还是哲学都以围绕逻各斯这一中心运转而确证自身的功能和价值,它们充满激情孜孜以求的一桩事就是,对于逻各斯做出言说和定义,使逻各斯得到透彻的呈现。总之,"逻各斯中心主义"就是以逻各斯为中心的先验本质主义。

在德里达看来,逻各斯中心主义有以下要义:一是本质论。在历史上曾经出现过的哲学或宗教派别,都致力对逻各斯作出自己的阐释和界定,因此西方形而上学的历史,可以说就是这种阐释和界定不断更替、相互连缀的历史,名义永在变化,但本质只是一个。德里达曾用存在论的语言说明这一点:"人们可以指出所有的这些依据,原则或中心的名称都是万变不离其宗地指一种'在'。"①而标示"在"的名称可以是观念,起源,目的,灵魂的力量,生机,本质,存在,实质,主体,真理,超验性,意识,上帝,人,等等。二是二分法。德里达在历来的形而上学理论中找到了一条主导线索,从中理出了逻各斯中心主义的基本准则,那就是二元对立或称二项对立原则。虽然这种二元对立有种种假象和伪装,但其渊源古老而悠久,在古希腊的诡辩术中就有精彩的演绎。在现代理论中这种二元对立的势头表现出较之古代哲理毫不逊色的坚挺,例如自然/文化、能指/所指、言语/文字、意识/无意识、在者/存在等,这种二元对立甚至重要到这个份儿上——一旦失去它们,列维-斯特劳斯、索绪尔、弗洛伊德、胡塞尔、海德格尔等人的理论便统统不能成立。三是等级制。这种建立在本质论上的二元对立从来就是不平等的,德里达指出:"从柏拉图到卢梭,从笛卡尔到胡塞尔,所有的形而上学家都因此认定善先于恶,肯定先于否定,纯先于不纯,简约先于繁杂,本质先于意外,被模仿的先于模仿。这不仅是众多形而上姿态中的一种,它是形而上学的当务之急,是最为恒久、最为深刻、最具潜力的程序。"②这里所说的"先于"不只是指在时间上"早于",更是指质态上"优于",不只是先后之分,更是优劣之分。乔纳森·卡勒对此做了进一步的说明:"一些二元对立如意义/形式、灵魂/肉体、直觉/表现、字面义/比喻义、自然/文化、理智/情感、肯定/否定等等,其间高一等的命题是从属于逻各斯,所以是一种高级呈现,反之,低一等的命题则标示了一种堕落。逻各斯中心主义故此设定第一命题的居先地位,参照与第一命题的关系来看第二命题,认为它是先者的繁化、否定、显形或瓦解。"③可见,这种逻各斯中心主义倡导的二元对立从来就有优劣高低、上下尊卑

---

① [法]雅克·德里达著,刘自强译:《人文科学语言中的结构、符号及游戏》,见戴维·洛奇编,葛林等译:《二十世纪文学评论》(下册),上海译文出版社1993年版,第537页。
② [法]雅克·德里达:《有限公司》,转引自[美]乔纳森·卡勒著,陆扬译:《论解构》,中国社会科学出版社1998年版,第79页。
③ [美]乔纳森·卡勒著,陆扬译:《论解构》,中国社会科学出版社1998年版,第79页。

之别。

逻各斯中心主义作为一以贯之的西方形而上学传统,势必会向社会历史乃至日常生活渗透,成为一种不证自明的公理和惯例,甚至成为一种不成文的禁忌和戒条。德里达指出,这种两项对立自古已然,如今则无所不在,"自从 physis/nomos,physis/Techné(自然/法律,自然/艺术)两项对立以来,它通过一整串的历史链环传给了我们;这串链环使'自然'对立于法律,教育,艺术,技术,同时也对立于自由,任意性,历史,社会,精神等等"①。正是在这种不断扩散和泛化的过程中,有了男人/女人、白色人种/有色人种、西方/东方、发达国家/发展中国家等文化身份的二元对立模式的出现,并逐步成为一种体制化、规范化的东西,甚至形成森严的等级制度。在这一过程中,经济活动、物质生产、生产力水平、社会分工等社会历史因素起着不可忽视的推动作用。值得注意的是,从自然/文化、能指/所指、意识/无意识、在者/存在等哲学概念的二元分立到男人/女人、白人/黑人、富人/穷人、青年人/老辈人等文化身份的二元对峙,逻各斯中心主义的哲学意味逐渐变淡,而文化政治的色彩则日益加重。

这种在西方形而上学中一以贯之的逻各斯中心主义,正是德里达表示质疑并予以拆解的,德里达提倡一种新的"理性","它开始拆毁所有源于逻各斯的意义的意义,但不是毁坏,而是清淤和解构。对真理的意义尤其如此"②。这种解构理性对于西方传统价值体系的拆解无疑是颠覆性的,其冲击力之大堪与尼采宣告"上帝死了"引起的"地震"匹敌。

三、解构策略:文字学颠覆语言学

那么,德里达是如何走上反逻各斯中心主义之路的呢?质言之,德里达是从语言学出发,对于传统语言学内在的根本矛盾提出质疑,由此颠覆构筑在语言符号之上的形而上学传统,进而对逻各斯中心主义实行消解的。

以文字学颠覆语言学,这是德里达对于传统语言学采用的主要解构策略。在逻各斯中心主义主宰的时代,在语言学中,语言总是备受抬举,文字总是横遭贬斥。人们认为语言是心灵的直接表达,而文字只是语言的从属,从语言派生出来,文字的存在理由就在于表现语言。索绪尔的说法具有代表性:"语言和文字是两种不同

---

① [法]雅克·德里达著,刘自强译:《人文科学语言中的结构、符号及游戏》,见戴维·洛奇编,葛林等译:《二十世纪文学评论》(下册),上海译文出版社1993年版,第542页。
② [法]雅克·德里达著,汪堂家译:《论文字学》,上海译文出版社2005年版,第13页。

的符号系统,后者唯一的存在理由是在于表现前者。"①对此我国古人早有论述,即所谓"书不尽言,言不尽意"(《周易·系辞上》)。"丝不如竹,竹不如肉。……渐近自然。"(《世说新语·识鉴》引《孟嘉别传》)就是说,声音比器物更能表达人的心灵和性情,从言语到文字,对于情感意蕴的传达呈渐次衰减的趋势。按说文字必须借助书写媒介来传达,受到物理的阻隔,从而比起声音来表达心灵的功能就等而下之了。这就像认识一个人,不是去看他的相貌,而是看他的相片,效果就差了。

德里达对此持有异议。他认为,文字并非语言的派生物、附属物和表层形式,恰恰相反,毋宁说文字的意义超越了语言的范围,"从任何意义上说,'文字'一词都包含语言","语言就其起源和目的而言,似乎只会成为文字的一种要素,一种基本的确定形式,一种现象,一个方面,一个种类"。②理由是,从古而今,人们往往用"文字"来表示书面铭文、象形文字和表意文字,还用来表达电影、舞蹈、绘画、音乐、雕塑等,"文字"也可以指竞技文字、军事和政治文字,今天生物学家将生命细胞中的最基本信息称之为"文字",控制论必须保留种种痕迹、书写语言或书写符号概念等"文字",数学的书写符号也一直被视为最简便、最智慧的文字。进而言之,语言也是一种文字,德里达说:"语言学符号不管是否先被'书写符号''记录''描述''刻画',都包含一种原始文字。"③总之,文字具有自然性、本源性、原始性,文字史始终与人类学齐头并进,文字学始终与人文科学结有不解之缘。

鉴于这一认识,德里达指出,索绪尔的语言学理论中存在着两个根本性的矛盾。第一个矛盾是,索绪尔将语言学的研究对象仅仅确定为语言,将语言符号仅仅确定为概念和音响形象的结合,而这恰恰违反了他自己对于语言符号一般原则的界定,即语言符号中能指和所指的联系是任意的,语言符号的表达手段是约定俗成的。因为根据一定社会所接受的表达手段,根据一定社会的集体习惯或约定俗成,语言符号完全可以由书写的、文字的能指充当,而未必都由口说的、语音的能指构成。德里达指出:"在这一领域中,可能会出现某种约定俗成的、狭义和派生意义上的'书写'能指,这种能指受它与其他约定俗成的能指的某种关系所支配。"④在这个意义上说,文字是一种原始创造,是语言的起源,语言由文字派生出来,也未始不可。德里达据此认为:"文字先于言语而又后于言语,文字包含言语","文字是言语

---

① [瑞士] 费尔迪南·德·索绪尔著,高名凯译:《普通语言学教程》,商务印书馆1980年版,第47页。
② [法] 雅克·德里达著,汪堂家译:《论文字学》,上海译文出版社2005年版,第8、10页。
③ [法] 雅克·德里达著,汪堂家译:《论文字学》,上海译文出版社2005年版,第73页。
④ [法] 雅克·德里达著,汪堂家译:《论文字学》,上海译文出版社2005年版,第61页。

的前夜"。①

第二个矛盾是,索绪尔将文字的体系区分为两种:一是表意体系,一是表音体系。索绪尔认为在表意体系中,"一个词只用一个符号表示,而这个符号却与词赖以构成的声音无关。这个符号和整个词发生关系,因此也就间接地和它所表达的观念发生关系。这种体系的典范例子就是汉字"②。值得注意的是,索绪尔以汉字为例来说明表意体系中文字符号与语音没有必然联系,这就提出了一个颇有意思的话题。按汉字的构造法有"六书"之说,即象形、指事、会意、形声、转注、假借等六法。其中除了"形声"之外,其他诸法与语音似均无关系。再说"形声"之法,许慎的解释是:"形声者,以事为名,取譬相成。江、河是也。"(《说文解字·序》)形声字一般由义符和音符两部分构成,如江、河二字,"氵"为义符,"工、可"为音符。所谓"以事为名,取譬相成"主要指其表意,而非指其表音。就表音而言,"江、河"并不像拼音文字如英语那样按照字母 river 来发音,而是按照音符发音,但其读音 jiāng hé 与音符的构形"工""可"并无必然联系。总之,汉字词汇作为一种表意体系主要与义符相关,而与音符的读音无关,音符的读音只是约定俗成的结果。正如莱布尼兹所说:"言语是通过发音提供思想符号。文字是通过纸上的永久笔划提供思想符号。后者不必与发音相联系。从汉字中可以明显地看到这一点。"③对此德里达也表示出浓厚的兴趣,他说:"中国文字在我眼中更有趣的常常是它那种非语音的东西。"④由此可见,索绪尔确认表意体系与声音无关恰恰与其一再强调的"文字唯一的存在理由是在于表现语言""符号是概念和音响形象的结合"等观点相互龃龉。因此,德里达毫不讳言在索绪尔那里行为与意图处于紧张关系,类似楚人既鬻其盾又鬻其矛:"一个明显的意图不言而喻地证明了文字学的从属地位,证明了历史-形而上学已将文字归结为服务于原始而充分的言说的工具。但是,另一种行为开辟了普通文字学的未来,语言学-音位学则只是这种文字学的一个附属的专门领域。"⑤

德里达花费这么大力气来为文字学正名,将文字从以往受贬低、遭排斥的境地

---

① [法]雅克·德里达著,汪堂家译:《论文字学》,上海译文出版社 2005 年版,第 348、349 页。
② [瑞士]费尔迪南·德·索绪尔著,高名凯译:《普通语言学教程》,商务印书馆 1980 年版,第 50-51 页。
③ 《莱布尼兹的著作与未刊残稿》,转引自[法]雅克·德里达著,汪堂家译:《论文字学》,上海译文出版社 2005 年版,第 115 页。
④ [法]雅克·德里达著,张宁译:《书写与差异》(上册),生活·读书·新知三联书店 2001 年版,《访谈代序》第 11 页。
⑤ [法]雅克·德里达著,汪堂家译:《论文字学》,上海译文出版社 2005 年版,第 40 页。

中超拔出来,确认文字比语言更具本源性、原发性,说明不是文字从属于、派生于语言的,而是更高于、更优于语言,这并非为了否定以往以语言为本位的逻各斯中心主义而代之以新的以文字为本位的逻各斯中心主义,而是旨在颠覆崇尚逻各斯中心主义的传统形而上学。德里达说得明白,为文字学正名,"严格说来,这等于摧毁了'符号'概念以及它的全部逻辑"①。

那么,德里达的所思所论是否都有道理呢?其实未必。其中往往存在着逻辑错误。譬如德里达为了说明文字超越语言并且包含语言,便对文字做了十分泛化的论证,涵盖了种种书写和文本,其实犯了偷换概念的毛病,将广义的文字概念与狭义文字概念混为一谈了。又如从确认表音文字之外表意文字、表形文字存在的可能性而进一步做出"文本之外空无一物"②的论断,又有以偏概全之弊,即便根据常识来判断,表意文字和表形文字的存在并不以表音文字的缺位为前提。凡此种种,只是说明一个问题,那就是德里达的解构主义具有很强的策略性,与其把它理解为一种语言学、文字学以及文学意义上的阅读和阐释方法,不如把它看作一种哲学策略、一种解构策略。德里达对此曾做如下解释:

> 传统哲学的一个二元对立命题中,除了森严的等级高低,绝无两个对项的和平共处,一个单项在价值、逻辑等等方面统治着另一个单项,高居发号施令的地位。解构这个对立命题归根到底,便是在一特定时机,把它的等级秩序颠倒过来。③

因此不难理解,当这种解构策略与语言学、文字学的学理狭路相逢时,让道的往往不是前者而是后者。

四、两个战场:形式主义与历史主义

1967年,德里达集束式地出版了三本著作——《书写与差异》《论文字学》和《声音与现象》,奠定了他的后结构主义理论,其中最具奠基意义的是1966年他在美国霍普金斯大学的人文科学讨论会上发表的《人文科学语言中的结构、符号及游戏》一文(后收入《书写与差异》一书),在该文中德里达的解构理论已成雏形。后来

---

① [法]雅克·德里达著,汪堂家译:《论文字学》,上海译文出版社2005年版,第8页。
② [法]雅克·德里达著,汪堂家译:《论文字学》,上海译文出版社2005年版,第237页。
③ [法]雅克·德里达:《立场》,转引自[美]乔纳森·卡勒著,陆扬译:《论解构》,中国社会科学出版社1998年版,第72页。

德里达在谈到该书该文时,坦承其解构理论的形成受到当年山雨欲来的政治风云种种前兆的激荡。翌年春天在巴黎爆发的"五月风暴"在很大程度上改变了法国以及欧洲的历史进程,其勃勃涌动的变革精神则提前催醒了那些敏感的学术思想,于是德里达的解构理论应运而生。因此德里达的解构理论虽然萌发在结构主义的营垒之中,属于语言学、文字学范畴,但却秉有天生的入世冲动和政治热情。这就决定了德里达必须一只眼盯着语言学、文字学范围内发生的事情,另一只眼盯着社会历史、现实政治领域内的变动,犹如同时在两个战场上作战。他说:"我一直有两个战场。关于这个时期我所处的这种情况从未停止过。事实上,我一直被两种必要性拉扯着,或者说我一直尝试公平对待两种可能看起来相互矛盾或不兼容的必要性:解构哲学,……但无论在写作中还是在授课中,我总是始终尝试尽可能地同时采取两种姿态。"[1]通常人们对于德里达解构理论的认识往往只限于语言哲学、语言研究,将其归于结构主义、形式主义一路,其实不然,毋宁说德里达的解构理论恰恰不乏历史主义的价值取向,对于文化政治的兴起起到了深层次的导向作用。

首先,德里达并不将解构理论看作一种超越于社会历史、现实政治之上的抽象的语言哲学、形式理论,而是始终强调它的社会责任和历史担当,肯定解构是对于社会历史、现实政治的一种立场、一种态度、一种挑战。他说:"那种一般的解构是不存在的。只存在在既定文化、历史、政治情境下的一些解构姿态","解构不是一种简单的理论姿态,它是一种介入伦理及政治转型的姿态"。[2]德里达还进一步明确,解构理论的一个重要历史担当在于对渗透在社会体制和政治结构中的传统形而上学的摧毁,对无所不在的逻各斯中心主义的消解,而这一点已经超出了一般哲学话语的范畴,具有了更加普遍的意义,延伸到更为广阔的社会历史空间。他说:"解构不是,也不应该仅仅是对话语、哲学陈述或概念以及语义学的分析;它必须向制度、向社会的和政治的结构、向最顽固的传统挑战。"[3]因此,解构并不是案头物,并不是纸上谈兵,并不是大学课堂上限定的东西,不是大学教授的批判活动,它本身就是一个历史性运动。

唯其如此,解构的目标总是与时俱进,随着社会、历史、现实情境的变化而变化的,没有那种一成不变的解构兴趣。德里达在世纪之交接受采访时特地说明,他后

---

[1] [法]雅克·德里达著,张宁译:《书写与差异》(上册),生活·读书·新知三联书店2001年版,《访谈代序》第4—5页。
[2] [法]雅克·德里达著,张宁译:《书写与差异》(上册),生活·读书·新知三联书店2001年版,《访谈代序》第14、15页。
[3] [法]雅克·德里达著,何佩群译:《一种疯狂守护着思想——德里达访谈录》,上海人民出版社1997年版,第21页。

来的解构兴趣与40年前首倡解构理论时已大不一样，"因为情况发生了变化，哲学场域、政治场域在法国、欧洲及世界皆发生了变化"①。语境一变，解构的冲动必然随之而变，如今的解构活动已经突破了人文科学仅仅在大学教育中形塑人们自我意识的有限范围，推而广之扩散到更大的社会历史空间，成为社会变革多种张力汇聚的焦点。德里达说："被称为'解构'的东西（理论上）涉及到，（实践上）参与了一种（技术—科学的、政治的、社会—经济的、人口统计的）深远的历史改革。这种改革影响到标准，我们与语言和翻译的关系、位于文学、文学理论、哲学、'硬'科学、心理分析、政治学等之间的边界，等等。因而解构处在了……'张力'的中心。"②在德里达看来，在经济、科学、技术、宗教乃至军事等领域中都存在着解构问题，例如海湾战争，就是一桩向逻各斯中心主义叫板的解构事件。凡此种种，牵扯到大量的文化政治问题，而德里达的解构理论则为考量和解决这些文化政治问题提供了新的概念和方法。

其次，德里达的解构理论推动了人文学术的后现代转折，它对于具体性、微观性、差异性、多样性和日常性的倡导营造了一种后现代氛围，从而催生了种种后现代理论，构成了文化政治的重要理论支撑。这些后现代理论包括福柯的权力理论、德勒兹和加塔利的欲望理论、博德里拉的符号价值理论、利奥塔的多元公正理论等，其共同特点在于对传统形而上学的本质论、二分法和等级制的消解，而这一点恰恰受到德里达解构理论的激活。例如福柯提出了一种新的后现代权力观，认为权力不应是一元的、总体的、集中的、既成的，而应是多元的、局部的、分散的、生成的。福柯认为，以往权力的主流模式是法权模式，它借助法律、法规、道德、政治来确定权力的拥有和使用，他对此不抱认同态度，转而倡导一种新的生物性模式，称之为"生物性权力""人体解剖政治"，它与社会人口的具体现象和特殊变量打交道，如出生率、死亡率、寿命期望值、生育力、健康状况、疾病发生率、饮食起居模式等。③福柯说："事实上，没有比权力的实施更加物质的、生理的和肉体的了。"④以往被法律、法规、道德、政治严密监控的权力是排斥和无视物质、生理和肉体的，晚近以来，人们才逐渐认识到这种沉重、压抑的权力形式并非不证自明、必不可少，当今

---

① ［法］雅克·德里达著，张宁译：《书写与差异》（上册），生活·读书·新知三联书店2001年版，《访谈代序》第14页。

② ［法］雅克·德里达著，何佩群译：《一种疯狂守护着思想——德里达访谈录》，上海人民出版社1997年版，第224页。

③ 见［美］道格拉斯·凯尔纳、斯蒂文·贝斯特著，张志斌译：《后现代理论——批判性的质疑》，中央编译出版社1999年版，第64—65页。

④ ［法］福柯著，严锋译：《权力的眼睛——福柯访谈录》，上海人民出版社1997年版，第171页。

工业社会,如果权力的运作能对物质、生理和身体进行调节,那就足够了。福柯还提倡权力的日常化,认为权力不仅存在于制度化的机构中,而且渗透在整个社会网络和日常生活之中。他认为:"政治权力的实施还间接地取决于一些表面上与政治权力无任何干系,似乎独立于政治权力之外而实则不然的机构。"①这些机构包括银行、商场、公司、学校、医院、监狱、城市、家庭等,与日常生活息息相关、难分难解。又如德勒兹和加塔利的欲望理论,肯定欲望在本质上是积极的和生产性的,他们认为,欲望的运作往往是在其内在充沛能量的驱动下不断寻求与其他欲望之间常新的连接方式和展现方式。德勒兹和加塔利从社会经济的动力入手,分析了文化、家庭以及心理的发展过程,认为社会经济原本就植根于欲望及其生理力量的物质性之中。②可见,福柯等人总是将重大的社会历史问题归结为生命、人生、家庭、族类、肉身、官能、欲望、情感等个体性、身体性、自然性方面,与人的生理学、遗传学、解剖学因素相连,而这一切恰恰是每个人打一出生就置身其中且终身不能摆脱的命运际遇。

从福柯等人的后现代理论中可以看到德里达的影子在晃动,德里达的语言学将能指置于所指之上,将表象置于意义之上,将分散置于集中之上,将过程置于结论之上,到了福柯等人那里就置换为将本能置于理性之上,将肉体置于精神之上,将潜意识置于意识之上,将人性置于法权之上。有论者敏锐地指出,这些后现代理论与德里达的解构理论彼此呼应,在社会历史研究中演绎和引申了后者提出的"延异""播撒"等基本概念。③所谓"延异""播撒"等概念是德里达解构理论的重要支柱。以能指的游戏取代语言符号的意义中心论或所指中心论,是德里达对于传统语言学采用的另一个解构策略。在德里达看来,语言符号意义的呈现过程,并非像以往所理解的那样由能指引向所指,而是在能指与能指之间不断进行的转换。这就像查字典,要弄明白一个词的意思,就必须去查另外的词,而要弄明白这另外的词,又要去查更多的词才能了解其含义,如此等等,永无止境。而语言符号的意义就生成于这一查找过程之中,查找的过程是无穷尽的,语言符号的意义实现也是无穷尽的。因此,意义的彰显只是在能指与能指之间展开的一场游戏。在这场游戏中,"比起极为丰富的能指所能涉及的所指来,能指是太丰富了",德里达认为,这种

---

① [法]福柯著,杜小真编选:《福柯集》,上海远东出版社1998年版,第238页。
② 见[美]道格拉斯·凯尔纳、斯蒂文·贝斯特著,张志斌译:《后现代理论——批判性的质疑》,中央编译出版社1999年版,第112、114页。
③ 见[美]道格拉斯·凯尔纳、斯蒂文·贝斯特著,张志斌译:《后现代理论——批判性的质疑》,中央编译出版社1999年版,第26-27、113-114页。

能指与能指之间无限的替换是一种"超量的表意法"。①从一个能指过渡到另一个能指,在空间中势必存在差异,在时间上势必有所延宕,德里达生造了 différance(延异)一词,将延宕、推迟等意思注入了"差异"的内涵之中。正是"延异"使得能指与能指之间出现了"间隔"(spacing)或"空隙"(lacune)。在这一连串能指与能指的相互过渡和转换中,意义就像种子一样"播撒"(dissemination)在不同能指之间的"间隔"和"空隙"之中,它们在语词的细节和碎片中生根、发芽、开花、结果,这就使得语言符号的意义彰显成为一个过程、一种进行时,而不是归结为某个终极性的所指,止步于某种超验性的中心。总之,在德里达创造的"延异""播撒""间隔""空隙"等概念中,始终贯穿着一条红线,那就是对于边缘性、流动性、差异性、分散性的崇尚,福柯等人的后现代理论恰恰从中获得了极大的启示、灵感和想象力,将其精光折射到兴会风发的文化政治之中。

再次,德里达批判传统形而上学、摧毁逻各斯中心主义的取向为 20 世纪 60 年代以来西方种种社会思潮凝定了内在的魂魄,为文化政治的形成输送了新的理论工具和思想武器。

按说德里达的解构理论是在知识领域发动的一场变革,但是他对于传统形而上学和逻各斯中心主义的批判却让人们大开眼界,在观察世界、审视历史时有了一个全新的角度和路径。其中得益最大的应是女性主义运动、性解放运动、种族斗争运动、环境保护运动等,这些时代新潮的缘起都在于文化权力的不平等,由于身份差异而造成的不同人群的二元对立,如男人/女人、白人/黑人、富人/穷人、精英/草根等,它们之间一直存在着文化权力的对峙、碰撞、争斗和较量,表现为压迫/抗拒、归并/趋异、中心/边缘、上升/下降等二元动力、二元趋势。以往男人压制女人、白人压制黑人、富人压制穷人、精英压制草根等格局的形成和维持,一直得到形而上学传统以及逻各斯中心主义的暗中支持和辩护。因此不难理解,当有一种声音对于这一传统理念提出挑战并使之发生动摇时,这些弄潮儿们似乎在惊涛骇浪中突然脚下踩到了坚实的土地,找到了赖以安身立命的支点,这种绝处逢生之机是何等地令人欢欣鼓舞啊!对此有论者这样描述:"毫不奇怪,后现代对多元性、差异性、他异性、边缘性以及异质性的强调,深深地吸引了那些发现他们自己被边缘化、被排斥到理性、真理和客观性声音之外的人。因此,从这一点上讲,后现代理论作为对现代性和现代话语的一种批判,对女性主义以及别的社会运动非常有利,它为女

---

① [法]雅克·德里达著,刘自强译:《人文科学语言中的结构、符号及游戏》,见戴维·洛奇编,葛林等译:《二十世纪文学评论》(下册),上海译文出版社 1993 年版,第 554 页。

性主义批判及提纲提供了新的哲学武器。"①在这个意义上可以说,上述时代新潮真该给德里达颁发一个大大的勋章!

譬如说弗洛伊德的精神分析学,它不啻是逻各斯中心主义的一个标本,其核心就是一种男性逻各斯中心主义,它为父权制的传统秩序提供理论依据。弗洛伊德提出一系列二元对立的命题:常态/病态、清醒/疯狂、经验/梦幻、意识/潜意识、生冲动/死冲动等,在这些命题中存在着明显的等级差别。其实上述所有命题统统建基于一个原生性命题,即男人/女人的等级对立。弗洛伊德维护的这一原生性的等级对立,正与西方传统中压制和排斥女性的积习相合拍,《圣经》声称女人只是男人身上的一根肋骨,男人由上帝创造,女人则是男人身体的一部分。另外,在英语中man指人,同时也指男人,而女人只是另类的人,故称之为woman。总之,只是把女人看成男人等而下之的附属品、衍生物。德里达以文字学颠覆语言学的解构策略为考量弗洛伊德精神分析学提供了一种新的尺度,正如论者所评价:德里达于研究文字命运中发现的过程,亦见于对妇女的讨论。有如文字,妇女被视为一种补充。②它掂量出弗洛伊德精神分析学只是为男性的权威和女性的沉沦提供证明、输送依据,因此有充分理由质疑弗洛伊德的精神分析学,它并非一种中性的学说,而是为父权制提供的一纸辩护书。德里达的解构策略,恰恰为女性主义运动所接受并成为其重要的思想背景。

最后,话还要说回来,对于德里达解构理论隐含的政治情结,一直以来诟病颇多,不少人批评德里达没有将这种政治热情诉诸实践和行动,将他看成"只说不练"的天桥把式。例如英国学者罗伊·博伊恩认为,在德里达那里得到的建议往往是在等级对立的双方去颠覆较高一方的特权而赞赏较低一方,德里达还宣称,解构主义并不中立,它要介入。但德里达的解构主义"并没有提供一个实践的社会理论,以指明这样一种介入,这样一种对较低方的赞赏会是何等模样,或者如何去实现这种介入"③。又如德里达在早期著作中对于女性主义曾经表示支持,但他始终没有指出该如何做到这一点,对此斯皮瓦克予以批评:"当德里达认为西方话语陷入了形而上学或阳具中心主义的局限之中时,他完全是在说,男人可以使自身的主体地

---

① [美]道格拉斯·凯尔纳、斯蒂文·贝斯特著,张志斌译:《后现代理论——批判性的质疑》,中央编译出版社1999年版,第269页。
② [美]乔纳森·卡勒著,陆扬译:《论解构》,中国社会科学出版社1998年版,第147页。
③ [英]罗伊·博伊恩著,贾辰阳译:《福柯与德里达——理性的一面》,北京大学出版社2010年版,第124页。

位成为问题,却无法从中彻底解脱出来。"①德里达解构理论知多行少、只说不做的特点反映了一般理论的普遍状况,即在理论批判与实践行为之间保持必要的张力,而不是将理论批判直接变成实际行动。德里达对于"批判"与"解构"这两个概念的关系曾做出如下解释:"我认为批判的理念必须永不被抛弃,它有一个历史和先决条件",但"我更愿意说解构是阅读与写作的一种形式或表现"。就是说,批判是永远必需的,但解构与批判之间还是需要保持一定的张力,正如马克思所说,"批判的武器"不能代替"武器的批判"。只不过德里达在"解构"概念中加入了更多文学意味。也正是出于同样的兴趣,当被人问到"能否说我们是处于一个解构的时代"的问题时,德里达作答:"让我们说这是一个具有某种解构主题的时代。"②

德里达谨守理论边界、眷恋文学家园的倾向,对于受其激荡的种种社会思潮以及文化政治来说仍然提供了必要的助力,起码从它作为一种必要的参照系,为文化政治铺设进一步超越的起跳板这一点上也完全可以这样说。美国女性主义批评家玛丽·朴维充分肯定了德里达解构理论的政治意义。她说:"由于解构主义可以拆毁二元对立的逻辑和特征,我相信解构主义已经并继续为女性主义批评提供了一个重要的武器。"关于德里达解构理论如何继续为女性主义提供思想武器的问题,玛丽·朴维提出了自己的主张,认为应在知行结合、体用结合的意义上重新改写德里达的解构理论以发挥其现实的政治功能,而这一历史使命可以由女性主义来完成。她说:"我要提议女性主义必须重新改写解构主义以便把解构主义的策略置放进一个政治规划之中","女性主义从公开的政治立场上来运用解构主义和其他后结构主义的策略将会最终完全重写解构主义,以至把解构主义抛弃在后边"。③重写德里达,超越德里达,这不就是德里达解构理论的凤凰涅槃、浴火重生吗?

五、文化政治的中国问题

既然不同人群的身份差异无所不在、权力关系无所不在,因而文化政治也就无所不在,那么文化政治在国外成为热点之际,它在国内也不应成为一个陌生的概念和被冷落的领域。然而由于历史不同、传统不同、国情不同,中国的文化政治势必形成自身的特有问题。

---

① [英]罗伊·博伊恩著,贾辰阳译:《福柯与德里达——理性的一面》,北京大学出版社2010年版,第139页注(7)。
② [法]雅克·德里达著,何佩群译:《一种疯狂守护着思想——德里达访谈录》,上海人民出版社1997年版,第46页。
③ [美]玛丽·朴维:《女性主义与解构主义》,见张京媛主编:《当代女性主义文学批评》,北京大学出版社1992年版,第343、332、344页。

首先必须承认，中西方文化政治具有共同的问题。例如男人/女人的身份差异问题，在中西方往往不谋而合，古今中外关于女性的一些流行说法往往带有贬义，如"女为悦己者容"(《战国策·赵策》)，"女子无才便是德"(明人陈继儒辑录)，"女人，你的名字叫软弱"(莎士比亚)，"到女人那里去，但别忘了带上鞭子"(尼采)。在历来的中外文学作品之中也不乏"红颜祸水"之类主题，中外文学作品中对于妹喜亡夏、妲己亡商、褒姒亡周，以及海伦引发特洛伊战争这类故事的敷演，一部《水浒传》，可谓通篇无好女人，好女人无好结果，莎士比亚戏剧中对于种种淫妇、恶妇、悍妇、怨妇的刻画等，这些流行说法和文学描写无不传达了一种男权偏见，与之相应，"女权"问题一直成为突出的文化政治问题而中西方概莫能外。

然而中西方文化政治仍然有着较大的差别。30余年来中国的改革开放、经济体制的转型，特别是世纪之交商品经济的繁荣、消费社会的形成、全球化浪潮的冲击，共同构成了一个绚丽多彩而又复杂纷纭的大背景，为文化政治注入了新的元素，也提出了新的问题。性别、种族、民族、族裔、国家、地区等文化政治问题在中国普遍存在，不过随着国门打开，对外交往、全球移民的日益频繁，这些问题的国际化程度大大提高；同时，文化政治问题进一步拓展到贫富、城乡、地域、年龄、职业、受教育程度等方面，不过对于这些问题更多是在经济关系、文化关系的层面上加以考量，而不像以前那样主要在阶级关系的层面上进行评价，而阶级关系根据中国国情历来不归属文化政治而归属社会政治；另外，由于文化传统的悬殊，那些涉性的文化政治问题如同性恋、性怪异(queer)、性解放等在中国一直不像西方那样直白和热门，尽管目前相关话题已明显较前为多，但至今仍处于边缘地带、敏感状态，上述文化政治的中国问题，在实际生活中层出不穷、俯拾即是，同时也成为当今文学作品活色生香的题材。

旅美作家严歌苓的小说《吴川是个黄女孩》[①]笔触直指种族政治问题。小说描写了一对同母异父的姊妹，妹妹吴川从小在香港富家长大，后被送到美国求学，姐姐"我"在内地读书，后来也漂泊到了美国，求职无着，无奈涉足色情行业。一对文化背景、家庭出身和经济境况截然不同也从未谋面的姊妹在芝加哥相逢，两人形同陌路之人，妹妹吴川的骄纵无忌与姐姐"我"的孤苦哀怨使得两人格格不入、摩擦不断，搞得爱恨交加、十分纠结。但毕竟"吴川是个黄女孩"，姊妹俩血管里流着同样的血，在姐姐"我"遭遇一场飞来横祸且哀告无门时，吴川用自己特有的方式对施暴者进行了报复，对美国式的种族歧视和迫害做出了抗争，伸张了民族尊严也维护了

[①] 《上海文学》2005年第6期。

骨肉亲情。但是当人们被"血浓于水"的人间至情感动不已之时,也不免为两位主人公的命运揪心——妹妹吴川因其极端行为可能难免牢狱之灾,姐姐"我"依然徘徊在命定的远行与继续留下寻梦的两难之间而终无所归。在美国冷酷无情的法律和媒体、特别是根深蒂固的偏见面前,种族政治注定了这两个"黄女孩"的悲剧结局。

范小青的小说《城乡简史》[①]讲述了一本被误作书籍捐赠给农村学校的私人账本改变了甘肃西部乡村的农民王才一家命运的故事,王才由此怀着对城市生活的向往而举家迁移,进城打工,在东南省份的一个繁华都市中找到了栖身之地。在享受了城市生活给予他种种满足以后,"城里到底还是比乡下好啊"成了挂在王才嘴边的口头禅。后来碰巧在临街美容店橱窗里发现了那个最初让他们萌生进城欲望的润肤液"香薰精油",儿子王小才竟高兴地喊了起来,对这种价格昂贵得让他们想不通的神奇之物妄加议论,王才当即斥责儿子不懂行情:"王小才,我告诉你,你乡下人,不懂就不要乱说啊。"这种对于农村的贬抑和排斥从一个刚刚进入城市的农民口中说出来,更加令人悲哀也更加震撼人心。小说说明了一条道理,城乡差别不只是物质生活的差别,更是文化身份的歧异。

从以上两例可见,当今每一篇成功的文学作品都会对文化政治的中国问题表示积极的关注,而这种积极关注往往成为作品中刺激读者神经的尖利的粒子,以其蓄势而发的张力构成作品巨大的艺术魅力。这两篇与其他成功的作品一样,触及了种族差别问题、城乡差别问题或其他诸多问题,但与以往不同的是,它们为这一出出活剧提供了一个崭新的舞台,展现着改革开放以来的国际交往、城乡迁移和文化交融的大背景,在这舞台上搬演着多少命运遭际的沉浮、社会角色的转换、价值观念的碰撞和思想情感的起落!

回到本文的主题,德里达的解构理论对于破解上述文化政治的中国问题是否有助益呢?回答是肯定的。德里达解构理论对于逻各斯中心主义的本质论、二分法、等级制的消解,对于以权相格、以势相倾的文化政治问题具有较强的普适性,在很大程度上也适用于文化政治的中国问题。在中西方思想史上经常可以看到一些超越了"异"而趋向于"同"的现象,将其归于简单的比附、穿凿可能不合适,合理的解释应该是人类思想史的共同规律使然,因为任何规律都具有普遍性、普适性、盖然性而古今中外概莫能外。

以上看法的形成,还基于一个重要的事实,德里达的解构理论与中国的中和哲

---

① 《山花》2006年第1期。

学恰恰不谋而合。德里达的解构理论有一个巨大的悖论,这是一个不小心就会掉下去的陷阱:当德里达致力破解传统形而上学的二元对立模式时,往往是褒扬其中被排斥受挤压的方面,而贬抑其中被抬高受崇奉的方面,但是这样一来,很可能在破解旧的二元对立时造成新的二元对立,以新的逻各斯中心主义取代旧的逻各斯中心主义,那样岂不又回到了以往的形而上学传统?因此德里达一再对此做出说明,指出解构并非像人们理解的那样仅仅是破坏性、消解性的,而它同时也是建设性、生长性的,解构既是一种批判和否定,又是一种持存和肯定。他说:"解构的运动首先是肯定性的运动,……解构不是拆毁或破坏","认为解构就是否定,其实是在一个内在的形而上学过程中简单地重新铭写"。"解构首先与系统有关。这并不意味着解构击垮了系统,而是它敞开了排列或集合的可能性。"①总之,解构不是一块擦去了文字的白板,而是保留了以往文本痕迹的另一种文本。因此,解构在消除传统形而上学的种种弊端时,就不是采用那种简单否定和非此即彼的方式,那样可能造成新的本质论和等级制,这就需要寻求超越相互对立、非此即彼或非彼即此的第三条路。德里达对这第三条路做了如下说明:

> "药"既非补药也非毒药,既非善又非恶,既非内也非外,既非声音也非文字;"替补"既非加也非减,既非对外也非对内的补充,既非偶然也非本质,等等;……"书写物"既非能指也非所指,既非符号也非事物,既非在场也非缺席,既非肯定也非否定,等等;"间隔"既非空间也非时间;"切入"既非一个开端或一个简单插入的有裂口的整体,也非简单地从属。既非/又非同时也是是/或是;记号也是边缘的界限、边界,等等。②

在这段像绕口令一样的陈述中采用的是类似中国古人所说"执其两端持其中"(《礼记·中庸》)的方法,即对于事物的两种极端情况,既非完全肯定,也非完全否定,既非扬此抑彼,也非扬彼抑此,而是走两者之间的中道,取不偏不倚、无过无不及的中和状态。正是在这个意义上,德里达认为,理想的"解构"应使得"人们可以迅速进行'中和'活动"。他还以语言学为例,认为"解构"的合理途径在于,在推翻声音与

---

① [法]雅克·德里达著,何佩群译:《一种疯狂守护着思想——德里达访谈录》,上海人民出版社1997年版,第18、19页。
② [法]雅克·德里达著,何佩群译:《一种疯狂守护着思想——德里达访谈录》,上海人民出版社1997年版,第90页。

文字的等级制的同时,"解除文字与声音之间不谐和的关系"。①

德里达以上表述与中国的中和哲学有颇多相似之处。中国人历来讲究"允执其中""中和""中庸""中行""中道"等,崇尚中庸之道、中和思维。如孔子曰:"中庸之为德也,其至矣乎!"(《论语·雍也》)"不得中行而与之,必也狂狷乎。狂者进取,狷者有所不为也。"(《论语·子路》)这里有一重要的思维方法,孔子曰:"吾有知乎哉? 无知也。有鄙夫问于我,空空如也,我叩其两端而竭焉。"(《论语·子罕》)朱熹《四书集注》:"叩,发动也。两端,犹言两头。言终始、本末、上下、精粗,无所不尽。"这就是说,孔子采用的求知方法是从事物的两端入手,通过事物的终始、本末、上下、精粗等两端之间的相互关系、持中状态来阐发事理、传递知识。如果仅仅抓住两头,可能不得要领;如果紧扣两端之间的互文关系、中间状态,那就无所不尽。由此可见,中国人往往将中和状态视为最高境界,而反对那种两极分化、两极对抗、固执一端、流于一偏的片面性和绝对性。德里达解构理论中的中和思想与中国的中和哲学的惊人相似并非偶然,恰恰不乏自觉意识,对于中国哲学和中国文化的兴趣和感悟,使其解构理论对于中和哲学有更多的认同。德里达说得很坦率:"从一开始,我对中国的参照,至少是想象的或幻觉式的,就占有十分重要的地位。当然我所参照的不必然是今日的中国,但与中国的历史、文化、文字语言相关。所以,在近四十年的这种逐渐国际化过程中,缺了某种十分重要的东西,那就是中国,对此我是意识到了的,尽管我无法弥补。"②总之,尽管在德里达的解构理论作为一种前卫的后现代理论与中国古典哲学之间存在着根本性的差异,但也不乏相通之处,二者相互补益、相须为用,当有利于进一步思考和破解文化政治的中国问题。

---

① [法]雅克·德里达著,何佩群译:《一种疯狂守护着思想——德里达访谈录》,上海人民出版社1997年版,第88、89页。
② [法]雅克·德里达著,张宁译:《书写与差异》(上册),生活·读书·新知三联书店2001年版,《访谈代序》第5-6页。

"中国声音"的世界价值[①]

中国社会科学院世界经济与政治研究所副研究员　欧阳向英

传播是传播者创造并分享信息,旨在达到相互理解的行为。国际传播就是国与国之间讲述自己的体制、做法、规则、观念,争取对方理解并希望推而广之的过程。中国要柔化国际环境,减轻崛起压力,必须综合运用多种手段,有目标、有针对性地向别国介绍自己的理念、经验和打算,争取别国理解,达成基本共识,才能以更加积极的姿态参与国际事务,促成"中国梦"的实现。

一、科学发展是中国对外传播的最佳主题

世界各国处于不同发展阶段,意识形态千差万别,但发展是各国的普遍追求。科学发展是中国解决自身问题的良策,也是中国对世界发展模式的贡献。中国应向世界解释和宣讲自己的科学发展观,这是对外传播"中国声音"的最佳主题。

(一)科学发展具有全球治理的现实意义

今天我们面临的全球性问题以人口—资源—环境问题最为突出。这既是在历史中积淀下来,又是在现实中不断加深的。解决它,有赖于人类创造新的发展模式,从传统的以自然为征服对象的发展观中解放出来。

传统工业化是人类环境问题的根源。以工业革命为先导,从18世纪资本主义工业化发展初期开始,经过19世纪末20世纪初资本和殖民的扩张,一直到第二次世界大战爆发,资产阶级对世界的统治逐步确立,世界市场逐步形成。发达资本主义国家普遍经历了"先发展,后治理"的过程,在国内建立了以重工业体系为主导的国民经济结构,同时在国外勾勒"全球经济地图",将非工业化国家变为资源供应市场和产品销售市场。经过200多年的工业化历程,这种以财富增长为导向,以改造和征服自然为目标的传统发展观使西方国家得到了发展,创造了一定程度的繁荣和文明,同时也引发了众多的灾难与隐患。伴随着物质财富增长的是资源的枯竭、

[①] 本文完成于2013年10月。

森林的损毁、物种的灭绝,以及空气、土壤、河流、海洋的污染。"伦敦烟雾事件""佛罗里达赤潮""北爱尔兰海鸟"等案例开始让人类尝到生态破坏的恶果。正如恩格斯所说:"我们不要过分陶醉于我们对自然界的胜利。对于每一次这样的胜利,自然界都报复了我们。"

二战后,世界各国逐渐认识到传统发展观的局限性,但是,在世界范围内,工业化进程不仅没有止步,反而有加快之势。一方面,后起发达国家借助"后发优势",狂奔在工业化道路上,如震惊世界的"八大公害事件"有四件发生在二战后经济以惊人速度崛起的日本;另一方面,新独立的民族国家以经济增长为中心,先后提出初级产品出口战略(科威特、伊拉克、布隆迪、埃塞俄比亚、牙买加等自然资源条件较好、经济结构单一的发展中国家)、进口替代工业化战略(阿根廷、智利、乌拉圭、菲律宾等)、优先发展重工业战略(以苏联为代表的社会主义国家、中国、印度、巴西、埃及等国在20世纪70年代以前实行)和优先发展轻工业战略(新加坡、韩国等国)等赶超型的结构主义发展理论,其实质是传统发展观主导下的工业化道路。这些国家在加快了经济增长的同时,既产生了发达资本主义国家曾经发生过的资源低效配置、环境严重破坏等问题,也产生了一系列意想不到的后果,如经济结构严重失调、国际收支恶化、社会问题尖锐等。

如果说传统工业化将环境问题在国内引爆,则经济全球化和贸易自由化促使环境问题在全球爆发。20世纪70年代以后,不少发展中国家或地区开始变通发展战略,如出口替代工业化战略(韩国、新加坡、中国的香港和台湾)、满足基本需求战略(巴基斯坦)、增长中的再分配战略(中国台湾和韩国)和发展农业战略(泰国、马来西亚、印度、斯里兰卡、菲律宾等国)等。这一战略在目标选择上把经济与社会的协调放在重要位置,把解决贫困、就业、收入分配、教育等问题纳入发展的视野,优先满足公众的"基本需求",但忽视了环境压力,仍然走的是发达资本主义国家"先污染,后治理"的老路。而这时,老牌资本主义发达国家已经认识到清洁环境的可贵,开始向外转移污染行业。据世界银行统计,过去的几十年内,全球的环境污染产业结构并没有发生很大变化,主要都是七个污染行业(钢铁、炼油、食品、工业化学品、纸及纸制品、有色金属、水泥)组成。发生变化的不过是空间的变化,污染行业从地球的一个地方转移到另外一个地方,转移的主要方式是通过贸易(包括货物、服务、投资等贸易方式)直接或间接向他国转移。发展中国家期待外国直接投资来改善就业、提高经济发展水平,却忽视了资源枯竭和环境污染给国家带来的灾难。由此可见,不从根本上扭转传统的发展思路,不改变发展中国家在国际分工中所处的地位,只是在出口还是进口、工业还是农业、如何分配等问题上侧重点有所调整，不能从根本上解决自然—经济—社会协调发展的问题。

20世纪80年代，在新自由主义发展观支配下，许多第三世界国家出现了经济严重对外依赖和内部贫富分化的现象，甚至国家主权遭到削弱，民族优秀文化传统缺失，成为阻碍发展的深层隐患。从90年代后期开始，一些第三世界国家开始由片面依赖外国转而注重地区联合和依靠人民的力量，由片面追求经济增长转而重视解决社会问题，可持续发展观和内生性发展观逐步占据主导地位。这两种发展模式都强调经济增长必须与资源环境和社会发展相协调，在人类与自然和谐共处中，促进人的全面发展。发展的外延由经济拓展到社会，内涵从单纯经济增长到注重改善经济结构、保护资源和环境、提高生活质量、实现社会公平，这是人类发展观的一次质的飞跃，因此迅速成为世界发展战略的重要思潮。内生性发展观为拉美和亚洲地区带来了一定的经济繁荣，但由于它的思想基础主要是新自由主义，在历史进程中越来越多地暴露出局限性，如经济增长放慢，社会形势恶化，金融危机、债务危机和社会危机接连爆发。"拉美陷阱"就是明显的例证，这次的国际金融危机更证明了完全依靠市场的增长观行不通。我国从20世纪90年代中期实行可持续发展战略，鼓励发展对资源、环境有利的经济活动，摒弃不利的经济活动，标志着我国开始重视经济活动的生态合理性。然而，所谓"不利于资源和环境的经济活动"大多是基于贫困落后的现实可能性开展起来的，投入了大量的资金和劳力，完全摒弃意味着亏损和失业，这就提出了结构转型和产业升级的要求，化不利为有利，也就是要探索出一种新的发展模式，在促进新兴国家经济发展的同时，为子孙后代留下清洁的环境和一定的资源。

全球性问题的扩展性和威胁的广泛性，需要发达国家和发展中国家树立全球意识，共同面对，共同解决。当今世界各国联系得如此密切，整个人类成为命运的共同体，任何国家也不可能独立于世界之外而生存，合作比对抗更能有效地维护国家利益。各国合作既要有新的平台，又要有新的观念。科学发展是全球化时代中国对世界发展理念的新贡献，对人口—资源—环境问题的解决提供了新视角，理应成为解决全球问题的新思路、新模式。

（二）科学发展与国外经验和中国实践共通

世界环境问题主要是发达国家造成的。1751—1860年的100多年里，人为二氧化碳排放基本上是发达国家排放的；1861—1950年的90年间里，发达国家二氧化碳排放量占了全球二氧化碳累计排放量的95%。现在，除了温室气体排放问题及与农业相关的生物多样性问题之外，发达国家主要环境污染指标基本得到了控制。那么，发达国家走了一条怎样的治理之路呢？

在全球 20 世纪 70 年代以来的环境保护浪潮中,发达国家纷纷采取措施,立法保护环境,推广高效生态农业,同时大力发展第三产业,推动社会从工业化向后工业化和信息社会迈进。为了保卫绿色家园,欧盟相继启动了"土壤保护战略"和水污染防治措施,对多瑙河流域实行区域开发、污染防治、工业布局、交通与城镇建设等多方面的综合协调治理;美国、巴西、英国和德国等国纷纷采取了工业反哺农业的政策,主要实行农产品价格补贴和农业生产休耕补贴,提供农产品储存信贷和农业生产信贷,用于农业现代化,保护农业资源。针对企业生产和废弃物排放,美国制定了包括《联邦水污染控制法》《大气洁净法》《资源保护与回收法》《有毒有害物质控制法案》等一系列法律法规,日本也颁布了《环境基本法》《节能法》和《21世纪议程行动计划》等多项法规,推动社会、经济和环境协调发展。可是,限制排放终归不是解决环境问题的最佳途径,发展低碳经济、提高能源使用效率才是更为经济有效的解决方案。美国、日本、欧盟都为此投入了巨额资金,抢占低碳经济的技术制高点。通过改造和淘汰高耗能、高污染的落后产业,促进传统产业升级,并鼓励新能源技术和低碳技术产业的发展,优化产业结构。近年来,循环经济又在发达国家悄然兴起。循环经济将环境因素作为经济发展的成本要素来考虑,按照"减量化""再利用"和"资源化"的操作原则,将经济活动组成一个"资源—产品—废弃物—再生资源"的反馈式循环流程,是从源头预防和全过程控制污染的新经济理念,积累了不少宝贵经验。如丹麦建立了目前国际上工业生态系统运行最为典型的代表——卡伦堡生态工业区,对热能进行多级使用,对副产品和废物综合利用,最终实现无污染排放;日本对报废汽车先是把车上有用的部分拆卸下来二次使用,再由汽车报废厂把金属材料提取出来加以回收,残渣填埋垃圾厂;芬兰森林资源极为丰富,是纸张生产大国,但它的废纸回收率高达七成;韩国企业发明了由土豆、糯米制成的"淀粉式牙签",以节约木材,并在全国普及推广。美国、德国、日本等国陆续制定了各种循环经济法,通过调整税收和收费,引导企业转变经营观念。许多国家政府还积极设立生态工业示范园区,开展社会宣传活动,提高公众环保意识,值得我们借鉴和学习。当然,除了调整经济结构、提高资源环境效率、发展循环经济,发达国家也采取了转移污染等手段,这也需要引起我们的警惕。

改革开放以来,中国产业结构经历了快速调整、协调发展和重化工业高速发展三个历史阶段。房地产、汽车、电子通信和基础设施建设等行业快速发展,拉动了钢铁、水泥、有色金属、电力、化工、石油等行业大幅增长。作为新兴经济大国,中国已经强势崛起,成为世界经济舞台的一支重要力量,但不能回避的是,我国经济的快速增长在很大程度上是依靠资金、劳动力和自然资源等生产要素的粗放投入实现的。随着资源匮乏、环境恶化、食品安全、贫富分化等问题逐渐显现,生态危机和社会危机并发。

改变发展模式,坚决落实和贯彻科学发展观,既是企业和社会提高发展质量的需要,是中国可持续发展的需要,也是世界对中国的责任要求。中国必须抓住新一轮全球产业分工调整重组的重大机遇和新一轮科技革命的重大创新机遇,科学统筹规划战略性新兴产业发展目标、路径和方式,努力使战略性新兴产业成为我国参与国际经济技术合作和竞争发展的新优势,成为推动我国经济社会可持续发展和转变经济发展方式的重要力量,在经济全球化中实现产业升级和结构调整。必须加快转变外贸增长方式,调整进出口结构,支持具有自主品牌和高附加值产品出口,控制高耗能、高污染产品出口,增加能源、原材料以及先进技术装备等进口。在保证 GDP 稳步增长的同时,大力发展服务业,优化产业结构。中国必须致力建设资源节约型和环境友好型社会,发展循环经济,重视生态保护,促进社会公正,推动和谐社会建设,进而在中长期实现环境保护、经济发展与社会和谐共赢。

(三)科学发展是对世界文明多样性的贡献

地球生态是统一的有机整体,任何局部生态环境的变化都可能影响到全球。保护全球自然环境、促进人类经济发展和社会进步是全世界各国的共同责任与义务。根据人口与社会学家预测,到 21 世纪中叶,全球人口可能超过 80 亿人,主要增长将来自亚非发展中国家。人类将面临传统疾病及其变异传播、不可再生能源枯竭、环境承载力濒于极限的威胁。各国必须加快经济—社会全面协调发展,而科学发展观是中国对世界发展理论的新贡献,对世界各国,尤其是发展中国家具有重要借鉴意义。

科学发展观与以往发展观最大的不同,是在总结马克思主义世界历史发展规律基础上,强调执政为民的人本观念,充分发挥国家在经济政策和市场调节中的作用,统筹城乡发展,统筹区域发展,统筹经济社会发展,统筹人与自然和谐发展,统筹国内发展和对外开放。科学发展观是社会主义发展观,必然体现社会主义国家执政为民的宗旨,而统筹兼顾恰恰是社会主义的制度优势。执政为民改变了原来只将经济发展作为衡量社会进步的尺度标准,将文明素质、民主法治、生活富裕、社会保障等指数纳入到社会进步的标准中来,强调满足最广大人民群众的根本利益,促进人的全面发展。统筹兼顾、适当安排是社会主义市场经济有计划性相比资本主义市场经济盲目性的最大长处,追求效率、兼顾公平是社会主义初级阶段协调各方矛盾的基本原则。从社会阶层和需求层次的角度看,社会是分阶层的,同一阶层人们的利益需求也是分多个层次的,一个国家和社会要实现以人为本,就必须兼顾不同阶层、不同群体、不同层面的利益和需求,其前提是国家整体全面进步,经济、政治、文化和社会协调发展。从城乡、区域、国内外协调发展的角度看,就是要打破二元分割的经济社会结构,发挥市场配置资源的基础作用和政府对经济社会发展宏观调控的主导作用,认清自身在劳动力、自然资源、金融资本、科学技术哪方面具有比较优势,以便在两种资源、两个市场中充分发挥,相互配合,相互促进。从代际、周期角度看,既考虑当前发展需要,又考虑未来发展需要,不能寅吃卯粮,涸泽而渔。

科学发展观自提出以来,其理论价值和实践意义就已经受到世界各国的重视。作为地球村的一员,任何国家在追求自身发展的同时,必须兼顾到其他国家的发展,不能将自己的发展建立在损害他国利益的基础上。而对于发展中国家和不发达国家来说,必须要做到全面协调,不可偏废,满足人民群众多方面的利益需求,也要协调好各个方面的发展,做到统筹兼顾。对此,一些发展中国家,特别是社会主义国家认识到"中国在治国理政上的经验和理论建设上的创新,对其他社会主义国家有着很重要的借鉴意义"。以新自由主义为指导的经济改革将市场抬到至高无上的地位,国家的作用极度削弱,但市场本身不能解决社会的所有问题,而此时日渐式微的国家已经没有能力通过公共政策来弥补"市场失灵",这个教训值得深思。当然,统筹兼顾是科学统筹、合理安排,不能以行政力量随意干预阻碍市场运作。对权力寻租、投机和腐败行为视而不见,就违背了科学发展的根本目的。

科学发展内含改变不合理、不公正的国际政治经济旧秩序的要求。环境问题涉及发展中国家的贫困问题,而发展中国家的贫困问题又与现存的不公正、不合理的国际政治经济旧秩序有密切的联系。发展中国家在脱离西方殖民主义体系取得独立后,旧的国际垂直分工体系和经济结构并未相应改变。这种状况恶化了发展中国家谋求发展的条件,制约着发展中国家保护环境的努力。与发达国家相比,发展中国家的处境要困难得多。因此,国际社会要谋求环境保护的国际合作取得进展,首先要设法解决发展中国家的贫困问题,使发展中国家尽量摆脱对环境资源的依赖。而要做到这一点,就必须改变不公正、不合理的国际政治经济旧秩序。否则,人类很难实现环境保护的目标。

科学发展源于中国独立自主的发展思想,本身就是对世界文明多样性的贡献。党的十八大将科学发展观确立为党和国家的指导思想,这是实践检验的结果,也是国家发展的必然。随着实践的不断发展,中国的科学发展模式必将引领中华民族走向伟大复兴。到那时,科学发展观对各国探索更科学、更文明的发展道路,对人类探索一般社会发展规律,乃至对世界社会主义运动的复兴必将做出更大贡献,从而彰显出更重大、更深远的世界意义。

二、国际论坛是对外文化传播的重要平台

以往在对外传播中有一种流行说法，就是"文化搭台，经济唱戏"，实则反映出我们对文化传播的不够重视。中国崛起后，世界以看待当年日本人的眼光看待我们，将我们视为"经济动物"，这是忽视了文化传播、思想沟通的必然结果。一个伟大的民族不可能只停留在形而下的层面，而没有形而上的追求。反观中国古代史，历经战乱波折而艰难前行，大一统国家没有分崩离析，中华文明不曾中断，且日益发挥出坚韧的影响力和同化力，说明文化是人心工程，是长远利益，决不能忽视。相比大众媒体，国际论坛更高端，更具权威性，是对外文化传播的重要平台。

（一）国际论坛是全球化背景下多国对话的场所

当今世界的时代特征是全球化。全球化既是融合又是冲突的过程。一方面，有着不同利益和不同制度的国家间联系更为紧密；另一方面，交流的过程中也引发文明的碰撞与冲突。共识是趋向融合的基础，但共识不能在"一边倒"的被同化中完成，而是在交锋和冲突中彼此让渡逐渐形成，最后达到新的平衡。积极开展不同利益主体、不同制度和思想间的对话，是保持文化独特性和多样性的必然要求，也是增强理解、促进融合的必经之路。国际论坛就是全球化中创造对话语境、开展对话合作的重要场所。

文化交流应立足同一文化圈，向不同文化圈扩展。世界上有五大文化圈，我们属于东亚文化圈，其他四种为西方基督教文化圈、东正教文化圈、伊斯兰文化圈和印度文化圈。中国自古是东亚文化圈的龙头，历史上对同在东亚的朝鲜和日本文化影响很大，与东南亚的越南、老挝、新加坡、马来西亚和文莱等国的交流十分密切，也影响到西亚与中亚的部分国家和地区。按照文化由高向低的传播属性，历史上的东亚文化圈由核心的中华文化向周边地区传播主要有三个层面：一是物质文化，二是精神文化，三是制度文化。这三个层面由表及里，由浅入深，反映出一国文化的实力和吸引力。目前，从整个历史文化的发展态势来看，亚洲文化在世界文化中并非强势，单就东亚而言，也没有形成统一的东亚文化，更谈不上中华文化的辐射力。高度发达的文化是形成文化影响力的前提，而相邻的地域、相近的思维方式、相互的民族融合更有利于各国之间增进了解，所以大力发展社会主义文化是提升国际软实力的基础。

世界文化呈多元化发展趋势，东亚文化必然处于多元化格局之中，相互融合。

国际论坛是多国思想交锋和文化宣讲的重要场所,必然呈现出多元并存的局面,一国独大的可能性很小。中国的文化传播也不可能定位于文化输出,而是文化融合。当然,文化的交流除了由高向低的传播属性,也有交互性,势必热点散乱而不成系统,也形成不了规模。从具体的操作层面看,民间自发的文化交流很难克服语言障碍、意识形态的不同、国民基本素养和心理差异等,政府有意识主导的国家形象塑造、发展理念传播和未来社会构想在对外文化传播中更清晰,也更有影响力。国际论坛恰恰是全球化时代由政府和研究部门主导开展跨文化交流与合作的重要场所。

(二)中国特色、中国风格、中国气派的创新文化是国际论坛传播的核心

近年来,中国文化在走出去的过程中出现了一些令人担忧的现象,一些作品缺乏深厚底蕴,满足于炫富奢靡,或者扩大人性的阴暗面,无法提供正能量。国际论坛应起到传播先进文化的作用,其核心是党的十七届六中全会《中共中央关于深化文化体制改革推动社会主义文化大发展大繁荣若干重大问题的决定》提出的"具有中国特色、中国风格、中国气派的哲学社会科学"。中国特色、中国风格、中国气派的哲学社会科学是在建设中国特色社会主义伟大实践中形成的,也是在与世界文化交流与碰撞中逐渐鲜明个性化的,肩负着"走出去"的重任,国际论坛理应在这一过程中发挥应有的作用。

在纪念中国共产党成立90周年理论研讨会上,中央宣传工作领导同志指出,要牢牢把握坚持改革创新的要求,立足中国特色社会主义伟大实践进行新的理论创造,深化对中国特色社会主义道路的研究和阐释,努力形成具有中国特色、中国风格、中国气派的学术话语体系,不断增强当代中国马克思主义的说服力、吸引力和凝聚力。"中国特色、中国风格、中国气派的学术话语体系"是当代中国社会主义现代化事业的理论支撑和智力支持,是中国社会科学走向世界、产生影响的根本依托,而增强"说服力、吸引力和凝聚力"则是对传播效果的要求。"中国特色、中国风格、中国气派的学术话语体系"需要不断创新,最重要的是实现哲学社会科学学术思想观点的创新。传承是学术研究的方法,而创新是学术思想的灵魂。简单重复本土传统文化或照搬西方思想观点都无法让人耳目一新,无法打动受众,更无法产生说服力、凝聚力和吸引力。当前国际交流中中国学者的意见之所以越来越在世界范围内受到重视,主要原因就在于世界需要了解中国发展的动力、机制与前途,需要知道中国面临的困难、挑战和解决问题的路径,需要理解他们并不完全理解的一种文化与模式。这是马克思主义中国化的成果,是中国特色社会主义实践中提取的理论精华,也是国际论坛对外文化传播的核心。

（三）国际论坛要"影响有影响力的人"

中国要提升软实力，伴随实体经济走出去的必然是文化走出去，而文化传播有自己的特有属性和规律。根据受众面的不同，对外传播可分为面向高端受众传播和面向普通受众传播，继之可以按是否华人华裔、受教育程度、年龄段、性别、种族与宗教等细分。上海外国语大学新闻传播学院郭可教授认为，我国对外传播应该确立一种"精英效果理论"，即以国外精英受众为主，兼顾一般受众，也就是发挥意见领袖的作用。著名翻译家、对外传播元老沈苏儒在其著作中也表达了同样的观点。他强调对"外国人和海外华人应该区别对待"，而"直接受众"（两级传播过程中的舆论领袖）和"间接受众"因作用不同，在对外传播中也要有所侧重。

国际论坛是面向精英的重要传播平台。由组织者、主办者、赞助者、参与者等人员构成特点决定，国际论坛面向国外高端受众，他们或在学术研究领域，或在政策制定过程，或在舆论导向方面，有着一般人难以企及的影响。"影响有影响力的人"无疑是国际论坛在对外传播中最重要的定位。考虑到国际高端受众的特殊性，国际论坛的组织者必须认真研究他们的既有观点、思维方式和价值观，尽最大可能跨越文化和语言的障碍，向世界传递有效信息，从而影响西方精英、国际主流舆论和西方外交政策，为我国营造一个良好的国际舆论环境，并为我国寻求最大的国家利益。

国际论坛属于小众传播，但由于定位高端，所产生的影响力、说服力和凝聚力却可能是巨大的。为什么说可能而不是一定？就因为效果要经过检验，国际论坛本身也要提高举办标准和水平。软实力和硬实力同样可以测量。"人们可以测量、比较文化、信息、外交等可以为一个国家制造软实力的资源；民意调查能够量化一个国家的吸引力随着时间而发生的变化。"[①]清华大学国际传播研究中心和复旦大学新闻学院曾经对国务院新闻办公室举行的新闻发布会进行效果评估。主要从两个方面展开：一是我方的表现，二是境内外媒体报道的情况。针对我方的表现，两项研究从整体定位、主题选取、策划安排、材料准备情况、发言人表现、发布会后媒体追问情况等角度予以评估。针对境内外媒体报道的评估指标包括报道数量、版次、内容、图片等。[②]新华社对外新闻的用户主要是境外媒体以及非媒体机构，所以新华社一直将与境外媒体尤其是西方主流媒体的对比研究作为衡量自身对外传播

---

① Joseph S. Nye, Jr, "Think Again: Soft Power", in: Foreign Policy, Feb 23, 2006.
② 参见复旦大学新闻学院评估组《2009 年国务院新闻办新闻发布会评估报告》《国务院新闻办 2009 年新闻发布会综合性评估报告》和《2009 年省、市、县三级政府突发事件新闻发布案例分析报告》；清华大学国际传播研究中心《新闻发布会评估组研究成果集 2009》。

效果的一个重要手段。当然,大众传播往往注重从时效、数量、质量和转载率等方面衡量传播效果,并不一定适合作为"思想集散地"的国际论坛传播效果评估,但借鉴大众传播的效果评估经验,增强报道的针对性,充分发挥媒体作用,尽量扩大间接受众面,让国际论坛的声音更高更远传播开来,对我们办好国际论坛,宣扬中国特色、中国风格、中国气派的哲学社会科学新思想、新观点、新方法,推动我国哲学社会科学优秀成果和优秀人才走向世界,扩大中国哲学社会科学话语权,增强中华文化的软实力,无疑是有益的。

三、从网络技术的发展看未来传播模式的变革

根据中国互联网络信息中心(CNNIC)2013年7月发布的《第32次中国互联网络发展状况统计报告》,截至2013年6月底,我国网民规模达到5.91亿人,互联网普及率为44.1%。手机作为上网终端的表现抢眼,不仅成为新增网民的重要来源,在即时通信、电子商务等网络应用中均有良好表现。手机网络音乐、手机网络视频、手机网络游戏和手机网络文学的用户规模相比2012年底分别增长了14.0%、18.9%、15.7%和12.0%,保持了相对较高的增长率。手机超过PC成为网络传播的重要阵地,也引发未来传播模式的系列变革。

(一)新媒体打破精英与大众的界限

网民在更大范围和更深程度上对网络世界的参与,极大地推动了互联网新技术的发展与普及。单从民间自发的传播模式而言,人们已经从最早的上论坛(BBS)贴帖子、发评论、收邮件、QQ聊天到建博客(Blog)、播客(PodCast)、维基(Wiki),再到使用SNS、RSS等社会网络服务,继而发展到飞信、微信、微博和陌陌等各种社交平台。新技术改变着传播的模式,并逐步使我们的社会生活方式发生变革。正如造纸术的发明改变了从前阅读只是贵族的专利一样,互联网新技术的不断涌现打破了精英与大众的界限,改变着传播只是精英或政府批准设立的机构的行为这一不久前的事实。传统媒体发生着电子化和网络化变革,MSN通过外包的方式集成新闻,QQ、SKYPE、百度……所有这些工具上集成越来越多的功能,而逐渐发展为各具特色的平台。个人网站的繁荣和网络社区化已成趋势,网络写作逐渐打破"专家"与"业余选手"的界限,从虚拟空间进入我们的生活。手机等新媒体具有了群发功能后如虎添翼,迅速弥补了制度化表达渠道的不足,对社会公共事务进行非制度化的表达。

随着数字技术、网络技术、现代通信技术等传播新技术的应用和普及,信息环境和传播格局日益复杂,也发挥着更大影响。现代网络传播更强调互动性。传播

活动的参与者不再只是被动的消费者,而是可以主动地全程参与信息采集、加工、编辑、发布、接收到反馈的整个传播链条,在任何时间、任何地点实现"所有人对所有人的传播"。2009年新浪微博推出,迅速代替博客,成为大众言说的新宠。到2013年上半年,新浪微博注册用户已达5.36亿户,腾讯微博注册用户也有5亿户,微博成为中国网民的主要意见表达工具。它的优势在于:第一,微博有固定的模板,比个人主页更容易创建,写手不用担心技术难题,可以专注于表达;第二,微博内容简明扼要,图文并茂,方便浏览,可以按多种分类方法查阅信息;第三,微博富于个性,从背景到内容充分体现个性化;第四,微博注重分享,运用好友添加可以与个人好友和推荐用户共享浏览权限内的一切言论;第五,微博增强了隐私保护意识,博主可以表达任何他想表达的东西,也可以通过朋友圈的设置屏蔽部分读者。2011年,腾讯公司推出为智能手机提供即时通信服务的免费应用程序微信,支持跨通信运营商、跨操作系统平台的语音短信、视频、图片和文字,同时也可以使用通过共享流媒体内容的资料和基于位置的社交插件,支持多种语言,支持无线网络和移动数据网络,支持多种智能手机操作系统,迅速发展成为时尚人士的必备软件。2013年,微信用户已超过4亿户,呈现出日益壮大的趋势。它打通电话号、QQ号和微信号的界限,只要知道任意一种联系方式,就可以与朋友建立互动联系,共享朋友圈信息,同时"附近的人"和"漂流瓶"功能还带来了与附近的人和远方的人相识的可能。"微信,是一个生活方式"的口号并非虚妄,它将人们的情感需求和表达诉求结合在一起,大众本身时时创造信息,流媒体概念得到充分展现。

除了书写工具,还有广播技术,在网络传播时代呈现出新特征。诞生于2004年的播客技术在不到一年的时间里,便成为最引人关注的广播新技术。土豆网、优酷、6间房、酷6、爱听网都是具有较大影响的播客网站。更关键的,Podcasting热潮使传统电台和使用Streaming技术的网络电台受到冲击,改变了旧有的传播理论。在传播目的上,播客强调私人化和趣味性,教化和训导成为面目可憎的东西;在传播数量上,技术门槛的降低和参与人数的激增,使播客"爆棚",广播的内容不再受数量限制;在收听习惯上,不再是听众等待节目的播出,而是节目等待听众的收听,或者制作者直接就是听者,传播变成自娱自乐。与博客相比,播客对那些健谈而不擅写的人更具吸引力。它使"人人皆为播者"成为可能。每个人都可以根据自己的兴趣制作个人的"广播秀"节目,并可将之上传因特网进行网络发布;与此同时,每个人也可订制自己喜欢的"广播秀",并同步下载到MP3等"随身播"接收设备上,从而实现了广播制作、传播、接收的"任何时间、任何地方、任何内容"这一理想。

另一种得到快速发展的网络技术是 Wiki。Wiki 一词来源于夏威夷语的"wee kee wee kee",原本是"快点"的意思。它的创意由 Ward Cunningham 在 1995 年提出,当时他建立的波特兰模式知识库(Portland Pattern Repository)基本实现了支持面向社群的协作式写作的服务系统。从 1996 年至 2000 年间,波特兰模式知识库不断发展,设计出一些支持这种写作的辅助工具,从而使 Wiki 的功能不断丰富。同时 Wiki 的概念也得到了传播,出现了许多类似的网站和软件系统。与其他超文本系统相比,Wiki 有使用方便及开放等特点,可以帮助我们在一个社群内共享某领域的知识。Wiki 支持快速创建、存取、更改超文本页面,通过简单标记,直接以关键字名来建立链接(页面、外部链接、图像等),同时键字名就是页面名称,并且被置于一个单层、平直的空间中。同页面的内容一样,整个超文本的组织结构也是可以修改、演化的。系统内多个内容重复的页面可以被汇聚于其中的某个,相应的链接结构也随之改变。页面的链接目标可以尚未存在,通过点击链接,我们可以创建这些页面,从而使系统得到增长。社群的成员可以任意创建、修改、删除页面,系统内页面的变动可以被访问者观察到。这样,创建者与访问者的界限模糊了,读者成为作者,用于传播的文本与每个浏览者之间保持着同样的开放性。

取得突破性进展的 SNS 是一个采用分布式技术,通俗地说是采用 P2P 技术,构建的下一代基于个人的网络基础软件。在互联网中,PC 机、智能手机都没有强大的计算及带宽资源,它们依赖网站服务器,才能浏览、发布信息。如果将每个设备的计算及带宽资源进行重新分配与共享,这些设备就有可能具备比那些服务器更为强大的能力。这就是分布计算理论诞生的根源,是 SNS 技术诞生的理论基础。SNS 通过分布式软件编程,将分散在每个人的设备上的 CPU、硬盘、带宽进行统筹安排,并赋予这些相对服务器来说很渺小的设备以更强大的能力,包括计算速度、通信速度、存储空间。群众的力量被集合起来,发挥出巨大的威力。它直接引发这样一些问题:当普通人通过安装 SNS 软件都可以拥有媲美网站服务器的计算及通信资源时,那些投资拥有了大量服务器的互联网公司将怎么办呢?甚至包括盛大网络游戏这样的运营商,他们引以为傲的强大的 3 万台服务器集群,是不是他们的核心竞争力呢?如果一个播客使用家里的计算机,就可以播放他的作品,他还需要去登陆一个网站吗?更为有趣的是,如果某个人既不懂得 HTML 编程,也不懂得网站,只通过 SNS 就能够播放他(她)的视频,又会引起什么样的革命或混乱呢?

网络新技术充分印证了这样一个事实:从 20 世纪上半叶,由于传媒形态在技术方面不断取得新进展,传媒的受众完成了从精英阶层扩展到城市大众的过程,人们被各种宣传形式和说服技巧包围着,处处感受到传播的力量。传播不再是一种单向的直线过程,而是双向的社会互动行为,而且传播者与受传者的角色并非固定不变,也是可以相互转化的。民间写手在各个方面与社会主流媒体保持弹性的平衡,在喧嚣的媒体与沉默的大多数之间形成互动。

（二）网络传播助力异质文化摩擦的解决

网络时代异质文化的冲突问题首先是民族文化的传承和发展问题。全球化使非英语发展中国家的民族文化生存与发展问题变得空前尖锐,"互联网给了我们一扇窗户,但我们打开窗户后,才发现窗外的景色都是西方人挑选后摆放在那里的",这是阿拉伯网站"马克图白"的创建者萨米哈·图干的忧虑。网络传播在加强东西方文化之间的交流与融合的同时,也有必要开展自媒体外交,助力异质文化摩擦的解决。

网络世界同样存在文化霸权,但总体来说网络文化具有开放性、平等性、选择性和多元性,有助于消除信息化鸿沟。网络的交互性有三种效应:彼此认同、相互对抗和发展出新的思想观念。网络传播愈加广泛,不排除观念冲突、宗教冲突和文化冲突的可能,但我们也应看到,消除了地域界限、种族界限,借助于翻译工具甚至可以部分消除语言界限之后,网络传播为公共外交提供了新的可能。目前,美、英、法等西方发达国家在中国积极展开"微博外交",从官方外交发展到公共外交,折射出外国政府在外交领域极强的适应和创新能力。我国的涉外机构也应探索出符合我国国情和国家利益的"微博外交"路径,同时,中国公民也应利用网络民意调查和意见表达渠道维护本国利益,反映不同文化诉求。在自媒体时代,涉华舆论引导需要充分发挥和利用广大自媒体用户的力量,积极开展自媒体公共外交,传播中国,提升中国国家形象。

全球化和媒介技术的发展,使国际传播再一次获得了信息传播的时空优势,实现了信息在不同国家、民族、地域之间的即时自由传播,社会权力呈分散化特征,但实际上,网络空间并非处于无政府状态,能提供什么、要什么、怎么要……远非单靠技术便能解决。正如哈贝马斯所说:"技术进步的方向在很大程度上,依然是那些从社会生活的强制性的再生产中自发产生出来的社会利益所决定的。"[1]人们有权要求信息的公开和透明,有权发表意见和演说,也愿意资源共享带来的互利互惠,但是,不能否认,网络带来的影响是多方面的,它对塑造文明所起的作用是深入的,

---

[1] ［德］尤尔根·哈贝马斯著,李黎、郭官义译:《作为"意识形态"的技术与科学》,学林出版社1999年版,第108页。

对意识形态的渗透和冲击也是复杂的。因此,怎样发挥技术的作用,在什么样的范围内利用并通过什么样的手段控制,应该是政府管理部门和相关媒体必须考虑的事情。

(三)培养意见领袖,整合社会资源

网络媒介打破时空阻隔,使国家的政治边界面临着被消解的风险。"非政府行为"和"非国家行为"日益增多,"准国家""超国家"和"跨国家"组织纷纷出现,在一定程度上挤压了国家主权的活动空间,也将国家的文化建设置于更复杂的国际环境中。

中国的网络文化传播首先应该确立国际化视野,在更加多元、开放的话语情境下,努力提升社会主义物质文明和精神文明的吸引力,展现自身合理性和优越性。其次,中国网络文化传播也要考察国内信息环境的变化,考虑本国的文化特色、民族习惯和精神需求,创新传播理念和传播方式,使社会主义文化战略更好地实施。最后,中国要培养自己的意见领袖,引领并整合社会资源,为改善中国的舆论环境服务。

网络媒介尤其是微博、微信的出现真正营造了一个由公民主导并掌握了部分议事权的网络社会。早在20世纪60年代,传播学界的学者麦克卢汉就曾这样预言:"随着信息运动的增加,政治变化趋向是逐渐偏离选民代表政治,走向全民立即卷入中央决策行为的政治。"[1]网络媒介中的信息分权必然推动政府与普通大众的直接对话,从而在很大程度改变未来的政治生活方式,包括一个国家内部的主流文化形态。善于引导公民力量,会推动文化建设和文化战略的实施;不善于引导公民力量,甚至站到大多数民众的对立面,则有可能引发"阿拉伯之春"和"颜色革命",虽然它们是由外部势力推动的,但内因才是变化的依据,外因只是变化的条件。

大多数网民参与信息互动时,更多时候不存在"利益指引",所有的只是"意见指引"。信息公用的互动状态带来了智慧叠加的效果。大量的术业有专攻的基础网民,在研究和讨论问题时从不同的视野角度出发,发表具有一定层次的权威意见,通过与公众不断的论辩、试错和修正,网民的集体智慧呈现出积木式的叠加状态,多学科、多层次、多角度的参与使得最后的认知能最大限度接近真实。豆瓣、知乎和YY网的良好口碑就基于此。值得注意的是,一方面,群体意见的形成过程并

---

[1] [加]马歇尔·麦克卢汉著,何道宽译:《人的延伸——媒介通论》,四川人民出版社1992年版,第278页。

不是以"少数"意愿为基础，而是以基数最大的"基础网民"的辩论为主，"基础网民"最后所表达的"群体意见"就是"网络公意"即公共舆论的一种形式；另一方面，意见领袖引导基础网民最终形成群体意见，本质上是基础网民与意见领袖相互影响的过程。所以，中国网络文化传播应该注重普通网民的话语权和议事能力，但应以培养意见领袖为抓手，贯彻"一致同意"原则，整合社会资源，为社会主义文化大繁荣大发展服务，同时在国际社会塑造一个理性、宽容、有礼、奋进的国家形象。